Gemeinde ohne Israel – die Folgen der Ersatztheologie

Reinhold Federolf

Gemeinde ohne Israel – die Folgen der Ersatztheologie

Reinhold Federolf

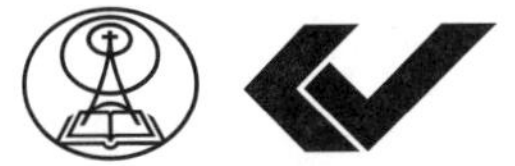

Gemeinde ohne Israel –
die Folgen der Ersatztheologie
Reinhold Federolf

1. Auflage 2022 (Koproduktion)

Verlag Mitternachtsruf, CH-8600 Dübendorf
www.mitternachtsruf.ch
Bestell-Nr. 180204
ISBN 978-3-85810-558-5

Christliche Verlagsgesellschaft mbH, DE-35683 Dillenburg
www.cv-dillenburg.de
Bestell-Nr. 271 786
ISBN 978-3-86353-786-9

Umschlag, Satz und Layout: Verlag Mitternachtsruf
Herstellung: ARKA Druck, PL-43-400 Cieszyn

Inhaltsverzeichnis

VORWORT

Spätestens ab dem vierten Jahrhundert, als das organisierte Christentum offiziell anerkannt wurde, verbreitete sich eine Art antisemitische Bibelkritik. Viele «Kirchenväter» waren offen gegen die Juden eingestellt. Tertullian allegorisierte schon am Ende des zweiten Jahrhunderts nach Christus, dass Esau Israel darstelle und Jakob die Gemeinde. Und da «der Ältere ... dem Jüngeren dienen» sollte (1Mo 25,23; vgl. Röm 9,12), bedeutete das, dass die Juden den Christen unterstellt wären! Etwa zur gleichen Zeit führte Origenes in der einflussreichen theologischen Schule im ägyptischen Alexandrien ein, dass mit dem Wort Israel die Gemeinde gemeint sei, nicht das nationale (ethnische) Israel.

Hier könnte man noch andere Namen aufführen: Dionysius, Cyprian oder Chrysostomus, der Führer der Ostkirche mit Sitz in Konstantinopel in der heutigen Türkei. Ambrosius wütete am Ende des vierten Jahrhunderts derart, dass er meinte, es wäre wegen der Verderbtheit der Juden kein Verbrechen, eine Synagoge abzubrennen. Ambrosius war der geistliche Mentor von Augustin, der wiederum einen starken Einfluss auf die Reformatoren ausübte.

Augustins «Abhandlung gegen die Juden» hatte so grossen Einfluss, dass die darin enthaltenen Argumente bis ins Mittelalter als augustinisch bezeichnet wurden. So wurden auch die

Verheissungen betreffs des Tausendjährigen Reiches als typisch jüdische Vorstellung verworfen. Von daher ist es nicht verwunderlich, dass die griechische Ostkirche im vierten Jahrhundert so weit ging, das Buch der Offenbarung als apokryph zu verwerfen und aus dem biblischen Kanon auszuschliessen.

Bei solchen Angriffen verstehen wir den Ernst der Warnung durch den Apostel Paulus an die gläubig gewordenen Heiden: «Wenn aber etliche der Zweige ausgebrochen wurden und du als ein wilder Ölzweig unter sie eingepfropft bist und mit Anteil bekommen hast an der Wurzel und der Fettigkeit des Ölbaums, so überhebe dich nicht gegen die Zweige!» (Röm 11,17-18).

Ganze drei Kapitel lang wird das Thema Israel in besonderer Weise behandelt und Gottes Plan aufgezeigt. Die bekehrten Heiden werden zum Dank angeregt, nun an den Segnungen Israels beteiligt zu sein. Dankbarkeit und Demut sind das Gegenteil von Stolz und Arroganz, was mit dem Ausdruck «überhebe dich nicht» gemeint ist. Leider haben viele Christen und einflussreiche Theologen schon in den ersten Jahrhunderten nicht aufgepasst und sich schwer an den Juden versündigt!

Eigentlich muss man die Bibel nur richtig lesen und ernst nehmen, egal, in welcher Zeit man gelebt hat oder lebt. Zum Beispiel folgenden Vers: «Dabei sollt ihr vor allem das erkennen, dass keine Weissagung (Prophetie) der Schrift von eigenmächtiger Deutung ist. Denn niemals wurde eine Weissagung (Prophetie) durch menschlichen Willen hervorgebracht, sondern vom Heiligen Geist getrieben haben die heiligen Menschen Gottes geredet» (2Petr 1,20-21).

Hier unterstreicht der Apostel Petrus, dass es eben keine jüdischen Ideen sind und es keine manipulierten Aussagen in der biblischen Prophetie gibt – ganz im Gegensatz zu einigen berühmten Kirchenvätern!

Man begann, Israel als das sogenannte «Israel Gottes» zu imitieren, und zwar mit Priestern, mit einem Hohepriester (Papst) und Opfern. So wird in der Messe Jesus immer wieder geopfert, und die Lehre der Transsubstantiation behauptet, dass sich in der Eucharistie der Wein und das Brot (die Hostie) in das Blut und das Fleisch Jesu verwandeln. Letztlich wird mit diesen Vorstellungen das einmal dargebrachte und vollkommene Ganzopfer Jesu gelästert, und Heilsgewissheit wird von der Kirche monopolisiert und durch die Sakramente vermittelt.

Es fing klein an, indem man einige Prophetien über Israel nicht so ernst nahm – und welche theologischen Verirrungen sind dadurch entstanden! Denken wir an die Inquisition, wie mit Macht, Gewalt und grausamster Folter gegen andersgläubige «Ketzer» vorgegangen und über Völker und weltliche Autoritäten geherrscht wurde. Jesus ist zwar vordergründig immer noch der Weg, aber die Kirche ist die Mautstelle!

Das sind alles Auswirkungen einer falschen Theologie «ohne Israel» oder «anstelle von Israel». Im letzten Kapitel dieses Buches kommt das besonders zur Sprache. Auch im organisierten evangelischen Christentum erkennen wir noch manche «katholischen Schattengewächse». Deshalb brauchen wir als Christen keine neue Reformation, sondern eine Vervollständigung und Korrektur derselben. Nach über 500 Jahren hat ein Update höchste Priorität, gerade was Israel und die Endzeitprophetien angeht.

Wir sollen unbedingt das aufmerksam lesen und studieren, was die Bibel über die Zukunft prophezeit, denn «so halten wir nun fest an dem völlig gewissen prophetischen Wort, und ihr tut gut daran, darauf zu achten als auf ein Licht, das an einem dunklen Ort scheint, bis der Tag anbricht und der Morgenstern aufgeht in euren Herzen» (2Petr 1,19).

Möge dieses helle Licht des prophetischen Leuchters uns doch mehr Klarheit schenken! Und dazu haben wir eine wunderbare Verheissung, dass die Erkenntnis, also das Verstehen, in der Endzeit zunehmen wird: «Du aber, Daniel, verschliesse diese Worte und versiegle das Buch bis zur Zeit des Endes! Viele werden darin forschen, und die Erkenntnis wird zunehmen» (Dan 12,4).

Das Verständnis wird zunehmen. Von daher wird es uns eigentlich leicht gemacht, denn wir müssen nur mit offenen Augen in die Welt schauen. Wir sehen heute Dinge und Entwicklungen, die ohne Zweifel als Vorbereitungen für die apokalyptische Weltbühne bezeichnet werden können. Denken wir an die immer perfekter werdende Technologie für eine totale Kontrolle. Oder an die globalen Medien und wie heute Nachrichten innerhalb kürzester Zeit auf dem Bildschirm erscheinen. In ein oder maximal zwei Tagen erreicht man heute die wichtigsten Flugplätze auf der ganzen Welt. Oder denken wir an die Rückkehr Israels und wie dieses Ereignis für Aufsehen gesorgt und abgrundtiefen Hass hervorgerufen hat. Jerusalem ist zu einem Taumelbecher der Weltpolitik geworden.

In den nachfolgenden Kapiteln geht es um ein extrem wichtiges Anliegen: Ohne die Sicht für Israel und Gottes besondere Absichten mit diesem für ewig auserwählten Volk verstehen wir wichtige prophetische Aussagen nicht oder wenden sie falsch für die Gemeinde an.

Denken wir an folgende bekannte Versinhalte:

- «Wer aber ausharrt bis ans Ende, der wird gerettet werden» (Mt 10,22; 24,13; Mk 13,13).
- «Bittet aber, dass eure Flucht nicht im Winter noch am Sabbat geschieht» (Mt 24,20).
- «Was ihr einem dieser meiner geringsten Brüder getan habt, das habt ihr mir getan!» (Mt 25,40; in diesem Zusammenhang werden die Verfluchten von den Gerechten getrennt, vgl. Mt 25,37.41.46).
- «Dieses Geschlecht wird nicht vergehen, bis dies alles geschehen ist» (Mt 24,34; Mk 13,30; Lk 21,32).
- «Wenn aber dies anfängt zu geschehen, so richtet euch auf und erhebt eure Häupter, weil eure Erlösung naht» (Lk 21,28).
- «An jenem Tag will ich die zerfallene Hütte Davids wieder aufrichten ...» (Am 9,11, vgl. Apg 15,16).
- «Ihr werdet mit den Städten Israels nicht fertig sein ...» (Mt 10,23).
- «... bis die Vollzahl der Heiden eingegangen ist ...» (Röm 11,25).

Automatisch lesen wir die Endzeitreden Jesu mit den erwähnten Zeichen mit unserer «Gemeindebrille» und denken gar nicht daran, dass es da hauptsächlich um Israel geht und die Ereignisse von Israel aus gesehen werden.

Der Autor hat die Erfahrungen von vier Jahrzehnten mit Gemeindekontakten zu ganz unterschiedlichen Denominationen in verschiedenen Ländern in den Kapiteln dieses Buches zusammengefasst. «Gemeinde ohne Israel» hat nichts mit Fanatismus, überspannter Liebe zu Israel oder Unnüchternheit zu tun. Gottes Erlösungsplan ist ein komplettes Paket und beinhaltet auch die Wiederherstellung Israels. Von daher müssen wir unseren Gemeinde-Exklusivismus kritisch hinterfragen und dazu einige besonders gut geeignete Bibelverse, Abschnitte und Kapitel beleuchten. Möge es unser treuer Herr schenken, dass das zusammengetragene Material jedem Leser zum Segen werden darf, unsere geistliche Sicht schärfen und die Liebe zu Israel wecken oder verstärken kann. Letztlich geht es um unsere grosse Hoffnung: Jesus ist der Herr, erfüllt alle Seine Verheissungen und kommt wieder!

EINLEITUNG

Die Bibel ist faszinierend. Ihre Botschaft verändert Leben. Ungefähr ein Drittel besteht aus Prophetie. Viele Vorhersagen haben sich schon lange erfüllt. Andere werden gerade erfüllt und ein Teil ist noch nicht erfüllt. Wir dürfen so einen grossen Prozentsatz der Heiligen Schrift nicht einfach vernachlässigen und gering achten, denn «niemals wurde eine Weissagung (Prophetie) durch menschlichen Willen hervorgebracht, sondern vom Heiligen Geist getrieben haben die heiligen Menschen Gottes geredet» (2Petr 1,21). Die Prophetie kommt von Gott, inspiriert durch den Heiligen Geist. Es lohnt sich, sie zu studieren und zu beachten.

In diesem Buch sollen einige der oft gestellten Fragen beantwortet werden, die mit dem zusammenhängen, was die Bibel über die Zukunft offenbart. Zum Beispiel der oft erwähnte heilige Berg des Herrn oder der Schlüssel Davids und das Auftauchen der zwei Zeugen der Offenbarung werden ohne Zweifel unseren Kenntnishorizont der biblischen Prophetie erweitern. Aber das zentrale Thema wird die Rolle Israels im prophetischen Kontext bleiben. «Die Gemeinde ohne Israel» stellt den roten Leitfaden dar, der sich durch die Kapitel zieht. Dies ist ein grosses Anliegen, weil viele Gemeinden und ganze Denominationen dem biblischen Text Gewalt antun, ihn verbiegen und verzerren, um ihn auf die Gemeinde anzuwenden, obwohl er klar von Israel handelt, für das Volk Israel verheissen wurde und wichtige

Informationen speziell für die Juden enthält. Einer der grössten Fehler beim Studium der prophetischen Abschnitte und Kapitel wird dann begangen, wenn wir nicht Israel, die Gemeinde und die Nationen voneinander unterscheiden. Diese drei Gruppierungen haben oft spezielle Verheissungen, und Gott handelt mit ihnen auf verschiedene Weise.

Bedauerlich sind die schwerwiegenden Abirrungen von der gesunden Lehre. Man judaisiert die Gemeinden, indem man Gebräuche, Rituale, Tage und Feste einführt und einhält, die exklusiv Israel gehören. Das passiert, wenn man das helle Licht der Prophetie nicht beachtet (2Petr 1,19). Genauso schlimm sind Versuche, die jüdischen Apostel und die Urgemeinde zu imitieren. Wir befinden uns nicht mehr im Anfangsstadium, sondern in der Endphase, die von zwei grossen Gefahren charakterisiert wird:

1. Die Gemeinde ist zunehmender Verführung ausgesetzt. Deshalb warnt unser Herr: «Viele werden an jenem Tag zu mir sagen: Herr, Herr, haben wir nicht in deinem Namen geweissagt und in deinem Namen Dämonen ausgetrieben und in deinem Namen viele Wundertaten vollbracht? Und dann werde ich ihnen bezeugen: Ich habe euch nie gekannt; weicht von mir, ihr Gesetzlosen!» (Mt 7,22-23). Diese mit Bibelversen verbrämte Wundersucht verseucht mittlerweile ganze Kontinente.
2. Echter und überzeugt gelebter Bibelglaube wird immer rarer, weshalb Jesus die Frage in den Raum stellt: «Doch wenn der Sohn des Menschen (zurück)kommt, wird er auch den Glauben finden auf Erden?» (Lk 18,8). Es handelt sich nicht um irgendwelchen Glauben oder eine Gläubigkeit, sondern um den Glauben.

Wir sollen unbedingt das aufmerksam lesen und studieren, was die Bibel über die Zukunft prophezeit, denn «so halten wir nun fest an dem völlig gewissen prophetischen Wort, und ihr tut gut daran, darauf zu achten als auf ein Licht, das an einem dunklen Ort scheint, bis der Tag anbricht und der Morgenstern aufgeht in euren Herzen» (2Petr 1,19). Möge dieses helle Licht des prophetischen Leuchters uns mehr Klarheit schenken!

FÜNF GRÜNDE, WARUM WIR ISRAEL LIEBEN

Warum lieben und unterstützen wir Israel? Gottes Wort gibt uns weit mehr als fünf gute Gründe, um uns auf die Seite Israels zu stellen. Wir wollen uns auf die zentralen Gründe konzentrieren, doch zuerst ein Beispiel für die Israelliebe betrachten:

Der römische Hauptmann von Kapernaum

Über den römischen Hauptmann von Kapernaum lesen wir:

> «Nachdem er (Jesus) aber vor den Ohren des Volkes alle seine Reden beendet hatte, ging er hinein nach Kapernaum. Und ein Knecht eines Hauptmanns, den jener schätzte, lag krank und war am Sterben. Als er aber von Jesus hörte, sandte er Älteste der Juden zu ihm mit der Bitte, er möge kommen und seinen Knecht retten. Als diese zu Jesus kamen, baten sie ihn eindringlich und sprachen: Er ist es wert, dass du ihm dies gewährst; denn er hat unser Volk lieb, und er hat uns die Synagoge erbaut. Da ging Jesus mit ihnen hin. Und als er schon nicht mehr fern von dem Haus war, schickte der Hauptmann Freunde zu ihm und liess ihm sagen: Herr, bemühe dich nicht; denn ich bin nicht wert, dass du unter mein Dach kommst! Darum hielt ich auch mich selbst nicht für würdig, zu dir zu kommen; sondern sprich nur ein Wort, so wird mein Knecht gesund! Denn auch ich bin ein Mensch, der unter Vorgesetzten steht, und habe Kriegsknechte unter mir; und wenn ich zu diesem sage: Geh hin!, so geht er; und zu einem anderen: Komm her!, so kommt er; und zu meinem Knecht: Tu das!, so tut er's. Als Jesus das hörte, verwunderte er sich über ihn und wandte sich um und sprach zu der Menge, die ihm nachfolgte: Ich sage euch: Einen so grossen Glauben habe ich in Israel

nicht gefunden! Und als die Abgesandten in das Haus zurückkamen, fanden sie den kranken Knecht gesund» (Lk 7,1-10).

Das eindrückliche und einmütige Zeugnis über diesen römischen Hauptmann und seine Haltung gegenüber Israel werden von Jesus als etwas Einmaliges eingestuft. Weder sein sozialer Status, seine Herkunft noch sein Beruf hinderten ihn daran, Israel in besonderer Weise in sein Herz zu schliessen. Das ist natürlich nur eine Auswirkung der gewonnenen Überzeugung, dass der Gott Israels der wahre Gott ist. Dieser Mann lebte und arbeitete in Israel und beobachtete das Volk, seine Kultur und seine Religion. Die jüdischen Ältesten bestätigten vor Jesus: «Er hat unser Volk lieb, und er hat uns die Synagoge erbaut» (Lk 7,5). Dass er dann in einer notvollen Situation Jesus rufen lässt, beweist, wie der Heilige Geist auch an Nichtjuden arbeitete, sie erleuchtete und zu Jesus führte. Selbst die hartgesottenen und abgehärteten römischen Soldaten, die Jesus kreuzigten und bewachten, erkannten in Ihm jemand Aussergewöhnliches: «Als aber der Hauptmann und die, welche mit ihm Jesus bewachten, das Erdbeben sahen und was da geschah, fürchteten sie sich sehr und sprachen: Wahrhaftig, dieser war Gottes Sohn!» (Mt 27,54).

In der Apostelgeschichte wird uns die Bekehrung des römischen Hauptmanns Kornelius einige Jahre nach Pfingsten detailliert geschildert. Durch eine besondere göttliche Führung wurde der Apostel Petrus zu diesem Hauptmann nach Cäsarea geschickt. Auch dieser Mann bekundete offen mit seinem ganzen Haus herzliche Sympathie zum jüdischen Volk. Er gab «viele Almosen und betete ohne Unterlass zu Gott» (Apg 10,2). Das war natürlich nicht irgendein Gott, sondern der allmächtige Gott

Israels! Offiziell schliesst hier der dazu besonders bevollmächtigte Petrus die Tür zu den Heiden auf, und wir lesen von der ersten richtigen Bekehrung eines Heiden im sogenannten Gemeindezeitalter. Die Liebe zu Israel wird dabei deutlich erwähnt und herausgestellt. Das fordert uns heraus, darüber intensiver nachzudenken.

Erster Grund: Jesus stammt von Israel ab

Nicht umsonst begegnen wir in der Bibel gewissenhaft registrierten Abstammungslinien, die über Jahrtausende bis zu Adam zurückreichen. Das ist schon etwas absolut Einmaliges in der ganzen Völkerwelt. Nur Israel besitzt solch detaillierte und präzise Urkunden. Dadurch ist es auch möglich, der Abstammung Jesu nachzugehen. Ganz am Anfang des Neuen Testaments, im Matthäusevangelium, wird uns Marias Mann Joseph als Nachkomme Davids aufgeführt. Seine Linie führt über den Sohn Davids, den König Salomo, und beginnt bei Abraham. In Lukas 3,23-38 beginnt der Stammbaum mit Joseph als dem Sohn Elis und nicht wie in Matthäus 1,16, wo er der Sohn Jakobs ist. Sohn Elis (Schwiegersohn) wurde er durch die Heirat mit Maria. Und diese Linie führt über Nathan, einen weiteren Sohn Davids, zu David, bis hin zu Adam und repräsentiert Marias Herkunft als Tochter Davids.

So war es schon lächerlich, als während der Nazi-Herrschaft Versuche unternommen wurden, die jüdische Herkunft Jesu wegzubeweisen. Doch selbst in unseren Tagen hört man Ähnliches von palästinensischen Führern und islamischen Geistlichen, die geschichtsfälschend zum Beispiel Abraham noch 4000 Jahre nach seinem Tod zum Islam konvertieren und Jesus als einen Palästinenser darstellen wollen. Paulus bestätigt:

«... von seinem Sohn, der hervorgegangen ist aus dem Samen Davids nach dem Fleisch» (Röm 1,3). Und: «ihnen gehören auch die Väter an, und von ihnen stammt dem Fleisch nach der Christus, der über alle ist, hochgelobter Gott in Ewigkeit. Amen!» (Röm 9,5).

Das Leben Jesu spielte sich in Gegenden und Ortschaften ab, die wir zum grössten Teil eindeutig identifizieren und lokalisieren können: Bethlehem, der Fluss Jordan, Nazareth, Kapernaum, Tabgha (Brot- und Fischvermehrung), Jerusalem mit dem Ölberg, der Teich Bethesda und der neu entdeckte Siloahteich, der Tempelberg, das Kidrontal und auf der anderen Seite Bethanien. In den letzten Jahren wurden auch einige antike Steinbrüche in Jerusalem entdeckt, wo der König Herodes die typischen grossen Steine für seine Bauwerke und den prächtigen Tempelausbau herausbrechen liess. Und nach jahrzehntelangem Suchen entdeckte der israelische Archäologe Ehud Nezer das Grab des Königs Herodes am Abhang des künstlich aufgeschütteten Festungspalastes Herodium, etwas südlich von Jerusalem und Bethlehem. Das alles gehörte zum antiken Gebiet der zwölf Stämme Israels.

In Offenbarung 5,5 werden wir noch einmal mit der Identität Jesu konfrontiert: «Siehe, es hat überwunden der Löwe, der aus dem Stamm Juda ist, die Wurzel Davids ...» Mit diesem Titel wird Jesus auch noch über 60 Jahre nach Pfingsten und dem Beginn der Gemeinde charakterisiert.

Dass Jesus nachweislich Jude war, der in Israel gelebt und gewirkt hat, ist allein schon Grund genug, dieses Volk zu lieben.

Zweiter Grund: Die ganze Bibel kommt aus Israel

«Was hat nun der Jude für einen Vorzug, oder was nützt die Beschneidung? Viel, in jeder Hinsicht! Denn vor allem sind ihnen die Aussprüche Gottes anvertraut worden» (Röm 3,1-2).

Im lehrreichen und fundamentalen Römerbrief unterstreicht Paulus selbst im Gemeindezeitalter die Exklusivität Israels als Träger der Offenbarung des einen wahren Gottes. Und Jesus bezeugte der Samariterin am Jakobsbrunnen: «Ihr betet an, was ihr nicht kennt; wir beten an, was wir kennen, denn das Heil kommt aus den Juden» (Joh 4,22).

Gott persönlich hat das so festgelegt, und es liegt an uns, ob wir das annehmen oder ablehnen. Der Hebräerbrief-Schreiber zieht die Linie über die alttestamentlichen Propheten bis zur endgültigen Gottesoffenbarung in und durch Jesus: «Nachdem Gott in vergangenen Zeiten vielfältig und auf vielerlei Weise zu den Vätern geredet hat durch die Propheten, hat er in diesen letzten Tagen zu uns geredet durch den Sohn ...» (Hebr 1,1-2).

Auch wenn uns moderne Theologen oder andere Zweifler das Gegenteil beweisen wollen – das Zeugnis des Apostels Petrus bekräftigt die Wahrhaftigkeit der Heiligen Schrift: «Dabei sollt ihr vor allem das erkennen, dass keine Weissagung der Schrift von eigenmächtiger Deutung ist. Denn niemals wurde eine Weissagung durch menschlichen Willen hervorgebracht, sondern vom Heiligen Geist getrieben haben die heiligen Menschen Gottes geredet» (2Petr 1,20-21). Und vergessen wir nicht: Das waren alles Männer aus Israel.

Es sind die *Mikraot*, die heiligen Schriften Israels (das Alte Testament), die so einzigartige, wichtige Informationen enthalten, ohne die wir unsere ganze Welt falsch interpretieren und in

Religionen, Philosophien oder rein menschlichem Intellektualismus und Spekulationen verloren gehen:

> «Und: ‹Du, o Herr, hast im Anfang die Erde gegründet, und die Himmel sind das Werk deiner Hände ...›» (Hebr 1,10).

> «Denn in sechs Tagen hat der Herr Himmel und Erde gemacht und das Meer und alles, was darin ist, und er ruhte am siebten Tag; darum hat der Herr den Sabbattag gesegnet und geheiligt» (2Mo 20,11).

> «Ich danke dir dafür, dass ich erstaunlich und wunderbar gemacht bin; wunderbar sind deine Werke, und meine Seele erkennt das wohl!» (Ps 139,14).

> «... denn sein unsichtbares Wesen, nämlich seine ewige Kraft und Gottheit, wird seit Erschaffung der Welt an den Werken durch Nachdenken wahrgenommen, sodass sie keine Entschuldigung haben» (Röm 1,20).

Diese Aussagen provozieren und fordern uns zu einer Stellungnahme heraus. Durch die Jahrtausende verursachte diese schöpfungsorientierte Weltanschauung grausame Verfolgungen und Diskriminierungen von Juden und Christen: «Denn alle Götter der Völker sind nichtige Götzen; aber der Herr hat die Himmel gemacht» (1Chr 16,26).

Deshalb tobt ein gewaltiger Kampf, um dieses helle Licht auszulöschen, Israel von der Landkarte zu tilgen und die Christen einzuschüchtern und zu entmutigen. Es geht letztlich um ewige Verdammnis oder ewige Errettung: «Wie wollen wir entfliehen, wenn wir eine so grosse Errettung missachten? Diese wurde ja zuerst durch den Herrn verkündigt und ist uns dann von denen, die ihn gehört haben, bestätigt worden, wobei Gott sein Zeugnis dazu gab mit Zeichen und Wundern und mancherlei Kraftwirkungen und Austeilungen des Heiligen Geistes nach seinem Willen» (Hebr 2,3-4).

Diese besondere Bekräftigung und Bestätigung durch Zeichen und Wunder und (besondere) Austeilungen des Heiligen Geistes geschah durch die Apostel aus Israel und in ihrem unmittelbaren Umfeld. Jesus selbst unterstrich nach Seiner Auferstehung die Wahrhaftigkeit und prophetische Präzision der «Aussprüche Gottes»:

> «Er aber sagte ihnen: Das sind die Worte, die ich zu euch geredet habe, als ich noch bei euch war, dass alles erfüllt werden muss, was im Gesetz Moses und in den Propheten und den Psalmen von mir geschrieben steht. Da öffnete er ihnen das Verständnis, damit sie die Schriften verstanden, und sprach zu ihnen: So steht es geschrieben, und so musste der Christus leiden und am dritten Tag aus den Toten auferstehen, und in seinem Namen soll Busse und Vergebung der Sünden verkündigt werden unter allen Völkern, beginnend in Jerusalem» (Lk 24,44-47).

Das bedeutet, dass sich seit Adam und Eva ein roter Faden durch die ganze Bibel zieht und auf Jesus hinweist und zu Ihm hinführen will: «Ihr erforscht die Schriften, weil ihr meint, in ihnen das ewige Leben zu haben; und sie sind es, die von mir Zeugnis geben» (Joh 5,39).

Die ersten zwei Drittel der Bibel sind die heiligen Schriften Israels, und das Neue Testament kam ebenfalls durch die jüdischen Apostel und Zeugen Jesu aus Israel. Genau genommen begann der Neue Bund in Jerusalem.

Dritter Grund: Die Juden – ein Gottesbeweis

> «Denn so spricht der Herr der Heerscharen: Nachdem die Herrlichkeit erschienen ist, hat er mich zu den Heidenvölkern gesandt, die euch geplündert haben; denn wer euch antastet, der tastet seinen Augapfel an!» (Sach 2,12).

Die meisten Bibelversionen übersetzen hier, dass es um den Augapfel Gottes geht. Das bedeutet, dass Israel eine ganz besondere, auserwählte Stellung hat. Das musste sogar der heidnische Magier und Priester Bileam erkennen, der vom moabitischen König Balak dazu beauftragt wurde, Israel zu verfluchen:

> «Wie sollte ich den verfluchen, den Gott nicht verflucht? Wie sollte ich den verwünschen, den der Herr nicht verwünscht? Denn von den Felsengipfeln sehe ich ihn, und von den Hügeln schaue ich ihn. Siehe, ein Volk, das abgesondert wohnt und nicht unter die Heiden gerechnet wird» (4Mo 23,8-9).

Einige Verse weiter offenbart Bileam noch etwas:

> «Siehe, zu segnen habe ich empfangen; Er hat gesegnet, und ich kann es nicht abwenden! Er schaut kein Unrecht in Jakob, und er sieht kein Unheil in Israel. Der Herr, sein Gott, ist mit ihm, und man jubelt dem König zu in seiner Mitte. Gott hat sie aus Ägypten geführt; seine Kraft ist wie die eines Büffels. So

> hilft denn keine Zauberei gegen Jakob und keine Wahrsagerei gegen Israel. Zu seiner Zeit wird man von Jakob sagen und von Israel: Was hat Gott Grosses getan!» (V. 20-23).

Wir lesen an anderen Stellen, zum Beispiel in der Verteidigungsrede des Stephanus, dass der wirkliche Zustand des Volkes Israel gar nicht so gut war:

> «Da wandte sich Gott ab und gab sie dahin, sodass sie dem Heer des Himmels dienten, wie im Buch der Propheten geschrieben steht: ‹Habt ihr etwa mir Schlachtopfer und Speisopfer dargebracht während der 40 Jahre in der Wüste, Haus Israel? Ihr habt die Hütte des Moloch und das Sternbild eures Gottes Remphan umhergetragen, die Bilder, die ihr gemacht habt, um sie anzubeten ...›» (Apg 7,42-43).

Aber Gottes Liebe deckte es (zumindest zeitweise) zu: «Er schaut kein Unrecht in Jakob, und er sieht kein Unheil in Israel» (4Mo 23,21). Im Neuen Testament finden wir Ähnliches:

> «... damit er sie sich selbst darstelle als eine Gemeinde, die herrlich sei, sodass sie weder Flecken noch Runzeln noch etwas Ähnliches habe, sondern dass sie heilig und tadellos sei» (Eph 5,27).

Durch das vollkommene Opfer Jesu dürfen wir der Stellung nach vor Gott so sein, obwohl unser Zustand meistens anders aussieht. Und es wird in Christus, dem Messias Israels sein, wo Israel seine Rettung und geistliche Wiederherstellung finden wird!

Manche Christen hören in ihren Gemeinden leider nichts mehr oder nichts Gutes von Israel. Gottes Treue und Seine Verheissungen werden unterschlagen. Wie interpretieren wir dann die folgenden Verse?

> «So spricht der Herr, der die Sonne als Licht bei Tag gegeben hat, die Ordnungen des Mondes und der Sterne zur Leuchte bei Nacht; der das Meer erregt, dass seine Wellen brausen, Herr der Heerscharen ist sein Name: Wenn diese Ordnungen vor meinem Angesicht beseitigt werden können, spricht der Herr, dann soll auch der Same Israels aufhören, allezeit ein Volk vor meinem Angesicht zu sein! So spricht der Herr: Wenn man den Himmel droben messen kann und die Grundfesten der Erde drunten zu erforschen vermag, so will ich auch den ganzen Samen Israels verwerfen wegen all dessen, was sie getan haben, spricht der Herr» (Jer 31,35-37).

Die Logik ist doch einfach: Trotz allem, was Israel getan hat, wird Gott es nicht verwerfen. Und damit man sich hundertprozentig vergewissern kann, wirft Er dafür Seine kosmischen Ordnungen und Grössen in die Waagschale!

> «So spricht der Herr: Wenn ihr meinen Bund betreffs des Tages und meinen Bund betreffs der Nacht aufheben könnt, sodass Tag und Nacht nicht mehr zu ihrer Zeit eintreten werden, dann wird auch mein Bund mit meinem Knecht David aufgehoben werden ...» (Jer 33,20-21).

Solange der Mensch die Sonne nicht verrücken und die Planeten nicht aus ihren kreisenden Bahnen werfen kann, so lange hat Gottes besonderer Plan mit Israel Gültigkeit! Dafür bürgt auch Jesus: «Wahrlich, ich sage euch: Dieses Geschlecht wird nicht vergehen, bis dies alles geschehen ist» (Mt 24,34).

Welches Geschlecht wird nicht vergehen?

Es gab schon gesegnete Gottesmänner und Prediger, die daran scheiterten, diese Generation zu erklären. Ein Beispiel war Hal Lindsey, der vor Jahrzehnten den Bestseller «Alter Planet Erde wohin?» auf den Markt brachte und eine Auflage von 28 Millionen Exemplaren erreichte. Seine Absicht war gut gemeint und Millionen von Christen begannen, sich mehr für die aktuelle biblische Prophetie zu interessieren. Aber er täuschte sich. Seine Schlussfolgerungen waren überstürzt und zu kurzsichtig.

Die Rechnung war simpel: Die Staatsgründung Israels geschah im Jahr 1948. Eine biblische Generation beträgt 40 Jahre. 1948 plus 40 Jahre ergibt das Jahr 1988 für die glorreiche Rückkehr Jesu. Davon müssen die sieben apokalyptischen Jahre abgezogen werden, und vor uns steht das Jahr 1981 für die Entrückung der Gemeinde. Aber es ist für alle ersichtlich, dass die Gemeinde Jesu sich immer noch auf der Erde befindet und noch nicht entrückt wurde. Die Rechnung von Hal Lindsey ist nicht aufgegangen. Daraus sollten wir lernen, vorsichtig zu sein und nicht vorschnell irgendeine Zahlen-Kabbala zu verbreiten.

Das Geschlecht, das «nicht vergehen» wird (Mt 24,34), ist ein anderes. Jesus meint vor allem das jüdische Volk, das in die sieben Trübsalsjahre eintauchen und direkt die Erfüllung der apokalyptischen Prophetien und Zeichen erleben wird. Sie sollen dann den weltweiten Abfall und die Verführung erkennen und der antichristlichen Verfolgung entkommen, indem sie den Anordnungen Jesu für diese besondere Zeit gehorchen. Ganz gewiss wird die Gemeinde nicht von den vier Enden der Erde auf die Berge Judas flüchten und auch nicht darum beten, dass ihre Flucht weder im Winter noch am Sabbat geschieht.

Solche Informationen (Mt 24,15-22) gelten für eine ganz spezielle Gruppe an einem ganz speziellen Ort zu der ganz speziellen Zeit, wenn der wiedererbaute Tempel in Jerusalem vom Antichrist missbraucht und entweiht wird, genau in der Mitte der sieben Jahre und dem eigentlichen Beginn der grossen Trübsal. Diese grosse Wahrheit muss sich ein für alle Mal tief in unserem Denken verankern: Es gibt im Neuen Testament Abschnitte (vor allem in den Evangelien), die nicht an die Gemeinde gerichtet sind, sondern sich auf die Zeit nach der Entrückung beziehen.

Gott hat Israel erwählt, und es wird eine besondere Generation geben, die die Rückkehr Jesu in Herrlichkeit erleben wird. Es gehört einfach zu Gottes Strategie und Heilsplan, dass Er sich ein Volk als besonderes Werkzeug ausgesucht hat: «... hat der Herr sein Herz euch zugewandt und euch erwählt – denn ihr seid das geringste unter allen Völkern ...» (5Mo 7,7).

Ganz ähnlich wird auch die neutestamentliche Gemeinde beschrieben: «... und das Unedle der Welt und das Verachtete hat Gott erwählt, und das, was nichts ist, damit er zunichtemache, was etwas ist, damit sich vor ihm kein Fleisch rühme» (1Kor 1,28-29).

Durch die Jahrtausende hindurch entdecken wir Gottes Treue und Barmherzigkeit mit dem Volk Israel. Immer wieder wurde verhindert, dass Israel endgültig vernichtet wurde: durch den ägyptischen Pharao, durch Bileam, durch Haman zur Zeit der Königin Esther, durch die Römer, durch die katholische Inquisition, durch Nazi-Deutschland und durch den Islam. Und zuletzt wird auch die Vernichtung durch den Antichrist verhindert. Immer wieder hat Gott eingegriffen und wird eingreifen.

Die ganze Geschichte Israels, sowohl positiver als auch negativer Art, ist ein untrüglicher Beweis der Existenz Gottes!

Vierter Grund: Israel ist der Zeiger an Gottes Weltenuhr

«Hört das Wort des Herrn, ihr Heidenvölker, und verkündigt es auf den fernen Inseln und sprecht: Der Israel zerstreut hat, der wird es auch sammeln und wird es hüten wie ein Hirte seine Herde» (Jer 31,10).

Anhand der biblischen Prophetie erkennen wir, dass das Wiederauftauchen Israels die endzeitlichen Gerichte über die ganze Welt einläutet. Heute verteidigt fast niemand mehr Israels Anrecht auf seine alte Heimat, denn dieses ist untrennbar mit der Bibel und dem Gott Israels verbunden. Die letzte Bastion sind die bibeltreuen Christen. Und selbst da müssen wir traurig feststellen, dass sich ein Teil von ihnen durch Weltverschwörungstheorien und amillennialistisches Wunschdenken verunsichern lässt. Letzteres blieb ein negativer Nebeneffekt der Reformation vor rund 500 Jahren, als die Gemeinde an die Stelle Israels gesetzt wurde.

Beim ganzen Nahost-Konflikt geht es eigentlich um die Auseinandersetzung zwischen dem Islam und der Heiligen Schrift. Da sowohl Juden als auch Christen mit der Bibel verbunden sind, sitzen wir in dieser Konfrontation im gleichen Boot. Wer das nicht erkennen will, sägt unweigerlich den Ast ab, auf dem er selbst sitzt. Im Propheten Sacharja wird die ganze Welt vorbereitet: «Siehe, ich mache Jerusalem zum Taumelkelch für alle Völker ringsum ...» (Sach 12,2).

An Jerusalem scheiden sich die Geister, und die immer gottlosere Welt sympathisiert viel lieber mit den Palästinensern als mit den Juden. Dabei erleben wir den fünften Vers von Psalm 83 heute vor allem in der muslimischen Welt: «Sie sprechen: ‹Kommt, wir wollen sie vertilgen, dass sie kein Volk mehr seien, dass an den Namen Israel nicht mehr gedacht werde!›»

Als bibeltreue Christen sind wir wachsam und erkennen den jüdischen Aspekt vom apokalyptischen Harmagedon:

> «Denn siehe, in jenen Tagen und zu jener Zeit, wenn ich das Geschick Judas und Jerusalems wende, da werde ich alle Heidenvölker versammeln und sie ins Tal Josaphat hinabführen; und ich werde dort mit ihnen ins Gericht gehen wegen meines Volkes und meines Erbteils Israel, weil sie es unter die Heidenvölker zerstreut und mein Land verteilt haben ...» (Joe 4,1-2 – andere Bibelübersetzungen wie Luther: «weil sie ... mein Land geteilt haben»).

Die globale Weltpolitik der UNO im Hinblick auf Israel und die Christen wird in Psalm 2 trefflich auf den Punkt gebracht: «Warum toben die Heiden und ersinnen die Völker Nichtiges? Die Könige der Erde lehnen sich auf, und die Fürsten verabreden sich gegen den Herrn und gegen seinen Gesalbten ...» (V. 1-2).

Die Welt wird immer antisemitischer und antichristlicher. Unsere so geschätzten westlichen Demokratien beginnen immer mehr damit, bibeltreue Christen als gefährlich einzustufen und zu kriminalisieren. Dazu kommt eine schon krankhafte Toleranz im Namen der Antidiskriminierung sowie eine Demoralisierung bis zur Schamlosigkeit und Perversion. Die Konsumgesellschaft ist bereit, für die Garantie eines bequemen Lebens einen hohen Preis zu bezahlen, und hängt wie ein reifer Apfel am Baum. Ohne Gottesfurcht mutieren die ehemals gesegneten christlichen Demokratien durch einen besorgniserregenden Zerfall der Werte und Tugenden zu einem gerichtsreifen Babylon mit dem Vornamen Sodom.

Ulrich W. Sahm weist auf interessante Zusammenhänge betreffs der Unruhen in den arabischen Ländern hin: «Der sogenannte kleine Satan Israel war bisher ein Bollwerk, das durch seinen Kampf gegen Islamisten auch Europa schützte. Jetzt droht ein unvorhersehbares Szenario ...» Je mehr sich Europa und teils auch Amerika von Israel abwenden, desto mehr geht es bergab – von einer Krise zur anderen, von einer Katastrophe zur anderen und von einem Gewaltverbrechen zu noch Schlimmerem.

Die wichtigen «bis»-Verse

> «Denn ich will nicht, meine Brüder, dass euch dieses Geheimnis unbekannt bleibt, damit ihr euch nicht selbst für klug haltet: Israel ist zum Teil Verstockung widerfahren, bis die Vollzahl der Heiden eingegangen ist ...» (Röm 11,25).

Die Errettung von Menschen durch die weltweit verkündigte Frohe Botschaft ist am Ende verknüpft mit der geistlichen Wiederherstellung Israels.

> «Und sie werden fallen durch die Schärfe des Schwerts und gefangen weggeführt werden unter alle Heiden. Und Jerusalem wird zertreten werden von den Heiden, bis die Zeiten der Heiden erfüllt sind» (Lk 21,24).

Jerusalem dient uns als apokalyptischer Gradmesser. Da Israel schon seit über 70 Jahren wieder auf der Völkerliste steht, nimmt der Druck der Feinde extrem zu. Die ganzen Unruhen und Revolten in verschiedenen arabischen Ländern könnten auch als Schuss nach hinten losgehen und zu einer gewaltigen Explosion gegen Israel führen. Geben wir uns keiner Illusion hin: Wir leben in einer verlorenen Welt. Nach dem «prophetischen Kalender» geht die Zeit der Nationen ihrem Ende entgegen.

> «... denn ich sage euch: Ihr werdet mich von jetzt an nicht mehr sehen, bis ihr sprechen werdet: ‹Gepriesen sei der, welcher kommt im Namen des Herrn!›» (Mt 23,39).

Durch alle Entwicklungen und Gefahrenherde wird Israel unweigerlich in eine dermassen ausweglose Situation gebracht werden, dass sie nur noch nach göttlichem Eingreifen und Schutz schreien können. In der grössten Verzweiflung kommt dann die Hinwendung zu dem, der im Namen des Herrn kommen wird!

Fünfter Grund: Die Zukunft der Gemeinde ist eng mit Israel verbunden

Es ist schon vielsagend, dass Jesu Wiederkunft mit einem ganz konkreten Ort verbunden ist: mit dem Ölberg in Jerusalem. Warum gerade in Jerusalem, wenn Gott doch nach der Meinung vieler christlicher Denominationen und Kirchen nichts Besonderes mehr mit Israel plant?

In Apostelgeschichte 1 lesen wir, wie die Engel den Jüngern sagen:

> «Ihr Männer von Galiläa, was steht ihr hier und seht zum Himmel? Dieser Jesus, der von euch weg in den Himmel aufgenommen worden ist, wird in derselben Weise wiederkommen, wie ihr ihn habt in den Himmel auffahren sehen! Da kehrten sie nach Jerusalem zurück von dem Berg, welcher Ölberg heisst, der nahe bei Jerusalem liegt, einen Sabbatweg entfernt» (V. 11-12).

Und der Prophet Sacharja erklärt:

> «Und seine Füsse werden an jenem Tag auf dem Ölberg stehen, der vor Jerusalem nach Osten zu liegt; und der Ölberg wird sich in der Mitte spalten ... Dann wird der Herr, mein Gott, kommen, und alle Heiligen mit dir!» (Sach 14,4-5).

Zusammen mit allen alttestamentlichen Gläubigen werden wir vom König aller Könige und Herrn aller Herren auf den Ölberg nach Jerusalem gebracht, der sich in Israel befindet.

Am Schluss des letzten Buches des Neuen Testaments kommt das himmlische Jerusalem vom Himmel auf die Erde herab: «Und sie hat eine grosse und hohe Mauer und zwölf Tore, und an den Toren zwölf Engel, und Namen angeschrieben, nämlich die der zwölf Stämme der Söhne Israels» (Offb 21,12).

Wir werden also auch im Neuen Testament daran erinnert, dass die Namen der zwölf Stämme Israels in den Toren der himmlischen Stadt eingraviert sind, ebenso wie die Namen der zwölf Apostel aus Israel: «Und die Mauer der Stadt hatte zwölf Grundsteine, und in ihnen waren die Namen der zwölf Apostel des Lammes» (Offb 21,14).

Das ist die Erfüllung der Verheissung durch den Propheten Jesaja: «Denn gleichwie der neue Himmel und die neue Erde, die ich mache, vor meinem Angesicht bleiben werden, spricht der Herr, so soll auch euer Same und euer Name bestehen bleiben» (Jes 66,22). Jesaja spricht hier nicht von der Gemeinde, sondern von Israels Zukunft – was sich jedem «normalen» Bibelleser aus dem Textzusammenhang erschliesst!

> «Ja, es wird geschehen am Ende der Tage, da wird der Berg des Hauses des Herrn festgegründet stehen an der Spitze der Berge, und er wird erhaben sein über alle Höhen, und alle Heiden werden zu ihm strömen. Und viele Völker werden hingehen und sagen: ‹Kommt, lasst uns hinaufziehen zum Berg des Herrn, zum Haus des Gottes Jakobs, damit er uns belehre über seine Wege und wir auf seinen Pfaden wandeln!› Denn von Zion wird das Gesetz ausgehen und das Wort des Herrn von Jerusalem. Und er wird Recht sprechen zwischen den Heiden und viele Völker zurechtweisen, sodass sie ihre Schwerter zu Pflugscharen schmieden werden und ihre Speere zu Rebmessern; kein Volk wird gegen das andere das Schwert erheben, und sie werden den Krieg nicht mehr erlernen» (Jes 2,2-4).

Welch gewaltige Vision des Friedensreiches mit Sitz in Jerusalem auf dem Berg Zion, dem Zentrum der Welt!

«... und hast uns zu Königen und Priestern gemacht für unseren Gott, und wir werden herrschen auf Erden» (Offb 5,10). Hier werden die Erlösten angesprochen und es wird ihre zukünftige Aufgabe erwähnt, die von Zion ausgeht. Deshalb sind wirklich bibeltreue Christen gleichzeitig auch christliche Zionisten, weil sie ihre geistliche Sicht prophetisch geschärft haben und an dieses Friedensreich glauben. Und sie verteidigen Israels von Gott selbst zugesprochenes Anrecht auf seine Heimat, auf das Land Israel. Und die Palästinenser und andere Nichtjuden, die heute dort leben? Da ist das folgende Wort des Herrn wegweisend:

> «So spricht der Herr über alle meine bösen Nachbarn, die das Erbteil antasten, das ich meinem Volk Israel gegeben habe: Siehe, ich will sie aus ihrem Land herausreissen, und ich will das Haus Juda aus ihrer Mitte wegreissen. Und es soll geschehen, nachdem ich sie herausgerissen habe, will ich mich wieder über sie erbarmen und will sie wieder heimführen, jeden zu seinem Erbteil und jeden in sein Land. Und es wird geschehen, wenn sie (die bösen Nachbarn) die Wege meines Volkes eifrig gelernt haben, sodass sie bei meinem Namen schwören: ‹So wahr der Herr lebt!›, so wie sie mein Volk auch gelehrt haben, beim Baal zu schwören, so sollen sie inmitten meines Volkes aufgebaut werden; wenn sie aber nicht gehorchen wollen, so will ich ein solches Volk endgültig ausrotten und vertilgen! spricht der Herr» (Jer 12,14-17).

Das bedeutet: Entweder friedliche Integration und Identifikation oder das Gericht Gottes, wenn man sich als hartnäckiger Feind, Judenhasser und Judenmörder selbst disqualifiziert.

Persönliche Orientierung

Es ist schade und äusserst tragisch, dass sich immer weniger Christen an die Seite Israels stellen. Farbe bekennen bedeutet eben, gegen den Strom zu schwimmen. Auch gegen den gängigen Mainstream, der uns von den Massenmedien indoktriniert wird. Als Christen müssen wir über die Ereignisse und Entwicklungen gut informiert sein, damit wir nicht überrollt werden. Endzeit ist charakterisiert sowohl von Verführung als auch von Schläfrigkeit. «Wenn aber dies anfängt zu geschehen, so richtet euch auf und erhebt eure Häupter, weil eure Erlösung naht» (Lk 21,28).

Unser Herr selbst mahnt, auf «dies» zu achten – wie auf Warnblinklichter am Armaturenbrett. Dabei muss aber erwähnt werden, dass wir zwar die eigentliche Erfüllung apokalyptischer Zeichen nicht miterleben werden, aber die Vorschattungen und Vorbereitungen der apokalyptischen Weltbühne heute beobachten können!

> «Und der König wird ihnen antworten und sagen: Wahrlich, ich sage euch: Was ihr einem dieser meiner geringsten Brüder getan habt, das habt ihr mir getan! ... Dann wird er ihnen antworten: Wahrlich, ich sage euch: Was ihr einem dieser Geringsten nicht getan habt, das habt ihr mir auch nicht getan!» (Mt 25,40.45).

Hier predigt unser Herr nicht plötzlich ein soziales Evangelium, sondern Er redet über die Haltung der Menschen den Juden gegenüber. Sie sind ethnisch gesprochen ohne Zweifel die Brüder Jesu. Hier müssen wir uns fragen lassen: Sind wir eventuell christliche Antisemiten? Paulus warnte die damaligen Christen in Rom: «... so überhebe dich nicht gegen die Zweige! Überhebst du dich aber, so bedenke: Nicht du trägst die Wurzel, sondern die Wurzel trägt dich!» (Röm 11,18).

Die hier erwähnten natürlichen Zweige sind die Juden. Eine spanische Übersetzung *(La Biblia de las Américas)* übersetzt diesen Vers mit «no seas arrogante», was übersetzt heisst: «Sei nicht arrogant»! Das Gegenteil davon ist, demütig, verständig und liebevoll zu sein.

Wir wiederholen:

Erstens, Jesus war, ist und bleibt Jude (der Löwe aus dem Stamm Juda).

Zweitens, unsere ganze Bibel ist jüdisch.

Drittens, die Juden sind ein eindrücklicher Gottesbeweis.

Viertens, Israel ist der Zeiger an Gottes Weltenuhr.

Fünftens, unsere Zukunft ist eng mit Israel verknüpft.

Deshalb unterstützen wir Israel mit ganz konkreten Projekten, zeigen unsere Solidarität durch Reisen nach Israel, suchen Kontakte zu Juden, um ihnen das Evangelium nahezubringen, das heisst, vom Messias Israels zu erzählen, und: «Bittet für den Frieden Jerusalems! Es soll denen wohlgehen, die dich lieben!» (Ps 122,6).

Zum Nachdenken

Diese fünf einfachen Punkte und Tatsachen, die aufgezeigt wurden, sollten uns dazu bewegen, Israel zu lieben, Israel zu verteidigen, über Israel und seine Zukunft zu predigen und für das Bundesvolk Gottes vermehrt zu beten. Und da wir in der jetzigen Gnadenzeit noch für Jesus leben und wirken können, flehen wir für Israel und wünschen, dass noch viele ihren Messias erkennen möchten und dass die Feinde durch Gottes Gnade innehalten und Jesus ihr Leben ausliefern, bevor der Zorn Gottes über die Welt ausgeschüttet wird.

DIE ZWEI ZEUGEN UND DIE ENTRÜCKUNG DER GEMEINDE

Biblische Prophetie ist faszinierend. Wenn wir sie und zukünftige Ereignisse richtig studieren und einordnen, bekommen wir eine klare Sicht für Gottes Plan und die kommenden Zeiten. Im Buch der Offenbarung erscheinen zwei mysteriöse Männer, und ihre Aktionen lassen sich schwer in unsere gängige Theologie einordnen. Es sind die sogenannten zwei Zeugen der Offenbarung mit einem zeitlich genau begrenzten und ganz spezifischen Auftrag, an einem bestimmten Ort und in einem besonderen Zeitabschnitt.

Um das zukünftige prophetische Szenario (Umfeld und Handlung) richtig zu verstehen, ist es unabdingbar, dass wir einen klaren Unterschied zwischen der Gemeinde, Israel und den Nationen vollziehen. Wo können wir die zwei Zeugen unterbringen? Wenn wir die angegebenen Informationen über diese beiden Gestalten beachten, darüber, was sie tun und wie sie reagieren, dann verstehen wir das prophetische Panorama besser, inklusive der Rolle Israels in Gottes göttlicher Agenda.

Der Textabschnitt umfasst nur elf Verse mit einem beeindruckenden Reichtum an Details. Hier finden wir genug Informationen, um viele der aufkommenden Fragen der Eschatologie (Lehre von der Endzeit, von den letzten Dingen) und über Israels zukünftige Funktion zu beantworten. Die zwei Zeugen sind ein absolut unfehlbarer Gradmesser, um lehrmässige Strömungen von Denominationen, Randgruppen, Sekten und Studienbibeln zu analysieren und einzuordnen.

Kommen wir zu unserem Text, den Gott folgendermassen beginnt:

> «Und ich will meinen zwei Zeugen geben, dass sie weissagen werden 1260 Tage lang, bekleidet mit Sacktuch. Das sind die

zwei Ölbäume und die zwei Leuchter, die vor dem Gott der Erde stehen» (Offb 11,3-4).

Gott kommuniziert klar und verständlich

In Offenbarung 22,16a bestätigt unser Herr das Buch der Offenbarung: «Ich, Jesus, habe meinen Engel gesandt, um euch diese Dinge für die Gemeinden zu bezeugen.»

Dies ist Gottes Kommunikation mit uns Menschen. Doch warum haben wir heute grösste Probleme, das letzte Buch der Bibel zu verstehen? Wenn Gott redet, dann redet Er so, dass man es auch versteht, denn Er ist die Quelle und der Schöpfer der Verständigung. Als Er sich durch die vielen Gesetze und Anweisungen auf dem Sinai und in der Stiftshütte zu erkennen gab, lesen wir: «Und der Herr redete mit Mose von Angesicht zu Angesicht, wie ein Mann mit seinem Freund redet ...» (2Mo 33,11).

Da gab es keine Funkstörungen, Bildverzerrungen, Übersetzungsfehler oder Echos in der Leitung. Gottes Kommunikation bedeutet Klartext! Genauso war es bei Jesus, dem Logos, dem fleischgewordenen Wort Gottes. Manches ist in den Evangelien so einfach und gut illustriert, dass wir es schon unseren kleinen Kindern und Enkeln erzählen können. Mit dieser Einschätzung nähern wir uns Schritt für Schritt den beiden geheimnisvollen Persönlichkeiten, die im Buch der Offenbarung auftauchen.

Die zwei Zeugen: Ein theologisches Dilemma

Viele vergeistlichen die beiden Zeugen in Offenbarung 11,3-13 und betrachten sie dann gezwungenermassen als Bild für die Gemeinde. Tun wir dies, müssen wir den Bibeltext jedoch entsprechend manipulieren. Denn Wasser in Blut verwandeln, mit Plagen um sich werfen, Feinde töten und den Himmel verschliessen (V. 6), dies alles kann nicht gerade als «Geistesgabe» für die Gemeinde gewertet werden. Oder was bedeutet es symbolisch, wenn die Zwei dreieinhalb Tage tot in den Gassen Jerusalems liegen? Warum tun sich viele so schwer damit, im klar geoffenbarten und umrissenen Dienst dieser beiden Männer den Beginn von Israels geistlicher Wiederherstellung in der grossen Trübsal zu sehen? Darf das denn nicht sein? Können wir Gott belehren und sagen, dass so etwas unerhört ist und nicht in unsere Theologie passt?

Nach Römer 11,25-26 und Apostelgeschichte 15,14-16 kommt Israel nach dem Gemeindezeitalter wieder von der Reservebank herunter. Deshalb muss die Entrückung der Gemeinde, das Treffen des himmlischen Bräutigams mit Seiner herausgerufenen und erlösten Braut, vorher stattfinden.

Unser Gott ist ein Gott der Ordnung (1Kor 14,33). Es ist absolut unmöglich, den Dienst und die Zeichen der beiden apokalyptischen Zeugen irgendwie anzupassen und auf die Gemeinde zu übertragen. Jede Bibel mit Parallelstellen verweist in Offenbarung 11 (V. 4) zudem auf den Propheten Sacharja (Sach 4,2-3.14). Und dieser Prophet wusste nichts von der Gemeinde, weil diese noch ein Geheimnis in Gottes Ratschluss war.

Auf wen wartet Israel?

Wenn wir die Zeit des ersten Kommens Jesu aufmerksam betrachten, erkennen wir, auf wen Israel gewartet hat. Die Frage an Johannes den Täufer weist neben dem Messias auf zwei weitere bekannte Persönlichkeiten hin:

> «Und dies ist das Zeugnis des Johannes, als die Juden von Jerusalem Priester und Leviten sandten, um ihn zu fragen:

Wer bist du? Und er bekannte es und leugnete nicht, sondern bekannte: Ich bin nicht der Christus! Und sie fragten ihn: Was denn? Bist du Elia? Und er sprach: Ich bin's nicht! Bist du der Prophet? Und er antwortete: Nein!» (Joh 1,19-21).

Elia sollte nach Maleachi 3,23 dem Herrn den Weg bereiten. Das besagt auch die Diskussion um Johannes den Täufer in Matthäus 17,11-13:

> «Jesus aber antwortete und sprach zu ihnen: Elia kommt freilich zuvor und wird alles wiederherstellen. Ich sage euch aber, dass Elia schon gekommen ist; und sie haben ihn nicht anerkannt, sondern mit ihm gemacht, was sie wollten. Ebenso wird auch der Sohn des Menschen von ihnen leiden müssen. Da verstanden die Jünger, dass er zu ihnen von Johannes dem Täufer redete.»

Und der Engel des Herrn sprach zu Zacharias über Johannes den Täufer: «Und er wird vor ihm hergehen im Geist und in der Kraft Elias, um die Herzen der Väter umzuwenden zu den Kindern und die Ungehorsamen zur Gesinnung der Gerechten, um dem Herrn ein zugerüstetes Volk zu bereiten» (Lk 1,17).

«Bist du der Prophet?» (Joh 1,21), ist dem prophetischen Hinweis Moses entnommen:

> «Einen Propheten wie mich wird dir der Herr, dein Gott, erwecken aus deiner Mitte, aus deinen Brüdern; auf ihn sollst du hören! ... Ich will ihnen einen Propheten, wie du es bist, aus der Mitte ihrer Brüder erwecken und meine Worte in seinen Mund legen; der soll alles zu ihnen reden, was ich ihm gebie-

ten werde. Und es wird geschehen, wer auf meine Worte nicht hören will, die er in meinem Namen reden wird, von dem will ich es fordern!» (5Mo 18,15.18-19).

Das Volk machte die Verbindung von Jesus zu dem angekündeten vollmächtigen Propheten: «Als nun die Leute das Zeichen sahen, das Jesus getan hatte, sprachen sie: Das ist wahrhaftig der Prophet, der in die Welt kommen soll!» (Joh 6,14).

Petrus erklärt die Gültigkeit der Verheissung in Jesus selbst (Apg 3,22-23). Das schliesst allerdings nicht aus, dass es noch einen weiteren endzeitlichen Aspekt und eine zukünftige Erfüllung geben kann. Vor dem erneuten Erscheinen unseres Herrn am Ende der grossen Trübsal werden zwei Zeugen auftauchen: ein Mann wie Elia und der andere wie Mose. Da sich in der Endzeit alles zuspitzt, schickt wohl Gott die «grössten Kaliber». Sind es Mose und Elia?

Ein Blick in die jüdische Tradition: Mose und Elia bleiben fest im Gedächtnis

Wenn wir einen Blick in die jüdische Tradition tun, ist es äusserst interessant, dass ein jüdisches männliches Baby am achten Tag nach der Geburt beschnitten wird, genauso wie Gott es Mose vor 3500 Jahren (!) aufgetragen hat. Zur Zeremonie gehört auch der Stuhl Elias, auf den der kleine Bundesanwärter, meist im Schoss des Opas, gelegt wird. Insgesamt wird dabei der Name Elia zweimal und der Name Mose dreimal erwähnt. Und jedes Jahr am Passahabend wird des Auszugs aus Ägypten gedacht. Beim Lesen der vier Befreiungsverheissungen wird jedes Mal ein Glas oder Gläschen Wein getrunken. Da jedoch die endgültige Erlösung der ganzen Welt durch das Kommen des Messias und seines Wegbereiters Elia noch aussteht, bleibt das fünfte Glas, der sogenannte Becher Elias, unberührt stehen. Dann wird meist ein Kind aufgefordert, die Haustür zu öffnen, um nachzusehen, ob der Prophet Elia schon gekommen sei. Es ist faszinierend und vielsagend, dass bei den Beschneidungszeremonien und den Passahfeiern sowohl an den grossen Befreier Mose als auch an Elia erinnert wird. Ist das eine Vorbereitung für den zukünftigen Dienst der beiden Zeugen?

Wann werden diese beiden Propheten erscheinen?

Donald D. Turner gibt in seinem Kommentar zur Offenbarung folgenden Rat: «Jeder muss für sich selber entscheiden, wie er die Art des Dienstes der beiden beurteilt sowie die dabei herrschenden äusseren Umstände.» Wenn jedoch jeder so für sich selber entscheidet, ob man den Text wörtlich oder allegorisch-symbolisch nimmt, ist das Chaos der verschiedensten Meinungen vorprogrammiert!

Was zeichnet die beiden Zeugen aus?

Neben dem Sacktuch und der damit verbundenen Verkündigung (Trauer, Busse, Demut) werden vor allem das zeichenhafte Handeln und die Vollmacht erwähnt: Feuer kommt aus ihrem Mund und vernichtet Menschen, die Anschläge gegen sie ausführen wollen. Sie können den Himmel verschliessen und die Unbussfertigen mit Dürre und Trockenheit bestrafen. Sie können Gewässer in Blut verwandeln und – sooft sie wollen – die verschiedensten Gerichtsplagen heraufziehen lassen.

Der Zeitabschnitt ihres speziellen Zeugnisses ist genau festgelegt: 1260 Tage. Ihre besondere Kleidung und die zeichenhafte Verkündigung können nur eines bedeuten: Gott redet ganz spezifisch mit Israel und ruft zur Busse, zur Umkehr zum wahren Gott Israels, auf. Diese vollmächtige Verkündigung würde in der apokalyptischen zweiten Hälfte, der sogenannten grossen Trübsal, regelrecht untergehen, weil dann schreckliche Gerichte massiv über die ganze Erde hereinbrechen. So wird zum Beispiel das ganze Meer zu Blut und alle Lebewesen darin werden sterben (Offb 16,3-4). Die Hälfte der Menschheit wird durch die aufgelisteten Katastrophen direkt umkommen. Heuschrecken aus der Unterwelt werden alle Horrorfilme in den Schatten stellen und die Menschen fünf Monate lang schrecklich quälen. Demgegenüber erscheinen die verschiedenen Plagen der beiden Zeugen noch wie Korrekturversuche eines liebenden Vaters. Das ist nur eines der Argumente, um den Dienst in den ersten dreieinhalb Jahren anzusetzen.

Wichtiger Orientierungspunkt

In Offenbarung 11,7 überliest man leicht einen wichtigen Orientierungspunkt: «Und wenn sie ihr Zeugnis vollendet haben, wird das Tier, das aus dem Abgrund heraufsteigt, mit ihnen Krieg führen und sie überwinden und sie töten.»

Dieses sogenannte erste Tier, auch als der globale Weltherrscher bekannt, wird später in Kapitel 13 ausführlicher beschrieben: «Und ich sah aus dem Meer ein Tier aufsteigen, das sieben Köpfe und zehn Hörner hatte und auf seinen Hörnern zehn Kronen, und auf seinen Köpfen einen Namen der Lästerung. Und das Tier, das ich sah, glich einem Panther, und seine Füsse waren wie die eines Bären und sein Rachen wie ein Löwenrachen; und der Drache gab ihm seine Kraft und seinen Thron und grosse Vollmacht» (V. 1-2).

Zuerst steigt das Tier aus dem Völkermeer auf, und wenn es nach genau 1260 Tagen Zeugendienst die zwei Zeugen tötet, steigt es vorher aus dem Abgrund empor. Bei solchen Recherchen kommen wir nicht umhin, uns das im sogenannten Grundtext gebrauchte Wort genauer anzuschauen: *abyssos* = Unterwelt. Damit ist der Aufenthalts- und Herkunftsort des Teufels und seiner Mächte gemeint. Hier geschieht also etwas wirklich Aussergewöhnliches. Am Anfang erscheint der erfolgreiche Politiker als ein Mann aus den Völkern. Der ganze Zusammenhang deutet auf das wiederaufgetauchte antike Römische Reich im Endzeitstadium, das heutige Europa, hin. Aber dann, vor dem Doppelmord an den beiden Zeugen Gottes, steigt das Tier aus dem Abgrund herauf. Wie ist das möglich? Was war geschehen?

Die biblische Prophetie ist ein hell scheinendes Licht, das uns Orientierung und Sicherheit schenkt: «Und so halten wir nun fest an dem völlig gewissen prophetischen Wort, und ihr tut gut daran, darauf zu achten als auf ein Licht, das an einem dunklen Ort scheint, bis der Tag anbricht und der Morgenstern aufgeht in euren Herzen» (2Petr 1,19).

Wenn in Offenbarung Kapitel 13, Verse 3 und 14 von einer tödlichen Wunde des endzeitlichen Weltherrschers berichtet wird, dann müssen wir nicht alles Mögliche hineinlesen. Ein tödlicher Unfall ist fatal. Er ist nicht teilweise tödlich oder bloss eine Zeit lang tödlich! Dieser Führer stirbt also tatsächlich an einer Verwundung, vielleicht durch einen Anschlag oder in einem Krieg. Und danach lebt er wieder, nun allerdings als echte und furchtbare Marionette Satans, die aus dem Abgrund hochsteigt und sofort die zwei Zeugen angreift, die dann ihren Auftrag auf der Erde erfüllt haben werden.

Nach dem Tod, der Auferstehung und der Entrückung der beiden Zeugen (Offb 11,7-12) imitiert der falsche Prophet mit Feuer vom Himmel den echten Elia. «Und es tut grosse Zeichen, sodass es sogar Feuer vom Himmel auf die Erde herabfallen lässt vor den Menschen» (Offb 13,13). Das ist ein spezielles Zeichen (Wunder), um Israel zu verführen!

Wichtiges Argument: Wir lesen absolut nichts von einer Konfrontation der beiden Zeugen mit dem falschen Propheten während der 1260 Tage, denn das würde ohne Zweifel dessen Tod bedeuten! So scheint es logisch, dass diese apokalyptische Gestalt erst richtig nach der Entrückung der beiden Zeugen auftreten kann. Diese beiden müssen zuerst «weggetan» werden, damit der falsche Prophet sein ganzes Verführungsregister ziehen kann. Aber vergessen wir nicht: Es ist Gott, der die «kräftigen Irrtümer» zum Gericht zulässt:

> «Darum wird ihnen Gott eine wirksame Kraft der Verführung senden, sodass sie der Lüge glauben, damit alle gerichtet werden, die der Wahrheit nicht geglaubt haben, sondern Wohlgefallen hatten an der Ungerechtigkeit» (2Thes 2,11-12).

Beim Studium der zwei Zeugen entdecken wir die genaue Dauer ihres Wirkens auf der Erde. Gott offenbart: «Und ich will meinen zwei Zeugen geben, dass sie weissagen werden 1260 Tage lang ...» (Offb 11,3).

Der Herr selbst begrenzt ihr Auftreten auf genau dreieinhalb Jahre. Das geschieht nicht zufällig. Dieser Zeitwert erscheint einige Male in der Bibel und liefert uns eine komplettere Schau der Endzeit. Darauf werden wir noch intensiver in anderen Kapiteln dieses Buches eingehen. Deshalb soll hier nur erwähnt werden, dass dieser genau abgegrenzte Zeitabschnitt für das Wirken der beiden Botschafter Gottes uns Trost und Gewissheit vermittelt. Im Dienst für Ihn werden wir bewahrt und beschützt, solange es Gott will.

«In deiner Hand steht meine Zeit ...» (Ps 31,16). Nichts geschieht rein zufällig. Gott ist allmächtig und hat die Herrschaft über Zeit und Raum!

Zuerst die Gemeinde, dann wieder Israel

Der Dienst der zwei Zeugen leitet die geistliche Wiederherstellung Israels ein. Besonders ist das bei ihrer Auferstehung, Himmelfahrt und dem darauffolgenden Erdbeben ersichtlich: «Und zur selben Stunde entstand ein grosses Erdbeben, und der zehnte Teil der Stadt fiel; und es wurden in dem Erdbeben 7000 Menschen getötet. Und die übrigen wurden voll Furcht und gaben dem Gott des Himmels die Ehre» (Offb 11,13).

Die stark in Mitleidenschaft gezogene Stadt ist natürlich Jerusalem. Spätestens hier beginnt im Volk Israel ein Umdenken, eine Umkehr und die Flucht vor dem Antichrist.

In der zweiten Hälfte der Trübsalszeit, «wie von Anfang der Welt an bis jetzt keine gewesen ist und auch keine mehr kommen wird» (Mt 24,21), häufen sich die apokalyptischen Gerichte durch den ausgegossenen Zorn Gottes. Darum wird genau hier an die Geduld, den Glauben und das Durchhaltevermögen der Heiligen appelliert, denn es gibt keinen Ausweg: «Wenn einer zur Gefangenschaft bestimmt ist, kommt er in Gefangenschaft. Wer für den Tod durch das Schwert bestimmt ist, wird mit dem Schwert getötet werden. Hier muss sich der Glaube und die Standhaftigkeit der Menschen bewähren, die zu Gott gehören» (Offb 13,10 NeÜ).

Das unterstreicht auch Daniel 12,11-12: «Und von der Zeit an, da das beständige Opfer beseitigt und der Gräuel der Verwüstung aufgestellt wird, sind es 1290 Tage. Wohl dem, der ausharrt und 1335 Tage erreicht!»

Ist eine Entrückung in der Mitte der Trübsalszeit denkbar?

Sollte die Entrückung in der Mitte der Trübsalszeit stattfinden (wie es einige Bibelausleger behaupten), warum wurde dann die genau in der Mitte der sieben Jahre in die Wüste flüchtende Gruppe nicht entrückt (Mt 24,15-21)? Diese Flucht wird durch den Tod der beiden Zeugen, den Gräuel der Verwüstung und die schreckliche antichristliche Verfolgung ausgelöst.

Hätte es hier eine Entrückung gegeben, dann wäre ein Vakuum an Heiligen entstanden, denn es wurden ja alle entrückt, und die neuen Gläubigen aus der grossen Trübsal würden erst nach und nach erscheinen (Offb 7,14). Aber wir lesen in Offenbarung 13,10 vom «standhafte(n) Ausharren» der Heiligen, die den Dienst und den Tod der beiden Zeugen und den Gräuel der Verwüstung im Jerusalemer Tempel beobachtet und miterlebt haben und dann flüchten sollen. Da gab und gibt es keine Entrückung, denn die Geretteten in Christus befinden sich nicht mehr auf der Erde. Die Frau, die in die Wüste flüchtet und dort bewahrt werden wird, ist eine ganz andere Gruppierung (Offb 12,6.14). Doch dieses Thema behandeln wir ausführlich in Kapitel 11.

Nach Römer 11,25-26 kann der Countdown der letzten sieben Jahre des Heilsplanes Gottes mit Israel erst nach dem Gemeindezeitalter stattfinden, das mit der Entrückung abgeschlossen wird:

> «Denn ich will nicht, meine Brüder, dass euch dieses Geheimnis unbekannt bleibt, damit ihr euch nicht selbst für klug haltet: Israel ist zum Teil Verstockung widerfahren, bis die Vollzahl der Heiden eingegangen ist; und so wird ganz Israel gerettet

> werden, wie geschrieben steht: ‹Aus Zion wird der Erlöser kommen und die Gottlosigkeiten von Jakob abwenden ...›»

Israel bleibt so lange auf der Reservebank, bis die Vollzahl der Heiden gerettet ist, bis Gott sich «aus den Heiden ein Volk für seinen Namen» (Apg 15,14) herausgerufen hat. Erst danach kommt die Wiederherstellung der «zerfallene(n) Hütte Davids» (Apg 15,16) und kehrt der «Erlöser aus Zion» zurück. Hier die drei Verse im Zusammenhang:

> «Simon hat erzählt, wie Gott zuerst sein Augenmerk darauf richtete, aus den Heiden ein Volk für seinen Namen anzunehmen. Und damit stimmen die Worte der Propheten überein, wie geschrieben steht: ‹Nach diesem will ich zurückkehren und die zerfallene Hütte Davids wieder aufbauen, und ihre Trümmer will ich wieder bauen und sie wieder aufrichten ...›» (Apg 15,14-16).

Das Volk aus den Heiden und die zerfallene Hütte Davids sind zwei ganz verschiedene Angelegenheiten. Begriffe wie «zuerst» (V. 14) und «Nach diesem» (V. 16) unterstreichen diese Logik. Das Zweite kommt also erst, wenn das Erste fertig ist. Erst nach der Entrückung, wenn «die Vollzahl der Heiden eingegangen ist», können die zwei Zeugen auf der apokalyptischen Weltbühne erscheinen und Israel in den Gassen Jerusalems zur Busse aufrufen (Offb 11,3-13). Die Handlungsweise der beiden Zeugen gehört in eine andere Heilszeit (Dispensation) und ist absolut unvereinbar mit dem Auftrag der Gemeinde in der sogenannten Gnadenzeit (dem Gemeindezeitalter). Die Entrückung der Gemeinde muss vor der Trübsalszeit stattfinden!

Die biblische Prophetie ist eine Goldmine, eine reichhaltige Schürfgrube, wo wir Kostbarkeiten und wichtige Informationen mit der logischen Absicht finden, dass wir in diesen letzten Tagen der zunehmenden Dunkelheit und des lehrmässigen Chaos nicht orientierungslos umherirren.

Daniel und die Ölbergrede Jesu: Tempel des Antichrists?

Wir Christen bezeichnen den zukünftigen dritten Tempel manchmal als «Tempel des Antichrists». Ein israelischer Pastor äusserte sich in Bezug auf das Jerusalemer Tempelinstitut (wo konkrete Vorbereitungen für den nächsten Tempel laufen): «Das ist alles für den Antichrist!»

Aber aufgepasst: Ein unwerter Tempel kann nicht entweiht werden, weil er ja schon unrein ist. «Wenn ihr nun den Gräuel der Verwüstung, von dem durch den Propheten Daniel geredet wurde, an heiliger Stätte stehen seht (wer es liest, der achte darauf!), dann fliehe auf die Berge, wer in Judäa ist ...» (Mt 24,15-16).

Ein «Gräuel der Verwüstung» kann nur in einem wirklichen und von Gott anerkannten Tempel (heilige Stätte) aufgestellt werden. Denn in 2. Thessalonicher 2,4 lesen wir: «... der sich widersetzt und sich über alles erhebt, was Gott oder Gegenstand der Verehrung heisst, sodass er sich in den Tempel Gottes setzt als ein Gott und sich selbst für Gott ausgibt.»

Paulus bezeichnet, inspiriert durch den Heiligen Geist, den nächsten Tempel als Tempel Gottes! Alle Ausleger, die das irgendwie auf die Gemeinde beziehen, sollten beachten, dass Daniel das Geheimnis der Gemeinde nicht kannte. Er prophezeite für Israel. Und Jesus sprach ebenfalls zu Israeliten.

Könnte es sein, dass mit der angebotenen Fluchtroute («... dann fliehe auf die Berge, wer in Judäa ist ...» Mt 24,16) die Alpen gemeint sind? Natürlich nicht! Hier geht es um die Berge im judäischen Land. Das ist ein prophetischer Hinweis Gottes an eine ganz bestimmte Adresse (Gruppe von Menschen) zu einer ganz bestimmten Zeit (Mitte der Jahrwoche Daniels) an einem ganz genau definierten Ort.

Elia wird alles wiederherstellen

> «Und seine Jünger fragten ihn und sprachen: Warum sagen denn die Schriftgelehrten, dass zuvor Elia kommen müsse? Jesus aber antwortete und sprach zu ihnen: Elia kommt freilich zuvor und wird alles wiederherstellen» (Mt 17,10-11).

«Alles» kann durchaus auch die Wiederherstellung des Tempels sowie der Opfer beinhalten. Denn für dieses gewaltige Vorhaben nach einem Zeitraum von fast 2000 Jahren scheinen direkte göttliche Orientierung und Instruktion unerlässlich. Als Gott Mose den Auftrag gab, die Stiftshütte zu bauen, zeigte Er ihm ein Modell und erklärte Mose alle Details persönlich (2Mo 25,40; Hebr 8,5). Dies geschah auch rund 500 Jahre später bei David vor dem Bau des ersten Tempels durch seinen Sohn Salomo. David unterstreicht deutlich, dass ihm lückenlos alles von Gott gezeigt worden war (1Chr 28,11-12.19). Das wäre ein weiteres gewichtiges Argument, den Dienst der beiden Zeugen in die erste Hälfte der 70. Jahrwoche anzusiedeln.

Besuch auf dem Tempelberg

Es kann durchaus möglich sein, dass der Bau des dritten Tempels nicht durch den Friedensvertrag mit dem Weltherrscher

(Dan 9,27) in Gang kommt, sondern durch die beiden Zeugen. Können wir uns vorstellen, wie diese beiden besonders bevollmächtigten Männer, eventuell begleitet von anderen «Tempelfreunden», sich vor der Gebetsmauer (schöneres Wort für Klagemauer) versammeln, um dann gemeinsam in Richtung Tempelberg hochzusteigen? Können wir uns die Reaktion der Muslime und der ganzen arabischen Welt vorstellen? Können wir uns vorstellen, wie sie plötzlich alle aufgrund des schrecklichen, übernatürlichen Feuers, das jede feindliche Aggression sofort neutralisiert, resignierend das Tempelplateau räumen und für den Bau des grossen, neuen Tempels freigeben müssen?

Es ist geradezu ein Phänomen, wie das letzte Buch der Bibel heute entweder verschwiegen, rein allegorisch ausgelegt, missverstanden oder sogar missbraucht wird. Könnte das mit dem arroganten Übergehen, der theologischen «Neutralisierung» und Boykottierung Israels zusammenhängen? Darum sind Begriffe wie «Naherwartung» (des Wiederkommens Jesu), «Entrückung der Gemeinde», «Wiederherstellung Israels» und «prophetisches Wort» für so manchen schon zur Qual geworden – zu Reizbegriffen, wie das rote Tuch beim Stierkampf. Sie werden dem Vokabular fundamentalistischer Fanatiker zugeordnet. Doch Gott sagte Abraham über Israel: «Ich will segnen, die dich segnen, und verfluchen, die dich verfluchen ...» (1Mo 12,3). In theologischer Hinsicht trifft das auf jeden Fall zu, dass uns nämlich die biblische Prophetie zum Segen oder zum Fluch (Blindheit) wird!

Das Vorrecht zu wissen

Es gehört zum Vorrecht und zur hohen Stellung der Gemeinde, dass wir durch die biblische Prophetie des Alten und Neuen Testaments deutlich wissen, was uns erwartet und was nach unserer Entrückung auf die Welt zukommt, obwohl wir nichts mit dem kommenden Gericht zu tun haben werden!

Das Buch der Offenbarung wurde ja zuallererst der Gemeinde gegeben (Offb 22,16). Gott weihte auch Abraham persönlich über das Gericht über Sodom und Gomorra ein, obwohl er nichts damit zu tun hatte: «Sollte ich Abraham verbergen, was ich tun will?» (1Mo 18,17). Abraham wurde der Freund Gottes genannt (2Chr 20,7; Jes 41,8) und Jesus nennt uns ebenfalls Freunde: «Ich nenne euch nicht mehr Knechte, denn der Knecht weiss nicht, was sein Herr tut; euch aber habe ich Freunde genannt, weil ich euch alles verkündet habe, was ich von meinem Vater gehört habe» (Joh 15,15).

Es ist faszinierend, wie viele Informationen in den zehn Versen stecken, die in Offenbarung 11 von den beiden Zeugen berichten (Offb 11,3-12). Die prophetischen Offenbarungen, quer durch die ganze Bibel, müssen richtig verstanden, eingeordnet und zusammengesetzt werden. Ähnlich wie ein Puzzle oder eine Sortierbox, bei der man die verschiedensten Formteile in die dazu passende Öffnung steckt. Dabei wird der so wichtige logische Verstand gefördert. So verhält es sich mit unserem Text: «Und ich will meinen zwei Zeugen geben, dass sie weissagen werden 1260 Tage lang, bekleidet mit Sacktuch. Das sind die zwei Ölbäume und die zwei Leuchter, die vor dem Gott der Erde stehen» (Offb 11,3-4).

Viele Studienbibeln verweisen hier auf den Propheten Sacharja: «Und ich ergriff das Wort und sprach zu ihm: Was sind das für zwei Ölbäume zur Rechten und zur Linken des Leuchters? ... Da sprach er: Das sind die beiden Söhne des Öls, die vor dem Herrscher der ganzen Erde stehen» (Sach 4,11.14).

Sacharja hat schon Jahrhunderte vor dem ersten Kommen Jesu die zwei Zeugen beschrieben, die vor dem nächsten sichtbaren Wiederkommen des grossen Königs auftreten werden.

Genau diese Vision wurde das Staatsemblem Israels! Das Wappen Israels zieren diese zwei Ölbaumzweige neben dem Leuchter, der Menora. Das ist eine unglaubliche Führung und Fügung. Der Herr der Heerscharen informierte damals Serubbabel: «Nicht durch Macht und nicht durch Kraft, sondern durch meinen Geist! spricht der Herr der Heerscharen» (Sach 4,6), und das ist auch ein Hinweis auf den Messias und Sein Reich an das Israel von heute. Nach rabbinischer Lehre soll der siebenarmige Leuchter erst beim Kommen des Messias wieder leuchten. So weist das Staatsemblem auf den Messias und die beiden Zeugen, die wie Elia und Mose auftreten werden.

Zum Nachdenken

Möge uns der Herr die Augen öffnen, damit wir Gottes Treue mit Israel sehen, den endzeitlichen Versuchungen und der einsetzenden geistlichen Blindheit entfliehen und gegen den Strom schwimmen können. Möge Gott uns als helle Lichter inmitten eines immer perverser werdenden Geschlechts (Phil 2,15-16) als Seine Zeugen gebrauchen können, um noch Menschen herauszuretten, denn Er kommt bald. Maranatha!

DER HEILIGE BERG DES HERRN – UTOPIE ODER WIRKLICHKEIT?

Es dürfte nicht leicht sein, eine Predigt oder einen ausführlichen Kommentar zum heiligen Berg des Herrn zu finden. Ein Grossteil der heute in den Gemeinden behandelten Themen zielt auf praktische Problem- und Krisenlösungen. Ihr Mittelpunkt ist das Wohlbefinden des modernen Menschen. Doch wenn wir daran festhalten, dass die Bibel wirklich Gottes Wort ist, wie können wir dann einen grossen Teil von Gottes Reden einfach unbeachtet lassen? Warum hüpfen wir dann wie «christliche Frösche» bloss von einer Verheissung zum nächsten Lieblingsvers? Der Apostel Paulus hält beim Abschied von den Ältesten der Ephesergemeinde fest: «Denn ich habe nichts verschwiegen, sondern habe euch den ganzen Ratschluss Gottes verkündigt» (Apg 20,27). Er unterschlug nichts!

Der erste Berg der Bibel

Der heilige Berg des Herrn wird in der Schrift nicht gleich am Anfang erwähnt. Wir finden ihn in Hesekiel 28. In einer Wehklage wird in den Versen 1 bis 19 dem König von Tyrus das heraufziehende Gericht Gottes angekündigt. Tyrus liegt nördlich von Israel im heutigen Libanon.

Beim aufmerksamen Lesen der Verse 11 bis 19 bemerkt man, dass der König von Tyrus in einem prophetischen Rückblick zu einem Bild für den einstmals schönsten und vollkommensten Cherub wird. Dieser war vollkommen, «bis Sünde in (ihm) gefunden wurde» (V. 15). Der menschliche König, äusserst intelligent, vielseitig begabt und erfolgreich, verwandelte sich so sehr in einen korrupten, verdorbenen und hochmütigen Herrscher, dass er den widerspiegelte, der «ein Menschenmörder von Anfang an» ist, der «nicht in der Wahrheit» steht, «denn Wahrheit ist nicht in ihm. Wenn er die Lüge redet, so redet er aus seinem Eigenen, denn er ist ein Lügner und der Vater derselben» (Joh 8,44).

In Hesekiel 28,12-13 entdecken wir äusserst interessante Details über ihn: «O du Siegel der Vollendung, voller Weisheit und vollkommener Schönheit! In Eden, im Garten Gottes warst du ...» Und anschliessend wird dann in Vers 14 der erste Berg der Bibel erwähnt: «Du warst ein gesalbter, schützender Cherub, ja, ich hatte dich dazu eingesetzt; du warst auf dem heiligen Berg Gottes, und du wandeltest mitten unter den feurigen Steinen.»

Der ganze Abschnitt zeigt, dass dieser wunderbare Schutzengel von Gott in den Garten Eden gestellt worden war, sich aber durch Hochmut und Rebellion gegen Gott den Schöpfer disqualifiziert hatte. Die Folgen waren verheerend. Mitten im Buch der Offenbarung schreibt der Apostel Johannes, dass der Cherub zu einem schrecklichen, zerstörerischen Drachen mutierte. «Sein Schwanz zog den dritten Teil der Sterne des Himmels nach sich und warf sie auf die Erde» (Offb 12,4). Ein Drittel der Engelwelt, der himmlischen Heerscharen, folgte diesem verführerischen «Fürsten der Finsternis».

In Jesaja 14 erkennen wir das gleiche Muster. Im Spottlied auf den König von Babylon, den «Glanzstern, Sohn der Morgenröte» (V. 12), werden Details über den Fall dessen bekannt, der in seinem Grössenwahn sogar mit Gott konkurrieren wollte. Deshalb zögerte er auch nicht, die beiden einzigartigen, «im Bild Gottes» geschaffenen Menschen im Garten Eden anzugreifen. Mit heimtückischer List, Überredungskunst und versteckter Schmeichelei säte er erfolgreich Zweifel in Evas Herz, und zwar gegen den liebenden Gott, den er auf raffinierte Weise als Unterdrücker mit geheimen und bösen Absichten hinstellte. Nach der Vertreibung des ersten Menschenpaares aus dem Paradies bewachten dann bewaffnete Cherubim den Zugang zum Baum des Lebens.

Die Formulierungen: «In Eden, im Garten Gottes ... auf dem heiligen Berg Gottes» zeigen uns von Anfang an die Wichtigkeit und den Stellenwert eines Themas, das in Gottes Wort oft Erwähnung findet und letztendlich auf das himmlische Jerusalem hinweist. Ähnlich wie die Stiftshütte in der Wüste ein himmlisches Vorbild und göttliche Anliegen widerspiegelte, so ist auch der heilige Berg des Herrn ein klarer Hinweis darauf, was Gott in nicht allzu weit entfernter Zukunft realisieren wird, ganz im Sinne von Hebräer 8,5: «Diese dienen einem Abbild und Schatten des Himmlischen, gemäss der göttlichen Weisung, die Mose erhielt, als er die Stiftshütte anfertigen sollte: ‹Achte darauf›, heisst es nämlich, ‹dass du alles nach dem Vorbild machst, das dir auf dem Berg gezeigt worden ist!›»

Zukünftige Veränderungen der Erde

Beim triumphalen und glorreichen Wiederkommen Jesu, wenn Er Sein Friedensreich aufrichtet, wird es gewaltige Veränderungen auf unserer Erde geben:

> «Und seine Füsse werden an jenem Tag auf dem Ölberg stehen, der vor Jerusalem nach Osten zu liegt; und der Ölberg wird sich in der Mitte spalten nach Osten und nach Westen hin zu einem sehr grossen Tal, und die eine Hälfte des Berges wird nach Norden zurückweichen, die andere nach Süden. ... Das ganze Land von Geba bis Rimmon, südlich von Jerusalem, wird sich verwandeln wie die Arava, und Jerusalem wird erhöht sein ...» (Sach 14,4.10).

Was durch den Vorbereitungsdienst von Johannes dem Täufer im übertragenen Sinne geschah, wird sich dann wörtlich erfüllen: «Jedes Tal soll erhöht und jeder Berg und Hügel erniedrigt werden; was uneben ist, soll gerade werden, und was hügelig ist, zur Ebene!» (Jes 40,4; vgl. Mt 3,3).

Denn sowohl lebensfeindlich hohe Gebirge als auch kilometertiefe Meere gehören nicht zur Originalschöpfung, sondern wurden zu einer nachsintflutlichen Notwendigkeit, um wieder trockenes Land zu bilden: «Die Wasser standen über den Bergen; aber vor deinem Schelten flohen sie, vor deiner Donnerstimme suchten sie ängstlich das Weite. Die Berge stiegen empor, die Täler senkten sich zu dem Ort, den du ihnen gesetzt hast. Du hast den Wassern eine Grenze gesetzt, die sie nicht überschreiten sollen; sie dürfen die Erde nicht wiederum bedecken» (Ps 104,6-9).

Kosmische Katastrophen und das stärkste Erdbeben aller Zeiten sowie 50 kg schwere (zentnerschwere) Hagelstücke unterstreichen das kommende apokalyptische Ende der menschlichen Herrschaft und die gewaltigen Umbrüche:

> «Und der Himmel entwich wie eine Buchrolle, die zusammengerollt wird, und alle Berge und Inseln wurden von ihrem Ort weggerückt» (Offb 6,14). «... und ein grosses Erdbeben geschah, wie es dergleichen noch nie gegeben hat, seit es Menschen gab auf Erden, ... und die Städte der Heidenvölker fielen ... Und jede Insel entfloh, und es waren keine Berge mehr zu finden. Und ein grosser Hagel mit zentnerschweren Steinen kam aus dem Himmel auf die Menschen herab ...» (Offb 16,18-21).

Gewaltige topografische Veränderungen und Verschiebungen der Kontinente («jede Insel») werden die ganze Erde neu formen und die lebensfeindlichen Zonen total verwandeln. Viele bemerken beim Lesen gar nicht, welch wichtige Informationen in diesen Versen stecken, die gigantische Umwälzungen beschreiben.

Der höchste Berg und das Zentrum der Welt

Diese Umformungen der Erde haben ein Ziel: Der heilige Berg des Herrn wird dadurch zum herausragenden und höchsten Berg der Welt: «Ja, es wird geschehen am Ende der Tage, da wird der Berg des Hauses des Herrn festgegründet stehen an der Spitze der Berge, und er wird erhaben sein über alle Höhen, und alle Heiden werden zu ihm strömen» (Jes 2,2).

Gleichzeitig wird der heilige Berg des Herrn das Zentrum der kommenden Welt sein: «Und viele Völker werden hingehen und sagen: ‹Kommt, lasst uns hinaufziehen zum Berg des Herrn, zum Haus des Gottes Jakobs, damit er uns belehre über seine Wege und wir auf seinen Pfaden wandeln!› Denn von Zion wird das Gesetz ausgehen und das Wort des Herrn von Jerusalem» (Jes 2,3).

Ganz Israel wird dort gesammelt werden: «Und sie werden alle eure Brüder aus allen Heidenvölkern dem Herrn als Opfergabe herbeibringen auf Pferden und auf Wagen und in Sänften, auf Maultieren und Dromedaren, zu meinem heiligen Berg, nach Jerusalem, spricht der Herr ...» (Jes 66,20).

Dieser Berg ist untrennbar mit unserem wiederkommenden Herrn Jesus verbunden, denn der «ohne Zutun von Menschenhänden» losgerissene Stein zertrümmert die in der Statue von Nebukadnezars Traum dargestellten menschlichen Weltreiche und erfüllt dann die ganze Erde (Dan 2,34-35).

Der heilige Berg des Herrn und der Tempel

Manchmal finden wir durch logische Schlussfolgerungen eine Antwort auf bestimmte Fragen. In Sacharja 14,4 lesen wir von der Ankunft des grossen himmlischen Königs, und in Vers 8 heisst es dann: «Und es wird geschehen an jenem Tag, da werden lebendige Wasser von Jerusalem ausfliessen, die eine Hälfte in das östliche, die andere in das westliche Meer; Sommer und Winter wird es so bleiben.» Es wird also eine grosse Quelle lebendigen Wassers in Jerusalem aufbrechen, ein Teil wird zum Mittelmeer abfliessen und ein Teil in das Tote Meer.

Der Prophet Hesekiel, der ebenfalls viele Endzeitdetails erwähnt, offenbart uns genau, wo diese Quelle liegen wird: «Und er führte mich zum Eingang des Hauses zurück, und siehe, da floss unter der Schwelle des Hauses Wasser heraus, nach Osten hin; denn die Vorderseite des Hauses lag gegen Osten. Und das Wasser floss hinab, unterhalb der südlichen Seite des Hauses, südlich vom Altar» (Hes 47,1).

Woher kommt das Wasser und wohin fliesst es? Es bricht unter dem Tempel hervor und fliesst zum Teil ins Tote Meer:

> «Dieses Wasser fliesst hinaus zum östlichen Kreis und ergiesst sich über die Arava und mündet ins Tote Meer, und wenn es ins Meer geflossen ist, dann wird das Wasser des Meeres gesund. Und es wird geschehen: alle lebendigen Wesen, alles, was sich dort tummelt, wohin diese fliessenden Wasser kommen, das wird leben. Es wird auch sehr viele Fische geben, weil dieses Wasser dorthin kommt; und es wird alles gesund werden und leben, wohin dieser Strom kommt. Und es wird geschehen, dass Fischer an ihm stehen werden; von En-Gedi bis En-Eglaim wird es Plätze zum Ausbreiten der Netze geben.

> Seine Fische werden sehr zahlreich sein, gleich den Fischen im grossen Meer, nach ihrer Art» (Hes 47,8-10).

Das ist die Umkehrung von dem, was während der apokalyptischen Gerichte der grossen Trübsal geschehen ist: Alle Tiere der Meere und Flüsse verendeten (Offb 16,3-4).

Es gibt bis heute keine Fischer in En-Gedi, denn das Wasser des Toten Meeres ist dermassen mit Salz und Mineralien angereichert, dass weder Wasserpflanzen noch Fische darin überleben können. Die Bibel berichtet, dass das Tote Meer durch Wasser, das aus Jerusalem herabströmt, so verändert wird, dass es dann bei En-Gedi viele Fische geben wird. Das Tote Meer ist real und sein aktuell lebensfeindliches Wasser weltbekannt. Und ebenso real wird dann der Berg des Herrn mit dem Tempel sein. Von dort wird das Wasser hervorbrechen, das dem Toten Meer wieder Leben geben wird!

Der Berg des Friedens

> «Da wird der Wolf bei dem Lämmlein wohnen und der Leopard sich bei dem Böcklein niederlegen. Das Kalb, der junge Löwe und das Mastvieh werden beieinander sein, und ein kleiner Knabe wird sie treiben. Die Kuh und die Bärin werden miteinander weiden und ihre Jungen zusammen lagern, und der Löwe wird Stroh fressen wie das Rind. Der Säugling wird spielen am Schlupfloch der Natter, und der Entwöhnte seine Hand nach der Höhle der Otter ausstrecken. Sie werden nichts Böses tun noch verderbt handeln auf dem ganzen Berg meines Heiligtums; denn die Erde wird erfüllt sein von der Erkenntnis des Herrn, wie die Wasser den Meeresgrund bedecken» (Jes 11,6-9).

Kritiker, gerade aus der Richtung der theistischen Evolution und derer, die das messianische Friedensreich verwerfen, bezeichnen die wörtliche Auslegung von Löwe und Schaf als Illusion und verweisen auf das Argument der Bildersprache. Aber warum erklärt uns dann Gott durch den Propheten, wie und warum der Löwe im tausendjährigen Friedensreich das leckere Schaf verschmäht? Der Löwe wird sich – nach Römer 8,19-23 total befreit und umgestaltet – genauso ernähren wie das Schaf:

> «Denn die gespannte Erwartung der Schöpfung sehnt die Offenbarung der Söhne Gottes herbei. Die Schöpfung ist nämlich der Vergänglichkeit unterworfen, nicht freiwillig, sondern durch den, der sie unterworfen hat, auf Hoffnung hin, dass auch die Schöpfung selbst befreit werden soll von der Knechtschaft der Sterblichkeit zur Freiheit der Herrlichkeit der Kinder Gottes. Denn wir wissen, dass die ganze Schöpfung mitseufzt und mit in Wehen liegt bis jetzt; und nicht nur sie, sondern auch wir selbst, die wir die Erstlingsgabe des Geistes haben, auch wir erwarten seufzend die Sohnesstellung, die Erlösung unseres Leibes.»

Für «Knechtschaft der Sterblichkeit», auch «Gefängnis der Vergänglichkeit» genannt, wird im griechischen Text das Wort *phthora* verwendet und es umschreibt unsere sterbende Welt: Zerstörung, Verwesung, Niedergang, Verderben, Dekadenz, Verlorenheit und Vernichtung (Ausrottung). Die totale Umgestaltung und Befreiung aus den Fluchfesseln des Sündenfalls ist mit dem Wiederkommen Jesu garantiert.

In 1. Mose 1,24 entdecken wir logische Zusammenhänge. «Und Gott sprach: Die Erde bringe lebende Wesen hervor nach ihrer Art, Vieh, Gewürm und Tiere der Erde nach ihrer Art! Und es geschah so.» Andere Übersetzungen gebrauchen statt Vieh den Ausdruck «Haustiere» und statt Tiere «wilde Tiere».

Auch wenn es von Anfang an Tiere gab, die Gott speziell für den Menschen und «für den Hausgebrauch» geplant hatte, gab es auch sogenannte wilde Tiere. Und obwohl sie als «wild» charakterisiert werden, waren alle Tiere vor dem Sündenfall friedliche Pflanzenfresser: «... aber allen Tieren der Erde und allen Vögeln des Himmels und allem, was sich regt auf der Erde, allem, in dem eine lebendige Seele ist, habe ich jedes grüne Kraut zur Nahrung gegeben!» (V. 30). Daran gibt es nichts zu rütteln oder umzuinterpretieren. Hier muss jeder echte Christ Stellung beziehen und als «Kreationist» Farbe bekennen!

Die gewaltigen Veränderungen, die sich bei der Wiederkunft Jesu ereignen, werden ausdrücklich mit dem heiligen Berg des Herrn in Verbindung gebracht: «Wolf und Lamm werden einträchtig weiden, und der Löwe wird Stroh fressen wie das Rind, und die Schlange wird sich von Staub nähren. Sie werden nicht Schaden noch Verderben anrichten auf meinem ganzen heiligen Berg! spricht der Herr» (Jes 65,25). Der heilige Berg des Herrn wird das Zentrum der Welt sein, und der Segen Gottes wird sich von dort über die ganze Erde verbreiten.

Dort wird es auch eine Sammlung des vollständig zurückgeführten Israel geben: «Und sie werden alle eure Brüder aus allen Heidenvölkern dem Herrn als Opfergabe herbeibringen auf Pferden und auf Wagen und in Sänften, auf Maultieren und Dromedaren, zu meinem heiligen Berg, nach Jerusalem, spricht der Herr ...» (Jes 66,20).

Hier spricht Jesaja von der Sammlung des ewig auserwählten Volkes Israel. Im Matthäusevangelium unterstreicht Jesus selbst diese komplette Sammlung der Kinder Israels nach der grossen Trübsal:

> «Und dann wird das Zeichen des Menschensohnes am Himmel erscheinen, und dann werden sich alle Geschlechter der Erde an die Brust schlagen, und sie werden den Sohn des Menschen kommen sehen auf den Wolken des Himmels mit grosser Kraft und Herrlichkeit. Und er wird seine Engel aussenden mit starkem Posaunenschall, und sie werden seine Auserwählten versammeln von den vier Windrichtungen her, von einem Ende des Himmels bis zum anderen» (Mt 24,30-31).

Es wird Frieden geben – zwischen den Tierarten, zwischen Tieren und Menschen und auch zwischen den Völkern: «Und er wird Recht sprechen zwischen den Heiden und viele Völker zurechtweisen, sodass sie ihre Schwerter zu Pflugscharen schmieden werden und ihre Speere zu Rebmessern; kein Volk wird gegen das andere das Schwert erheben, und sie werden den Krieg nicht mehr erlernen» (Jes 2,4).

Dieser Frieden wird nicht durch menschliche Anstrengungen, Friedensverhandlungen und Abrüstungsverträge zustande kommen, sondern durch den Friedefürsten, den Messias Israels, den Befreier Zions. Dieser wunderbare Vers ist mit grossen Lettern an der Fassade der UNO-Zentrale in New York angebracht, und dies, obwohl man dort der Bibel nicht glaubt und Israel andauernd verurteilt. Ganz typisch wird der Vers symbolisch als Ansporn ausgelegt, durch vereinte menschliche Anstrengungen und Verhandlungen das Ziel zu erreichen – eine zum Scheitern verurteilte Utopie.

Das Kommen Jesu in Herrlichkeit wird aber auch für Israel Frieden mit Gott bedeuten, denn Er selbst wird mitten unter Seinem Volk wohnen: «Siehe, das Zelt Gottes bei den Menschen! Und er wird bei ihnen wohnen; und sie werden seine Völker sein, und Gott selbst wird bei ihnen sein, ihr Gott» (Offb 21,3). Im Prophetenbuch Hesekiel steht Ähnliches:

> «Sie werden wieder in dem Land wohnen, das ich meinem Knecht Jakob gegeben habe, in dem auch eure Väter gewohnt haben. Ja, darin sollen sie in Ewigkeit wohnen, sie und ihre Kinder und Kindeskinder; und mein Knecht David soll ihr Fürst sein auf ewig. Ich will auch einen Bund des Friedens mit ihnen schliessen; ein ewiger Bund soll mit ihnen bestehen, und ich will sie sesshaft machen und mehren; ich will mein Heiligtum auf ewig in ihre Mitte stellen. Meine Wohnung wird bei ihnen sein, und ich will ihr Gott sein, und sie sollen mein Volk sein. Und die Heidenvölker werden erkennen, dass ich der Herr bin, der Israel heiligt, wenn mein Heiligtum in Ewigkeit in ihrer Mitte sein wird» (Hes 37,25-28).

Der Berg der Überlebenden

In Sacharja 14 wird uns nach den apokalyptischen Gerichten ein Zustand beschrieben, wie ihn die Welt noch nie gesehen hat:

> «Und es wird geschehen, dass alle Übriggebliebenen von all den Heidenvölkern, die gegen Jerusalem gezogen sind, Jahr für Jahr heraufkommen werden, um den König, den Herrn der Heerscharen, anzubeten und das Laubhüttenfest zu feiern. Und es wird geschehen: Dasjenige von den Geschlechtern der Erde, das nicht nach Jerusalem hinaufziehen wird,

> um den König, den Herrn der Heerscharen anzubeten, über dieses wird kein Regen fallen» (V. 16-17).

Aus der ganzen Welt werden die Überlebenden der verschiedensten Völker zum Zentrum der Erde kommen, um den wahren Gott, den Gott Israels, in Jerusalem anzubeten und das Laubhüttenfest zu feiern. Es wird also Überlebende geben, eine Tatsache, die wieder so richtig Gottes unendliche Gnade widerspiegelt. Warum? Ja, wenn alle, die das Zeichen des Tieres annehmen, verloren gehen, und alle, die es ablehnen, getötet werden – wer bleibt denn da noch übrig? Allein von Israel wissen wir, dass ein Überrest in wunderbarer Weise von Gott dreieinhalb Jahre lang in der Wüste versorgt und vor dem Wüten des Antichrists bewahrt wird. Zusätzlich wird die besonders erwähnte Gruppe der 144 000 Versiegelten von Gott gebraucht und geschützt. Weltweit werden Juden durch die Hilfe freundlich gesinnter Mitmenschen geschützt, und diese Gerechten der Völker werden von Jesus besonders erwähnt:

> «Wenn aber der Sohn des Menschen in seiner Herrlichkeit kommen wird und alle heiligen Engel mit ihm, dann wird er auf dem Thron seiner Herrlichkeit sitzen, und vor ihm werden alle Heidenvölker versammelt werden. Und er wird sie voneinander scheiden, wie ein Hirte die Schafe von den Böcken scheidet, und er wird die Schafe zu seiner Rechten stellen, die Böcke aber zu seiner Linken. Dann wird der König denen zu seiner Rechten sagen: Kommt her, ihr Gesegneten meines Vaters, und erbt das Reich, das euch bereitet ist seit Grundlegung der Welt! Denn ich bin hungrig gewesen, und ihr habt mich gespeist; ich bin durstig gewesen, und ihr habt mir zu trinken gegeben; ich bin

> ein Fremdling gewesen, und ihr habt mich beherbergt; ich bin ohne Kleidung gewesen, und ihr habt mich bekleidet; ich bin krank gewesen, und ihr habt mich besucht; ich bin gefangen gewesen, und ihr seid zu mir gekommen. Dann werden ihm die Gerechten antworten und sagen: Herr, wann haben wir dich hungrig gesehen und haben dich gespeist, oder durstig, und haben dir zu trinken gegeben? Wann haben wir dich als Fremdling gesehen und haben dich beherbergt, oder ohne Kleidung, und haben dich bekleidet? Wann haben wir dich krank gesehen, oder im Gefängnis, und sind zu dir gekommen? Und der König wird ihnen antworten und sagen: Wahrlich, ich sage euch: Was ihr einem dieser meiner geringsten Brüder getan habt, das habt ihr mir getan!» (Mt 25,31-40).

Wie gesagt: Hier wird nicht plötzlich ein soziales Evangelium verkündigt, sondern es geht um die Teilnahme am Friedensreich. Wer einem der geringsten Brüder Jesu (im ethnischen Sinn) während der antichristlichen Verfolgung geholfen und ohne Zweifel das eigene Leben dafür eingesetzt hat, wird zur Gruppe der Schafe gerechnet. Alle anderen Auslegungen tun sich mit diesen Versen sehr schwer. Im Holocaust-Museum Yad Vashem in Jerusalem werden die Nichtjuden, die während des Wütens der Nazis Juden geholfen und gerettet haben, als «Gerechte aus den Nationen» besonders geehrt.

Fragen wir uns, warum nach den sieben Sendschreiben im Buch der Offenbarung die 144 000 Versiegelten und die beiden Zeugen auftauchen. Wenn wir ohne denominationell gefärbte Vorurteile und Eingrenzungen an die Kapitel 7 und 11 der Offenbarung herangehen, dann verstehen wir ohne grosse Schwierigkeiten, dass diese 144 000 und die beiden Zeugen Juden sind.

Warum steht plötzlich wieder Israel im Zentrum von Gottes Handeln? Die zwei vollmächtigen Zeugen wirken ohne den leisesten Hauch von Zweifel wie die grössten Propheten des Alten Testaments, ganz in der Sprache Gottes mit Israel. Warum? Weil die Gemeinde nicht mehr da ist, weil die Braut mit der «gottseligen Hoffnung» vom himmlischen Bräutigam «vor der Stunde der Versuchung» von dieser Erde abgeholt wurde (Offb 3,10).

Ersatz-Theologie

Ein krasses Beispiel für denominationell gefärbte Vorurteile lieferte einst eine römisch-katholische Webseite. Dort wurde für das angebotene Bibelstudium vorgeschlagen, «Zion» und «der heilige Berg Gottes» durch «Maria» zu ersetzen und «Jerusalem» durch «katholische Kirche». Das ist ein typisches Beispiel für den Missbrauch von Verheissungen, die ausschliesslich Israel gelten.

Was das für Blüten treibt, erkennt man zum Beispiel an der Auslegung von Micha 4,2: «Und viele Heidenvölker werden hingehen und sagen: ‹Kommt, lasst uns hinaufziehen zum Berg des Herrn, zum Haus des Gottes Jakobs, damit er uns über seine Wege belehre und wir auf seinen Pfaden wandeln!› Denn von Zion wird das Gesetz ausgehen und das Wort des Herrn von Jerusalem.»

Katholische Ausleger deuten dies so: «Alle Völker werden zu Maria kommen und von dort aus (vom Papst bzw. Vatikan) ergeht die wahre Lehre!»

Oder Micha 4,11: «Und nun haben sich viele Völker gegen dich versammelt, die sagen: ‹Sie soll entweiht werden, und unsere Augen sollen ihre Lust an Zion sehen!›» Dazu wird bemerkt: «Protestantischer Angriff gegen Maria.»

Oder Jesaja 29,8: «Und es wird geschehen: Wie der Hungrige träumt, er esse, und wenn er erwacht, ist sein Verlangen ungestillt; oder wie der Durstige träumt, er trinke, und wenn er erwacht, so ist er matt und seine Seele lechzt – so wird es der Menge der Heidenvölker ergehen, die Krieg führen gegen den Berg Zion!» Dazu wird erklärt: «Es gibt kein himmlisches Brot in anderen Kirchen» – ausser eben in der allein selig machenden katholischen.

Während sich die Katholiken so die schönsten Verheissungen für Israel «unter den Nagel reissen», ersetzen andere alles durch die Gemeinde. So bekämpfen leider auch viele Reformierte den Glauben an ein Friedensreich als «chiliastische Schwärmerei». Chiliasmus, vom griechischen Wort *chilioi*, «tausend», nennt man die Lehre vom tausendjährigen Friedensreich mit Sitz in Zion (Jerusalem) und dem wiederkommenden Jesus als König aller Könige und Herr aller Herren.

Manche behaupten, Jesaja 11,6 sei nur Bildersprache. So, wie der Löwe friedlich mit dem Schaf grase, stehe auch heute das Reich Christi einer gottlosen und christusfeindlichen Welt gegenüber, und das Kreuzesreich stelle zugleich Friedensreich, Liebe und seliges Paradies dar.

Merken wir denn nicht, wie selbst in christlich-kirchlichen Kreisen manche Schlussfolgerungen in geistlichen Sackgassen enden? Nach dem Sündenfall begann unsere Welt immer mehr unter dem Fluch zu leiden, was dann später durch die verheerende Sintflut noch intensiver wurde. Die ganze Kreatur stöhnt und seufzt unter der Herrschaft des Todes. Doch Gott verspricht: Wenn der Friedefürst zurückkommt, wird sich alles verwandeln, ähnlich wie in der Original-Schöpfung. Aber wenn in vermeintlich christlichen Kreisen atheistisches bis bibelkritisches

Gedankengut herumgeistert, können auch keine erbaulichen und bibeltreuen Aussagen mehr erwartet werden.

Begriffe wie «der heilige Berg des Herrn», «mein heiliger Berg», «der Berg des Hauses des Herrn», «der Berg des Tempels» oder «der Berg Zion» und ähnliche Wortkombinationen begegnen uns über 60-mal in der Bibel. In unseren Ausführungen spiegelt sich eine lehrmässige Position wider, die wir als «einfach und sich aufdrängend» bezeichnen können. Wir sollten nicht «von der Einfalt und Lauterkeit gegenüber Christus» abdriften, woran Paulus einst die Korinther sehr besorgt erinnerte (2Kor 11,3).

Vielleicht reden heutzutage so wenige über die prophetischen Themen, weil sie dadurch nicht nur die Zukunft der Erlösten schauen, sondern auch den Platz Israels in Gottes heilsgeschichtlichem Kalender verkündigen müssten.

Nach bald 2000 Jahren Kirchengeschichte ist das für viele, aufgrund der Vorurteile oder weil so manche Denomination die «Christusmörder» für immer abgeschrieben hat, äusserst befremdend. Der Fluch wird den Juden überlassen und der Segen für Christen reserviert.

Zum Nachdenken

Es ist schon faszinierend, dass Gott in nicht allzu ferner Zukunft durch Jesus in unser scheinbar «geschlossenes System» eingreifen und es aufbrechen wird. Er wird menschliche Politik und Macht definitiv beenden. Solche gewaltigen Umwälzungen und Veränderungen sind eine starke Hoffnung inmitten der uns umgebenden Dekadenz sowie Hilf- und Orientierungslosigkeit. Möge Gott uns helfen, zu erfassen, was der «Reichtum in Christus» bedeutet, was alles im Erlösungswerk Christi inbegriffen und garantiert ist und was sich bei der «Offenbarung Seiner grossen Erscheinung», des Königs der Könige, alles verwirklichen wird.

IST GOTT ZIONIST?

Wir wollen nachfolgend vier Fragen erklären und beantworten. Obwohl das Thema sich natürlich für manche auf dem Niveau der unmöglichen Fragen befindet, wie etwa: «Kann der Teufel gerettet werden?», soll uns das nicht daran hindern, den Gott der Bibel besser kennenzulernen und nach einer Antwort auf diese verblüffende Frage zu suchen.

«Dass ihr nicht etwa als solche erfunden werdet, die gegen Gott kämpfen!» (Apg 5,39).

Was bedeutet «Zionismus»?

Mit Zionismus bezeichnet man eine moderne politische Bewegung, die es sich zum Ziel gesetzt hatte und hat, jüdische Menschen ins Land der Väter zurückzubringen. Vor allem durch Diskriminierungen, Verfolgungen und die immer wieder versuchte Ausrottung der Juden bekam die Bewegung am Ende des 19. Jahrhunderts immer mehr Antrieb. Der schreckliche Holocaust brachte die Völker dann zur Einsicht, wenigstens für einige Jahre, der Rückführung der Juden in einen eigenen Staat wohlwollend gegenüberzustehen.

Die israelische Nationalhymne *HaTikwa* (Die Hoffnung) ist als positive Umdeutung von Hesekiels Vision vom trockenen Knochenfeld zu verstehen: «‹... unsere Hoffnung ist verloren; es ist aus mit uns!›» (Hes 37,11). Der Text stammt aus einem Gedicht mit zehn Versen von Naphtali Herz Imber (1856–1909), der im ukrainischen Teil des damaligen Kaisertums Österreich geboren wurde. Sein Gedicht «Tikwatenu – Unsere Hoffnung» wurde zuerst ein bekanntes zionistisches Lied. Als die HaTikwa 1948 zur Nationalhymne des neu gegründeten Staates Israel gewählt worden war, wurde der Text der ersten Strophe, der den Wunsch der Rückkehr nach Zion zum Ausdruck bringt, etwas angepasst. Wir merken, dass hier das Anliegen des Zionismus über das rein Politische hinausgeht und ohne Zweifel religiöse Sehnsucht beinhaltet:

> «Solange noch im Herzen eine jüdische Seele wohnt und nach Osten hin, vorwärts, ein Auge nach Zion blickt, solange ist unsere Hoffnung nicht verloren. Die Hoffnung, zweitausend Jahre alt, zu sein ein freies Volk, in unserem Land, im Land Zion und in Jerusalem!»

Christlicher Zionismus – eine gefährliche Irrlehre?

Wenn Christen sich für die Rückkehr der Juden in das Land, das Gott ihnen versprochen hat, einsetzen, werden sie oft angegriffen, beschimpft und diffamiert. Als «Fundamentalisten, die den Friedensprozess behindern»! Oder: Diese Israel-Einseitigkeit erschwere die Evangelisation unter Moslems, und Zionismus sei gleichzusetzen mit Rassismus und Apartheidpolitik. Solche Unkenrufe, gerade wenn sie aus christlichen Reihen kommen, dürfen nicht unbeantwortet verhallen.

«Es gibt keine Landverheissungen im Neuen Testament!»

Diese Behauptung trifft genau ins Zentrum des Konflikts unter Christen. Hier mangelt es immens am Verständnis, was der Begriff Zion alles einschliesst, der immerhin rund 160-mal in der Bibel vorkommt. Wer diese Zion-Texte einmal aufmerksam durchliest, kann sich dem Eindruck nicht verschliessen, dass Zion für unseren Gott sehr, sehr wichtig war, wichtig ist und wichtig sein wird. Wenn Paulus zum Beispiel beim Thema Israel den Propheten Jesaja zitiert, drückt er damit aus, dass genau das, was der alttestamentliche Prophet weitergab, sich zukünftig erfüllen wird: «... und so wird ganz Israel gerettet werden, wie geschrieben steht [in Jes 59,20]: ‹Aus Zion wird der Erlöser kommen und die Gottlosigkeiten von Jakob abwenden ...» (Röm 11,26).

Mit einem Vers wird im Neuen Testament Zion bestätigt. Und das bedeutet die Wiederherstellung Jakobs (= das Volk Israel), des Landes und der Gegenwart Gottes auf Erden mit Sitz in Jerusalem.

Unsere ganze Bibel ist jüdisch. Jesus wird sogar am Ende des Neuen Testaments immer noch als der Löwe aus dem Stamm Juda bezeichnet, und unsere Zukunftserwartung ist jüdisch geprägt. Im Römerbrief bremst Paulus einen eventuellen heidnisch-christlichen Gemeinde-Exklusivismus: «Wenn aber etliche der Zweige ausgebrochen wurden und du als ein wilder Ölzweig unter sie (oder «mitten unter sie», «zwischen sie») eingepfropft bist und mit Anteil bekommen hast an der Wurzel und der Fettigkeit des Ölbaums, so überhebe dich nicht gegen die Zweige!» (Röm 11,17-18).

In der ersten Predigt des neuen Gemeindezeitalters erwähnt Petrus die «Glaubensrichtung»: «Denn euch gilt die Verheissung und euren Kindern und allen, die ferne sind, so viele der Herr, unser Gott, herzurufen wird» (Apg 2,39).

Gerade die letzten Offenbarungskapitel verbieten eine neutestamentliche Internationalisierung des neuen Jerusalems. Lehrmässige Schwerelosigkeit im Hinblick auf Israel verursacht Orientierungslosigkeit, Verunsicherung und oft antisemitische Tendenzen.

Wenn zum Beispiel erwähnt wird, dass die Namen der zwölf Stämme Israels über den Perlentoren des himmlischen Jerusalems zu sehen sind, dann sollte uns das zu denken geben. Israel wird selbst beim neuen Himmel und bei der neuen Erde besonders erwähnt: «‹Und so wie der neue Himmel, den ich schaffen werde, und die neue Erde für immer bestehen bleiben›, spricht Jahwe, ‹so werdet auch ihr als Volk nie untergehen und vergessen sein›» (Jes 66,22 NeÜ).

Ein weiterer Hinweis auf Zion im Neuen Testament: Jesus wird mit jeweils 12 000 Nachkommen der zwölf Stämme Israels auf dem Berg Zion geschaut. «Und ich sah, und siehe, das Lamm stand auf dem Berg Zion, und mit ihm hundertvierundvierzigtausend, die trugen den Namen seines Vaters auf ihren Stirnen geschrieben» (Offb 14,1). Wenn wir das irgendwie allegorisch und symbolisch auf die Gemeinde Jesu hin auslegen, dann gehören wir zu denen, die etwas von der Schrift und Gottes Verheissungen wegnehmen!

Alle echten Christen sind sich einig, dass Jesus, wie prophezeit, auf dem Ölberg in Jerusalem zurückkommen wird: «Und als sie unverwandt zum Himmel blickten, während er dahinfuhr, siehe, da standen zwei Männer in weisser Kleidung bei ihnen, die sprachen: Ihr Männer von Galiläa, was steht ihr hier und seht zum Himmel? Dieser Jesus, der von euch weg in den Himmel aufgenommen worden ist, wird in derselben Weise wiederkommen, wie ihr ihn habt in den Himmel auffahren sehen! Da kehrten sie nach Jerusalem zurück» (Apg 1,10-12).

Dieses gewaltige und alles verändernde Ereignis wird am Ende des Propheten Sacharja genau beschrieben: «Und seine Füsse werden an jenem Tag auf dem Ölberg stehen, der vor Jerusalem nach Osten zu liegt ... Dann wird der Herr, mein Gott, kommen, und alle Heiligen mit dir!» (Sach 14,4.5). Wenn wir richtig biblisch denken, bedeutet das den Beginn der Herrschaft Jesu, des Messias Israels. Dann kommt die Wiederherstellung aller Dinge (Apg 3,21) und bricht die verheissene Zeit der Erquickung und des Segens für Zion an (Apg 3,19). Das wird unvorstellbar wunderbar sein!

Das dreimalige «bis»

> «Fürwahr, ich bezeuge jedem, der die Worte der Weissagung dieses Buches hört: Wenn jemand etwas zu diesen Dingen hinzufügt, so wird Gott ihm die Plagen zufügen, von denen in diesem Buch geschrieben steht; und wenn jemand etwas wegnimmt von den Worten des Buches dieser Weissagung, so wird Gott wegnehmen seinen Teil vom Buch des Lebens und von der heiligen Stadt, und von den Dingen, die in diesem Buch geschrieben stehen» (Offb 22,18-19).

Aus dieser sehr ernsten Warnung geht hervor, dass Gott von uns erwartet, dass wir das Geoffenbarte richtig verstehen können. Bei dem erwähnten Wegtun und Dazutun kann Unwissenheit durch fehlendes Bibelstudium gemeint sein, aber auch bewusste Manipulation, um zum Beispiel gewisse theologische Gedankengebäude darüberzustülpen oder um Sünde oder sektiererische Tendenzen zu rechtfertigen.

«Denn ich will nicht, meine Brüder, dass euch dieses Geheimnis unbekannt bleibt, damit ihr euch nicht selbst für klug haltet: Israel ist zum Teil Verstockung widerfahren, bis die Vollzahl der Heiden eingegangen ist ...» (Röm 11,25). – Ein ganz wichtiger Bibelvers.

Paulus erklärt den geretteten Nichtjuden das Thema Israel in drei speziellen Römerbrief-Kapiteln (9–11). Hier beleuchtet er nicht die individuelle Errettung während des bis heute anhaltenden Gemeindezeitalters, sondern das, was nach der Gemeinde kommt, nämlich die Errettung Israels! Paulus nennt den Abschluss der Gemeinde «die Fülle» oder «Vollzahl der Heiden» und der Ausdruck meint eine konkrete Zahl, die nur Gott in Seiner Allwissenheit kennt. Dieses «bis» blinkt als rote Warnleuchte besonders für die Gemeinden und Denominationen, die der Ersatztheologie Raum geben und mit Israel nichts mehr anfangen können und wollen! Doch es gibt ein «bis» und ein «nach»!

> «Jerusalem, Jerusalem, die du die Propheten tötest und steinigst, die zu dir gesandt sind! Wie oft habe ich deine Kinder sammeln wollen, wie eine Henne ihre Küken unter die Flügel sammelt, aber ihr habt nicht gewollt! Siehe, euer Haus wird euch verwüstet gelassen werden; denn ich sage euch: Ihr werdet mich von jetzt an nicht mehr sehen, bis ihr sprechen werdet: ‹Gepriesen sei der, welcher kommt im Namen des Herrn!›» (Mt 23,37-39).

Hier spricht der Herr harte Gerichtsworte gegen das Volk Israel. Wir überblicken heute den geschichtlichen Zeitraum von fast 2000 Jahren der jüdischen Zerstreuung sowie der Staatsgründung im Jahr 1948. Das hier erwähnte «bis» meint und spricht zu Israel und auf keinen Fall zur Gemeinde und ist unleugbar nahe gerückt. Ohne Zweifel ist die Rückkehr der Juden ins Land der Väter ein *Mega-Zeichen* für uns alle. Diese Prophetie Jesu beinhaltet automatisch die Landverheissung, die den Patriarchen versprochen wurde. Und sie wird für die Zukunft bestätigt!

«Und sie werden fallen durch die Schärfe des Schwerts und gefangen weggeführt werden unter alle Heiden. Und Jerusalem wird zertreten werden von den Heiden, bis die Zeiten der Heiden erfüllt sind» (Lk 21,24). – Wenn Gottes Geduld mit den Heiden zu Ende ist, dann wird sich die Lage in Jerusalem definitiv verändern. Wenn wir biblisch denken, kommen wir zu dem Ergebnis, dass wir heute ohne Zweifel in einer Übergangszeit leben, spätestens seit der Staatsgründung Israels 1948. Durch das Studium der biblischen Prophetie wissen wir, wie diese Phase weitergehen wird. Auch dieses «bis» beinhaltet die Verheissung der vollständigen Wiederherstellung Israels für die Zukunft!

Die Frage der jüdischen Jünger, die sich um Israel sorgten, beweist ihre feste Hoffnung auf das messianische Friedensreich:

> «Da fragten ihn die, welche zusammengekommen waren, und sprachen: Herr, stellst du in dieser Zeit für Israel die Königsherrschaft wieder her? Er aber sprach zu ihnen: Es ist nicht eure Sache, die Zeiten oder Zeitpunkte zu kennen, die der Vater in seiner eigenen Vollmacht festgesetzt hat; sondern ihr werdet Kraft empfangen, wenn der Heilige Geist auf euch gekommen ist, und ihr werdet meine Zeugen sein in Jerusalem und in ganz Judäa und Samaria und bis an das Ende der Erde! Und als er dies gesagt hatte, wurde er vor ihren Augen emporgehoben, und eine Wolke nahm ihn auf von ihren Augen weg» (Apg 1,6-9).

Der Textzusammenhang und die Logik führen uns zu folgendem Resultat: Die Antwort Jesu auf die typisch jüdisch-nationalistische Frage betreffs der vollständigen Wiederherstellung Israels ist keine Verneinung und keine Verwerfung. Unser Herr weist nur klar darauf hin, was im Programm Gottes nun Priorität hat. Und das war und ist noch bis heute die weltweite Predigt des Evangeliums – auch Gemeindezeitalter genannt. Das Anliegen Israel wurde klar und eindeutig nach hinten verschoben, aber nicht aufgehoben.

Weiss der Teufel um die Bedeutung Zions?

In Hesekiel entdecken wir wichtige Enthüllungen und Informationen über Luzifers Fall: «Du warst ein gesalbter, schützender Cherub, ja, ich hatte dich dazu eingesetzt; du warst auf dem heiligen Berg Gottes, und du wandeltest mitten unter den feurigen Steinen» (Hes 28,14). Luthers Übersetzung drückt es auch interessant aus: «und auf den heiligen Berg hatte ich dich gesetzt ...»

Ohne Zweifel kennt dieser gefallene Cherub Gottes klar geoffenbarten Willen: «‹Ich habe meinen König eingesetzt auf Zion, meinem heiligen Berg!›» (Ps 2,6). Oder: «und der Herr wird über sie als König herrschen auf dem Berg Zion von nun an bis in Ewigkeit» (Mi 4,7).

Da er auch als der Widersacher charakterisiert wird, stemmt sich Satan diesem König mit aller Energie entgegen. Aber nicht nur das: Er selbst will zurück auf den heiligen Berg Gottes und sich zum König krönen:

> «Denn es muss unbedingt zuerst der Abfall kommen und der Mensch der Sünde geoffenbart werden, der Sohn des Verderbens, der sich widersetzt und sich über alles erhebt, was Gott oder Gegenstand der Verehrung heisst, sodass er sich in den Tempel Gottes setzt als ein Gott und sich selbst für Gott ausgibt» (2Thes 2,3-4).

Wer hier irgendwie an die Gemeinde denkt, hat den kosmischen Konflikt gewaltig verniedlicht. Hier geht es um den Angriff auf das Zentrum der Welt, und Gott lässt für eine «kleine» Zeit zu, dass sich der scheinbare Gott-Mensch, der Antichrist, in den wiedererbauten Tempel in Jerusalem setzen darf. Wenn dann Jesus als echter und göttlicher König erscheint, wird der Pseudo-Gott als Marionette Satans vor aller Welt entlarvt: «... und dann wird der Gesetzlose geoffenbart werden, den der Herr verzehren wird durch den Hauch seines Mundes, und den er durch die Erscheinung seiner Wiederkunft beseitigen wird ...» (2Thes 2,8).

Ja, der Teufel weiss besser Bescheid über die Bedeutung Zions als alle Verkündiger und Anhänger der Ersatztheologie zusammen! Beim ersten Kommen Jesu zitterten die Dämonen: «Und siehe, sie schrien und sprachen: Was haben wir mit dir zu tun, Jesus, du Sohn Gottes? Bist du hierhergekommen, um uns vor der Zeit zu quälen?» (Mt 8,29).

Sie bezeugten Jesus als den Sohn Gottes und wussten genau um ihr zukünftiges Schicksal. Im Gegensatz dazu wollten Priester und Schriftgelehrte dies auf Biegen und Brechen einfach nicht wahrhaben und verwarfen das angebotene Heil.

Ist Gott etwa selbst Zionist?

Wie schon erwähnt, meint Zion nicht nur Jerusalem oder den Berg Zion, sondern umschliesst das ganze Land und das dort lebende Volk, wie die nachfolgenden Verse zeigen:

> «Zion sprach: ‹Der Herr hat mich verlassen, und der Herrscher hat mich vergessen.› ... Erhebe deine Augen ringsumher und sieh: Alle diese versammeln sich, sie kommen zu dir. So wahr ich lebe, spricht der Herr, du wirst sie alle wie einen Schmuck anlegen und wirst sie als Gürtel umbinden, wie eine Braut es tut. Denn dein Land, das öde, verwüstet und zerstört liegt, das wird nun für dich zu eng sein wegen der vielen Bewohner, und die dich verschlingen wollten, werden sich entfernen» (Jes 49,14.18-19).

Der Herr versichert Israel Seine Bundestreue: «Ich habe meine Worte in deinen Mund gelegt und dich mit dem Schatten meiner Hand bedeckt, um den Himmel auszuspannen und die Erde zu gründen und zu Zion zu sagen: Du bist mein Volk!» (Jes 51,16).

Besonders eindrücklich sind Verse, in denen Gott Wörter wie «ewig» oder «für immer» gebraucht: «Denn der Herr hat Zion erwählt, hat sie zu seiner Wohnung begehrt: ‹Dies ist für immer meine Ruhestatt, hier will ich wohnen; denn ich habe sie begehrt›» (Ps 132,13-14). «Und der Herr sprach zu ihm: ‹Ich habe dein Gebet und dein Flehen erhört, das du vor mir gebetet hast. Ich habe dieses Haus, das du gebaut hast, geheiligt, um meinen Namen dort wohnen zu lassen ewiglich; und meine Augen und mein Herz sollen allezeit dort sein» (1Kö 9,3).

Gott ist also nicht nur Zionist, sondern Er selbst wird an der Alijah teilnehmen und in Zion wohnen:

> «Und ihr werdet erkennen, dass ich, der Herr, euer Gott bin, der ich in Zion wohne, auf meinem heiligen Berg ... Juda aber soll ewig bewohnt werden und Jerusalem von Geschlecht zu Geschlecht ... und der Herr wird wohnen bleiben in Zion» (Joe 4,17.20.21).

Das sind starke Zusagen und beweisen Gottes Liebe zu Israel: «Juble und freue dich, du Tochter Zion! Denn siehe, ich komme und werde in deiner Mitte wohnen, spricht der Herr» (Sach 2,14). «So spricht der Herr: Ich will wieder nach Zion zurückkehren, und ich werde Wohnung nehmen mitten in Jerusalem, und Jerusalem soll ‹die Stadt der Wahrheit› heissen und der Berg des Herrn der Heerscharen ‹der heilige Berg›» (Sach 8,3). Diese

Aspekte sind in den letzten 2000 Jahren Kirchengeschichte gewaltig vernachlässigt oder uminterpretiert worden.

Aber Gottes Verheissungen haben volle Gültigkeit: «Siehe, ich bringe sie herbei aus dem Land des Nordens und sammle sie von den Enden der Erde» (Jer 31,8). «Hört das Wort des Herrn, ihr Heidenvölker, und verkündigt es auf den fernen Inseln und sprecht: Der Israel zerstreut hat, der wird es auch sammeln und wird es hüten wie ein Hirte seine Herde» (Jer 31,10).

Und:

> «Ja, es wird geschehen am Ende der Tage, da wird der Berg des Hauses des Herrn festgegründet stehen an der Spitze der Berge, und er wird erhaben sein über alle Höhen, und alle Heiden werden zu ihm strömen. Und viele Völker werden hingehen und sagen: ‹Kommt, lasst uns hinaufziehen zum Berg des Herrn, zum Haus des Gottes Jakobs, damit er uns belehre über seine Wege und wir auf seinen Pfaden wandeln!› Denn von Zion wird das Gesetz ausgehen und das Wort des Herrn von Jerusalem. Und er wird Recht sprechen zwischen den Heiden und viele Völker zurechtweisen, sodass sie ihre Schwerter zu Pflugscharen schmieden werden und ihre Speere zu Rebmessern; kein Volk wird gegen das andere das Schwert erheben, und sie werden den Krieg nicht mehr erlernen» (Jes 2,2-4).

Die Überlebenden von allen Völkern, die unter der Führung des Antichrists gegen Jerusalem ziehen, werden vom Propheten Sacharja beschrieben: «Und es wird geschehen, dass alle Übriggebliebenen von all den Heidenvölkern, die gegen Jerusalem gezogen sind, Jahr für Jahr heraufkommen werden, um den

König, den Herrn der Heerscharen, anzubeten und das Laubhüttenfest zu feiern» (Sach 14,16).

Hinaufziehen bedeutet, den Herrn der Erde und wahren Gott, den Gott Israels, in Jerusalem, auf dem Berg Zion, dem Sitz des grossen Königs, anzubeten. Zion ist das Zentrum der Welt! Dort hat der Knecht des Herrn als Lamm Gottes die Sünden der Welt weggetragen: «Ich will in Zion Rettung geben und für Israel meine Herrlichkeit» (Jes 46,13).

Wer das persönlich annimmt, wird zu einem Bürger Zions: «Aber von Zion wird man sagen: ‹Mann für Mann ist in ihr geboren›, und der Höchste selbst wird sie befestigen. Der Herr wird zählen, wenn er die Völker verzeichnet: ‹Dieser ist dort geboren›» (Ps 87,5-6).

Die letzten Worte Gottes über ...

... *die Juden:* «Daran sollen sie erkennen, dass ich, der Herr, ihr Gott bin, weil ich sie unter die Heidenvölker in die Gefangenschaft führen liess und sie nun wieder in ihr Land versammle und keinen von ihnen mehr dort zurücklasse» (Hes 39,28).

... *das Land:* «Und ich werde sie einpflanzen in ihr Land; und sie sollen aus ihrem Land, das ich ihnen gegeben habe, nicht mehr (andere Übersetzungen: nie wieder) herausgerissen werden! spricht der Herr, dein Gott» (Am 9,15).

... *Jerusalem:* «Es (Jerusalem) soll ewiglich nicht mehr (andere Übersetzungen: nie mehr) zerstört noch niedergerissen werden» (Jer 31,40).

Das ist der dreifache Zionismus: Volk, Land und Jerusalem (Zion), direkt von Gott selbst bestätigt! Allerdings hat der Zionismus noch eine vierte Komponente und das ist die Gegenwart Gottes inmitten Seines Volkes:

Die letzten Worte Gottes über *sich selbst:* «Und der Herr wird über sie (Israel) als König herrschen auf dem Berg Zion von nun an bis in Ewigkeit» (Mi 4,7).

Jesaja wusste durch Gottes Geist um die Bedeutung Zions und identifizierte sich damit:

> «Um Zions willen schweige ich nicht, und um Jerusalems willen lasse ich nicht ab, bis seine Gerechtigkeit hervorbricht wie Lichtglanz und sein Heil wie eine brennende Fackel. Und die Heiden werden deine Gerechtigkeit sehen und alle Könige deine Herrlichkeit; und du wirst mit einem neuen Namen genannt werden, den der Mund des Herrn bestimmen wird. Und du wirst eine Ehrenkrone in der Hand des Herrn sein und ein königliches Diadem in der Hand deines Gottes. Man wird dich nicht mehr ‹Verlassene› nennen und dein Land nicht mehr als ‹Wüste› bezeichnen, sondern man wird dich nennen ‹Meine Lust an ihr› und dein Land ‹Vermählte›; denn der Herr wird Lust an dir haben, und dein Land wird wieder vermählt sein. Denn wie ein junger Mann sich mit einer Jungfrau vermählt, so werden deine Söhne sich mit dir vermählen; und wie sich ein Bräutigam an seiner Braut freut, so wird dein Gott sich an dir freuen» (Jes 62,1-5).

Land und Volk gehören immer zusammen! Gottes Wort prophezeit sichtbare Veränderungen, wenn das Volk Israel wieder ins Land zurückkommt: «Die Wüste und Einöde wird sich freuen, und die Steppe wird frohlocken ...» (Jes 35,1). Einen Teil davon erleben und beobachten wir in unseren Tagen, besonders wenn wir direkt nach Israel reisen. Aber wir bemerken auch, wie der Widersacher Menschen gegen Israel aufstachelt, gebraucht und missbraucht. Nicht nur die umliegenden «Nachbarn», sondern Menschen in der ganzen Welt stellen sich gegen Zion. Deshalb beten wir für Israel, unterstützen wir Israel, verteidigen wir Israel und stehen an seiner Seite: «Es müssen zuschanden werden und zurückweichen alle, die Zion hassen ...» (Ps 129,5).

Zum Nachdenken

Wenn wir für den Frieden Jerusalems beten, beten wir in Wirklichkeit für das Kommen des Friedefürsten, den Befreier Zions und den göttlichen Messias. Nur Er kann das verwirklichen. «Bittet für den Frieden Jerusalems! Es soll denen wohlgehen, die dich lieben!» (Ps 122,6). Ja, Gott liebt Zion und wird alle Kinder Israels in das Land zurückbringen, das Er erwählt hat.

ISRAEL – STOLPERSTEIN FÜR VIELE CHRISTEN

Gott hat Israel als kollektives, alttestamentliches und auserwähltes Volk abgeschrieben. Nun gilt im neuen Volk Gottes, der Gemeinde, «weder Jude noch Grieche, weder Mann noch Frau» (Gal 3,28; Kol 3,11). Überall auf der Welt reagieren Menschen auf die Verkündigung des Evangeliums und nehmen Jesus als Erretter in ihre Herzen auf und sind das «Israel Gottes». – So lautet oft die allgemein akzeptierte Gemeindedoktrin, die Israel nicht mehr als Volk Gottes erkennt und anerkennt ...

An Israel scheiden sich die Geister

Was tun wir, wenn wir in der Bibel Prophetien entdecken, die sich in Bezug auf Israel als Volk noch nicht erfüllt haben? Behaupten wir dann kategorisch, dass sich das irgendwann schon erfüllt haben müsse? Oder dass man das alles nicht mehr so «wörtlich» nehmen dürfe, sondern mehr «symbolisch» sehen und die enthaltene «geistliche Wahrheit» auf die heutige Gemeinderealität uminterpretieren und anwenden solle? Aber hatte das nicht gerade Israel mit den messianischen Verheissungen gemacht? Die Prophezeiungen vom Lamm Gottes, das für die Sünden der Menschen geschlachtet werden sollte, wurden einfach übergangen oder nicht verstanden, obwohl dessen Todesursache (Jes 53) und -art bis ins kleinste Detail beschrieben wird (Ps 22). Der demütige, gerechte und rettende Knecht-König, der auf einem Esel einziehen sollte (Sach 9,9), wurde durch den glorreichen und siegenden Messias ausgetauscht, der auf den Wolken des Himmels erscheinen sollte und der vor allem die sozialen Ungerechtigkeiten ausmerzen und Israel vom Joch der Römer befreien und den ersehnten Frieden bringen sollte – alles wurde auf das rein Diesseitige und Menschliche bezogen. Dadurch verrannte sich Israel, vor allem die religiöse

Führerschaft, in eine tragisch endende Sackgasse. Wenn wir bei der biblischen Prophetie bewusst Abstriche machen, könnte uns eines Tages Ähnliches passieren wie Israel und wir würden von unerwarteten Ereignissen überrollt werden. Deswegen müssen wir auf eine dritte Möglichkeit hinweisen, die sich förmlich aufdrängt: eine buchstäbliche, konkrete und noch zukünftige Erfüllung der biblischen Verheissungen.

In den drei eindrücklichen Hesekiel-Kapiteln 37 bis 39 werden wir mit der interessanten Beschreibung eines endzeitlichen Szenarios konfrontiert.

Warum «endzeitliches» Szenario?

> «Nach vielen Tagen sollst du aufgeboten werden; zur letzten Zeit (andere Übersetzungen: am Ende der Jahre) wirst du in das Land kommen ... Zur letzten Zeit (andere Übersetzungen: am Ende der Tage) wird es geschehen, dass ich dich gegen mein Land heraufkommen lasse ...» (Hes 38,8.16).

Es handelt sich um einen prophetischen Blick in die letzten Tage und der damit verbundenen Geschichte Israels.

Woher wissen wir, dass die feindliche Invasion von Gog (Hes 38,2) noch nicht stattgefunden hat?

Wir erkennen dies an vier «Nebenwirkungen», die in Kapitel 39, Verse 9 und 12 erwähnt werden: «Und die Bewohner der Städte Israels werden herauskommen und ein Feuer anzünden und die Waffen verbrennen, Kleinschilde und Grossschilde, Bogen und Pfeile, Keulen und Speere, und werden sieben Jahre lang damit heizen.»

Sieben Jahre lang wird Israel sich überhaupt nicht mit irgendwelchen Energieversorgungsproblemen herumschlagen müssen; so lange reicht der herantransportierte Vorrat der feindlichen Armeen Gogs. Vers 12: «Das Haus Israel wird an ihnen sieben Monate lang zu begraben haben, um das Land zu reinigen.»

Über ein halbes Jahr wird die Beseitigung der Leichen in Anspruch nehmen (und heute arbeitet man mit Lastwagen und Planierraupen!). Und in den Versen 15 und 16 finden wir weitere Informationen, die sich auch noch nie in Israels Geschichte erfüllt haben. Das immense Massengrab wird einem dafür bestimmten Talabschnitt, einer Schlucht östlich des Toten Meeres, einen neuen Namen verleihen: «Tal des Heerhaufens von Gog» oder, wie es andere Bibelversionen wiedergeben: «Hamon-Gog». Gleichzeitig wird es dort eine Stadt geben, die Hamona genannt werden wird. Es gibt heutzutage in Israel weder ein «Tal der Heerhaufen Gogs» noch eine Stadt «Hamona». Deshalb müssen wir zum logischen Schluss kommen, dass sich die Invasion Gogs aus Magog noch nicht ereignet hat!

Wie wird das Volk Israel beschrieben?

In Hesekiel 37 sehen wir, wie eine ganze Ebene voll mit menschlichen Skelettteilen plötzlich zum Schauplatz göttlichen Eingreifens wird. Schrittweise, fast wie in einem Anatomieunterricht, fügen sich alle wild verstreuten Teile richtig aneinander, und eine wiederbelebte, grosse Volksmenge stellt sich auf die Füsse. Damit wir das nicht etwa nur rein evangelistisch auslegen und anwenden, wird dem Propheten Hesekiel in Vers 11 erklärt: «Menschensohn, diese Gebeine sind das ganze Haus Israel.»

Wer sind die Gräber?

Und die Gräber (V. 12-13), aus denen das Volk herauskommt und zusammengeführt wird, sind die verschiedensten Völker dieser Welt, denn in Vers 21 finden wir ein weiteres Teil unseres Puzzles: «Siehe, ich werde die Kinder Israels aus den Heidenvölkern zurückholen, unter die sie gekommen sind, und sie von ringsumher sammeln und sie in ihr Land führen.»

Ist das nicht furchtbar und schockierend, wenn jemand als Grab bezeichnet wird? Gerade Europa und Nordamerika, einst Hochburgen des Christentums, zerfallen heute in einer morbiden Dekadenz und befinden sich auf Kollisionskurs mit Gott, indem man sich gegen die Bibel stellt und die christlichen Werte verachtet. Immer öfter werden überzeugte Christen als intolerante Hassprediger, verbockte Fundamentalisten und Feinde der Demokratie und der Menschenrechte gebrandmarkt. Womöglich wird es nicht mehr lange dauern, bis die Bibel als diskriminierende und schädliche Lektüre auf die Verbotsliste gesetzt wird.

In diesem Licht verstehen wir die Klassifikation Gottes. Ohne Ihn bleibt nur der Sold der Sünde, nämlich der Tod. Deshalb werden die gottlosen Völker als Gräber bezeichnet. Jesus hat Seine Jünger vorbereitet: «Wenn euch die Welt hasst, so wisst, dass sie mich vor euch gehasst hat. Wenn ihr von der Welt wärt, so hätte die Welt das Ihre lieb; weil ihr aber nicht von der Welt seid, sondern ich euch aus der Welt heraus erwählt habe, darum hasst euch die Welt» (Joh 15,18-19).

Offensichtlich ist der Hass der Islamisten gegen die Christen. Aber das allein ist nicht das Problem. Wir bemerken heute einen zunehmenden globalen Gegenwind hinsichtlich des echten Christentums. Genauso, wie es Jesus vorhergesagt hat.

Da die erwähnten drei Kapitel von Hesekiel zusammengehören, fällt diese Rückführung Israels auch in die Endzeit. Leicht erkennbar ist dies an der Aussage von Hesekiel 38,8, wo die

Motivation Gogs beleuchtet wird: «Nach vielen Tagen sollst du aufgeboten werden; zur letzten Zeit wirst du in das Land kommen, das dem Schwert entkommen und aus vielen Völkern wieder gesammelt worden ist, auf die Berge Israels ... es wurde aber aus den Völkern herausgeführt ...».

Dieser Gog wird sich also gegen ein Volk stellen, das aus vielen Völkern weltweit wieder zusammengeführt wurde. Es war dem Schwert (der Vernichtung) entkommen und hatte noch kurz zuvor in grösster Verzweiflung geschrien: «‹Unsere Gebeine sind verdorrt, und unsere Hoffnung ist verloren; es ist aus mit uns!›» (Hes 37,11). Andere Bibelübersetzungen drücken diesen Teil des Verses noch dramatischer aus: «... und wir sind total ausgelöscht.» Aus der lateinischen Sprachfamilie taucht das Wort «exterminiert» auf, was im Englischen als «extermination» bezeichnet wird. Auschwitz war kein Konzentrationslager im eigentlichen Sinn, sondern ein Auslöschungslager (*extermination camp*), eine Todesfabrik. In der Vision Hesekiels vom Knochenfeld hören wir den Schrei der Juden bzw. Israels im Angesicht der Auslöschung: «Unsere Hoffnung ist dahin, wir werden ausgelöscht!»

Die Offenbarung Gottes in dieser Vision Hesekiels versichert aber, dass die Juden trotz der schrecklichen Erfahrung dem «Schwert entrinnen», als Volk überleben und wieder in ihr Land zurückkommen werden. Können wir da angesichts der jüngsten Geschichte Israels noch an der brandaktuellen biblischen Prophetie zweifeln? Hesekiels Prophetien erfüllen sich gerade!

Wo befindet sich Israel?

Teile der sogenannten «Christenheit» haben heute Probleme mit der Existenz des Staates Israel und hegen Zweifel, ob er ein legitimes Anrecht auf das Land hat. Andere bestreiten das offen und lautstark oder rufen sogar zum Boykott gegen Israel auf. Aber: Wenn sich Menschen noch irgendwie als Christen bezeichnen oder verstehen, muss es dafür eine Basis geben, und die gründet sich auf die Bibel. Sonst sind wir vielleicht Freidenker, Atheisten, Buddhisten, Hindus oder Moslems, aber keine Christen. Ein Christ glaubt an die ganze Bibel, auch an das, was über Israel und die Zukunft dieser Nation geschrieben steht.

Der Rat der Evangelischen Kirche in Deutschland hat am 1. April 2008 eine «Orientierungshilfe» veröffentlicht mit dem Titel: «Weltentstehung, Evolutionstheorie und Schöpfungsglaube in der Schule» (EKD-Texte 94). Darin wird die Überzeugung, dass die Welt genauso entstanden ist, wie es die Bibel berichtet, nicht nur aus wissenschaftlichen, sondern auch aus theologischen Gründen abgelehnt. Wir wissen, dass es sich bei dieser Orientierungshilfe in Wirklichkeit nur um die Spitze des Eisbergs handelt. Denn wenn man die ersten Seiten der Bibel infrage stellt, wie sieht es dann mit den Wundern Jesu aus? Und mit der Jungfrauengeburt, der Auferstehung aus den Toten oder dem Wiederkommen Jesu? Oder eben – im Zusammenhang mit dem Thema «Stolperstein für viele Christen» – mit den vielen Verheissungen Gottes und Prophetien betreffs der Wiederherstellung Israels?

Als Christen muss es uns klar sein, dass «die Welt durch ihre Weisheit Gott in seiner Weisheit nicht erkannte» (1Kor 1,21). Obwohl Paulus in Römer 1,20 unmissverständlich schreibt: «denn sein unsichtbares Wesen, nämlich seine ewige Kraft und

Gottheit, wird seit Erschaffung der Welt an den Werken durch Nachdenken wahrgenommen, sodass sie keine Entschuldigung haben.» Hiob 12,7-9 erklärt: «Aber frage doch das Vieh, und es wird dich belehren, oder die Vögel des Himmels, und sie werden dir's verkünden, oder rede mit der Erde, und sie wird dich unterweisen, und die Fische im Meer erzählen es dir. Wer unter allen diesen wüsste nicht, dass die Hand des Herrn dies gemacht hat ...?»

Die offizielle kirchliche «Orientierung» und Distanzierung vom klaren biblischen Text und Sinn erinnern an den Konflikt der Sadduzäer: «Die Sadduzäer sagen nämlich, es gebe keine Auferstehung, auch weder Engel noch Geist; die Pharisäer aber bekennen sich zu beidem» (Apg 23,8).

Aus den Überlieferungen wissen wir, dass die Hohepriester zur Zeit Jesu aus der einflussreichen Gruppe dieser Sadduzäer kamen. Stellen wir uns das einmal vor: Der Hohepriester vermittelte zwischen Gott und Menschen und glaubte selber nicht an die Auferstehung der Toten (und vieles andere mehr). Biblische Schöpfung, Entrückung der Gemeinde, tausendjähriges Friedensreich, die Wiederherstellung Israels, ewige Errettung oder ewige Verlorenheit werden zu schwammigen Begriffen oder direkt als Irrlehre bezeichnet. Warum? Weil man die «Schmach Christi» nicht tragen will und die Konfrontation mit der Welt vermeiden möchte.

Das merkt man auch am Nach- und Aufgeben in Bezug auf die feste Schöpfungsordnung Gottes für Mann und Frau und deren Zusammenfügen in der Ehe. Was die Bibel Gräuel nennt, wird heute nicht nur toleriert, sondern als etwas Gutes hingestellt und mittlerweile von den Kirchen abgesegnet. Doch unser Herr selbst versichert: «Gedenkt an das Wort, das ich zu euch gesagt habe: Der Knecht ist nicht grösser als sein Herr. Haben sie mich verfolgt, so werden sie auch euch verfolgen; haben sie auf mein Wort argwöhnisch achtgehabt, so werden sie auch auf das eure argwöhnisch achthaben» (Joh 15,20).

Nun wollen wir etwas genauer die in den drei Kapiteln des Propheten Hesekiel niedergeschriebenen Hinweise auf das Land Israel betrachten. Anhand der Auflistung erkennen wir, dass über die Hälfte der Verse, die Israel erwähnen, das Land, die Berge und Städte Israels klar einschliessen:

Hesekiel 37

- V. 12: «... euch, mein Volk ... wieder in das Land Israel bringen»
- V. 14: «... ich werde euch wieder in euer Land bringen ...»
- V. 21: «... in ihr Land führen»
- V. 22: «... im Land, auf den Bergen Israels ...»
- V. 23: «Und ich will ihnen aus allen ihren Wohnorten, in denen sie gesündigt haben, heraushelfen und will sie reinigen; und sie werden mein Volk sein, und ich werde ihr Gott sein.»
- V. 25: «Sie werden wieder in dem Land wohnen, das ich meinem Knecht Jakob gegeben habe ... Ja, darin sollen sie in Ewigkeit wohnen, sie und ihre Kinder und Kindeskinder; und mein Knecht David soll ihr Fürst sein auf ewig.»
- V. 26: «... ein ewiger Bund ... ich will mein Heiligtum auf ewig in ihre Mitte stellen.»
- V. 27: «Meine Wohnung wird bei ihnen sein ...»
- V. 28: «Und die Heidenvölker werden erkennen, dass ich der Herr bin, der Israel heiligt ...»

Hesekiel 38

- V. 8: «... Berge Israels ...»
- V. 12: «... aus den Heidenvölkern gesammelt ...»
- V. 12: «... das den Mittelpunkt der Erde bewohnt»
- V. 14: «... mein Volk Israel ...»
- V. 16: «... gegen mein Volk Israel ... gegen mein Land ...»
- V. 18: «... das Land Israel ...»
- V. 19: «... im Land Israel.»
- V. 21: «... meinen Bergen ...»

Hesekiel 39

- V. 2: «... auf die Berge Israels ...»
- V. 4: «Auf den Bergen Israels ...»
- V. 7: «... unter meinem Volk Israel ...»
- V. 9: «... Bewohner der Städte Israels ...»
- V. 11: «... Begräbnis in Israel ...»
- V. 12: «Das Haus Israel ...» (= Volk Israel)
- V. 13: «... das ganze Volk des Landes ...»
- V. 17: «... auf den Bergen Israels ...»
- V. 22: «Und das Haus Israel soll erkennen ...»
- V. 23: «... das Haus Israel ...»
- V. 25: «Jetzt will ich ... mich über das ganze Haus Israel erbarmen ...»
- V. 26: «... sicher in ihrem Land wohnen ...»
- V. 28: «... wieder in ihr Land versammle ...»
- V. 29: «... meinen Geist über das Haus Israel ausgegossen habe ...»

Es ist also Gottes Land, es sind Gottes Berge, und der Herr hat dieses Land der Väter (Hes 37,25) dem Volk Israel «in Ewigkeit» gegeben. Es ist das Land auf dem «Mittelpunkt der Erde» (Hes 38,12). Mehrmals nennt Gott Israel «mein Volk», obwohl es in den verschiedenen Etappen des Wirkens Gottes noch gar nicht wirklich gläubig ist!

In Hesekiel 38,16 spricht Gott zu Gog: «Und du wirst gegen mein Volk Israel heraufziehen, wie eine finstere Wolke, die das Land bedecken will. Zur letzten Zeit wird es geschehen, dass ich dich gegen mein Land heraufkommen lasse, damit mich die Heidenvölker erkennen sollen, wenn ich mich an dir, Gog, vor ihren Augen heilig erweisen werde!»

In einem Vers sind wir mit der Tatsache konfrontiert, dass Gott Israel als «mein Volk» und das Land als «mein Land» bezeichnet. Und dazu noch der zeitliche Rahmen: «Zur letzten Zeit ...» Das sollte uns Christen sehr zu denken geben, damit wir Israel nicht, wie es die Welt tut, leichtfertig, vorschnell und ungläubig verdammen. Die aufgelisteten Bibelstellen belehren uns eines Besseren.

Aber Israel ist doch (noch) gar nicht gläubig?

Durch die verschiedenen Ereignisse wie Holocaust, Staatsgründung, Zusammenführung aus mittlerweile mehr als 130 Nationen und die noch bevorstehende, schreckliche Invasion Gogs aus Magog wird Israel schrittweise für die letzte und wichtigste Etappe seiner Geschichte vorbereitet: seine geistliche Wiederherstellung. Gott greift für Israel und gegen Gog ein, während das Volk Israel geistlich noch nicht wiederhergestellt ist. Es wird vielmehr durch Gottes Eingreifen verändert, und das lesen wir fünfmal in diesen Hesekiel-Kapiteln: Hesekiel 37,6.13.14 sowie Hesekiel 39,22.28.

«Ich will euch Sehnen geben und Fleisch über euch wachsen lassen und euch mit Haut überziehen und Odem in euch geben, dass ihr lebendig werdet; und ihr werdet erkennen, dass ich der Herr bin!» (Hes 37,6). Andere Übersetzungen gebrauchen die Worte: «dass ihr wissen sollt»; «dass ihr erkennen sollt»; «dass ihr sehen sollt».

Seit 1948 ist Israel offiziell wieder im Land und Gott wird es aus der Invasion Gogs retten. «Und ich werde meinen heiligen Namen offenbar machen unter meinem Volk Israel, und ich werde meinen heiligen Namen künftig nicht mehr entweihen lassen; sondern die Heidenvölker sollen erkennen, dass ich, der Herr, der Heilige in Israel bin!» (Hes 39,7).

Gott greift ein, um Israel zu verändern und geistlich wiederherzustellen: «Ich habe entsprechend ihrer Unreinheit und ihrer Übertretungen an ihnen (an Israel) gehandelt und habe mein Angesicht vor ihnen verborgen. Darum, so spricht Gott, der Herr: Jetzt will ich das Geschick Jakobs wenden und mich über das ganze Haus Israel erbarmen und für meinen heiligen Namen eifern» (Hes 39,24-25).

Dann wird der Herr sich selbst offenbaren: «Und ich will künftig mein Angesicht nicht mehr vor ihnen verbergen, weil ich meinen Geist über das Haus Israel ausgegossen habe, spricht Gott, der Herr» (Hes 39,29). Die letzte Etappe der vollkommenen Wiederherstellung Israels als Volk des Herrn ist dann der Empfang des Heiligen Geistes. Ja, Israel ist noch nicht gläubig, aber es kommt die Zeit, in der sich auch diese Prophetie wortwörtlich erfüllen wird.

Für uns stellt die Rückkehr Israels eine blinkende Warnleuchte mit eingeschalteter Sirene dar. Wenn die Gräber sich öffnen und Nachkommen Israels zurückkehren, bedeutet das, dass die Welt gerichtsreif geworden ist.

Prophetischer Ausblick: Gottes direkte Gegenwart auf unserer Erde

In Hesekiel 37,27-28 lesen wir: «Meine Wohnung wird bei ihnen sein, und ich will ihr Gott sein, und sie sollen mein Volk sein. Und die Heidenvölker werden erkennen, dass ich der Herr bin, der Israel heiligt, wenn mein Heiligtum in Ewigkeit in ihrer Mitte sein wird.»

Eine Parallelstelle ist Offenbarung 21,3-4: «Und ich hörte eine laute Stimme aus dem Himmel sagen: Siehe, das Zelt Gottes bei den Menschen! Und er wird bei ihnen wohnen; und sie werden seine Völker sein, und Gott selbst wird bei ihnen sein, ihr Gott. Und Gott wird abwischen alle Tränen von ihren Augen, und der Tod wird nicht mehr sein, weder Leid noch Geschrei noch Schmerz wird mehr sein; denn das Erste ist vergangen.»

Wenn es hier heisst «das Zelt Gottes bei den Menschen», bedeutet das konkret, dass Gott unter ihnen wohnen wird und Seine Wohnung auf der Erde haben wird. Um es einfach auszudrücken: Die Erde wird wieder in die himmlische Dimension eintauchen, daran angeschlossen und darin integriert sein!

So, wie wir glauben, dass Gott einmal inmitten Seines Volkes wohnen wird, so erkennen wir mithilfe der Hesekiel-Kapitel, dass sich das konkret in Israel erfüllen wird. Da gibt es nichts zu vergeistlichen, und es ist besser, dass wir uns schon heute darauf einstellen. Und vergessen wir nicht: Wenn das neue Jerusalem vom Himmel herabkommt (Offb 21,10), werden an den zwölf Perlentoren die Namen der zwölf Stämme Israels angeschrieben sein. Israels Zukunft ist also eng mit der Zukunft der Gemeinde verknüpft. Werden wir uns freuen, dort die Namen der zwölf Stämme vorzufinden, oder stösst uns das sauer auf? Dann sollten wir uns ernsthaft fragen, wie echt unser Verhältnis zum Wort Gottes und zu unserem Herrn Jesus ist, der im Neuen Testament (Röm 11,26) selber der «Erretter Zions» genannt wird!

Zusammenfassend haben wir Folgendes gelernt:

Am Ende der Tage kommt Bewegung in die trockenen und lange verstreuten Knochen: Fast 2000 Jahre lebten die Juden in der Diaspora, in der Zerstreuung. Der Beginn der Bewegung wird mit einem «Geräusch» (Hes 37,7) und dann mit einem «Getöse» (andere Übersetzungen: «Bewegung») eingeleitet. Es begann mit dem ersten Zionistenkongress 1897 mit Theodor Herzl in Basel. Dann wurde aus dem «Geräusch» eine richtige Bewegung: Ab 1947 ging es in Richtung Staatsgründung Israels; zuerst durch den UNO-Teilungsplan im November 1947 und dann mit der Proklamation des frisch geborenen Staates Israel am 14. Mai 1948 durch David Ben Gurion.

Seit über 70 Jahren kommt das prophezeite «mächtige» Volk zusammen (Hes 37,10), das fast täglich in den Medien präsent ist und an dem sich die arabische Welt schon zigmal die Zähne ausgebissen hat. Aber in den letzten Tagen wird Gog aus Magog zum Katalysator des überschäumenden Hasses der Welt gegen Gott und gegen Israel. Dann wird der Herr höchstpersönlich eingreifen und Israel retten, und Israel wird seinen Gott erkennen: «Und ich werde meinen heiligen Namen offenbar machen unter meinem Volk Israel, und ich werde meinen heiligen Namen künftig nicht mehr entweihen lassen; sondern die Heidenvölker sollen erkennen, dass ich, der Herr, der Heilige in Israel bin!» (Hes 39,7).

Fünfmal wird erwähnt, dass die Völker (aller Welt) «kennen, erkennen und wissen» werden, was da vor sich geht, wenn Gog mitsamt seiner Allianz vernichtet wird: «Und die Heidenvölker werden erkennen, dass ich der Herr bin, der Israel heiligt, wenn mein Heiligtum in Ewigkeit in ihrer Mitte sein wird» (Hes 37,28; vgl. 38,16.23; 39,7.23). Die Nationen werden diese Wahrheit durch schreckliche Gerichte erkennen und einsehen müssen. Doch für sehr viele Menschen wird es dann zu spät sein.

Die Aussagen und prophetischen Offenbarungen in Hesekiel 37 bis 39 sollten uns dazu bringen, Israel so zu sehen, wie Gott es sieht. Er führt, gebraucht und macht Israel zum Zentrum, nicht der letzten Tage, sondern der zukünftigen Tage: Von Zion wird Sein wunderbares Friedensreich ausgehen. Deshalb sollten wir uns ausdrücklich von jeder antisemitischen Tendenz distanzieren und zu Israel stehen, für Israel beten und Projekte unterstützen, die die Liebe zu Israel zum Ausdruck bringen.

Zum Nachdenken

Unsere Unterstützung ist ein eindrückliches Zeugnis, weil wir durch den Gott Israels, durch den Messias Israels und die Schriften Israels gerettet wurden und gesegnet werden. Wenn wir uns treu an die Bibel halten, erkennen wir an und durch Israel Gottes Gnade, Erbarmen und Liebe. Israel stellt die sichtbare Erfüllung göttlicher Voraussagen dar und sollte kein Stolperstein auf dem Weg unserer Nachfolge sein.

SCHÄTZE AUS DER TIEFE UND DER ÜBERFALL VON GOG AUS MAGOG

Nach dem Zusammenbruch der Sowjetunion 1990 und 1991 verschwand die grosse russische Supermacht und verursachte ein weltweites Aufatmen. Man war dem Frieden nähergekommen. Etliche vermerkten spöttisch, wo denn nun «unser» Gog von Magog geblieben wäre, und bezichtigten diejenigen, die in Gog von Magog Russland sahen, falscher Bibelauslegung, gerade was Hesekiel 38 und 39 angeht.

Nur rund zweieinhalb Jahrzehnte später hat sich das Blatt wieder radikal gewendet. Russland befindet sich mittlerweile mit geschwellter Brust in Syrien, um den Diktator Assad zu unterstützen, und hat sogar die Ukraine angegriffen, um seinen Willen durchzusetzen. Aber der Prophet Hesekiel spricht von dieser Invasion aus dem äussersten Norden (Hes 38,6), die am Ende der Jahre, zur letzten Zeit, geschehen wird. Extrem aktuell wird das Umfeld beschrieben: «Nach vielen Tagen sollst du aufgeboten werden; zur letzten Zeit wirst du in das Land kommen, das dem Schwert entkommen und aus vielen Völkern wieder gesammelt worden ist, auf die Berge Israels, die die ganze Zeit verödet waren; es wurde aber aus den Völkern herausgeführt ...» (Hes 38,8).

Gog wird mit den aufgelisteten Völkern heranziehen, um «Raub zu raffen» (Hes 38,12), ja, sogar «grossen Raub» (V. 13)! Das ist die eigentliche Motivation. Wenn wir nun das kleine Israel anschauen, das mit enorm hohen Ausgaben für seine Sicherheit und Verteidigung zu kämpfen hat, wo gibt es da einen «grossen Raub» an sich «zu reissen» (V. 13)?

Israel ist aus über 130 Ländern zusammengewürfelt und zu Beginn der Staatsgründung mussten dazu Holocaust-Überlebende und Hunderttausende meist mittellose jüdische Flüchtlinge aus arabischen Ländern aufgenommen und integriert werden. Israel war sehr arm, und der wachsende Reichtum der erdölfördernden Nachbarstaaten war ziemlich entmutigend.

«Kein Öl, Moses?»

So fragte schon der israelische Satiriker Ephraim Kishon in einem seiner Bücher. Es ist ein bekannter israelischer Witz: Mose hat das jüdische Volk aus Versehen ausgerechnet in die einzige Ecke des Nahen Ostens geführt, wo es kein Öl gibt. Bis vor wenigen Jahren lachte man in Israel über jedes Gerücht, dass man Erdöl gefunden hätte. Allerdings zeigten Bibelausleger und Israelfreunde unbeirrt die verschiedenen Bibelverse, die auf «Schätze in der Tiefe» hinweisen, unter anderem auch Wim Malgo, Gründer des Missionswerkes Mitternachtsruf. Denn Jakob hat seinen Söhnen prophetisch weitergegeben, was ihnen in zukünftigen bzw. den letzten Tagen begegnen sollte. Und neben den Segnungen des Himmels erwähnt Jakob die «Segnungen der Tiefe» (1Mo 49,25).

Mose bekräftigt das einige Jahrhunderte später: «‹Sein (Josephs) Land sei vom Herrn gesegnet mit dem Köstlichsten des Himmels, mit Tau, und mit der Flut, die drunten ruht ...›» (5Mo 33,13), und von Sebulon und Asser: «... denn den Reichtum des Meeres werden sie saugen und die verborgenen Schätze des Sandes» (5Mo 33,19).

In einer Verheissung an den persischen König Kyrus wird das noch detaillierter formuliert: «... und ich will dir verborgene Schätze geben und versteckte Reichtümer ...» (Jes 45,3).

Gott gebrauchte diesen König, damit Israel aus dem babylonischen Exil zurückkehren konnte, und schenkte ihm diese interessante Verheissung. Persien, der aktuelle Iran, gehört heute bekannterweise zu den führenden erdöl- und gasfördernden

Nationen. Von daher haben wir eine Ahnung, was mit diesen «unten lagernden» Schätzen gemeint sein kann. Der Iran wurde also wegen Israel gesegnet, und anstatt dankbar zu sein, ist er heute aufgrund des Islams einer der schlimmsten Feinde des jüdischen Volkes.

Der endzeitliche Segen Jakobs und Moses

Seit der Jahrtausendwende beginnt sich dieser endzeitliche Segen im sogenannten Levante-Becken im östlichen Mittelmeer zu erfüllen. Zuerst war es die Entdeckung eines kleineren Erdgasvorkommens in der Nähe von Aschkelon und Aschdod, oberhalb des Gazastreifens. Im Jahr 2009 kam dann der endgültige Durchbruch mit Tamar, rund 90 km westlich von Haifa im Mittelmeer. 2013 begann die Premiere des kommerziellen Gastransports und der Verarbeitung. Das Lager Tamar wird auf 238 Milliarden Kubikmeter Gas geschätzt. Nur ein Jahr später stiess man auf das gewaltige Leviathan-Reservoir, 135 km westlich von Haifa und in 5 km Tiefe. Dort unten lagern 621 Milliarden Kubikmeter, was aus ihnen die wichtigste Gasentdeckung in Tiefwasser der letzten zehn Jahre macht. Israel benötigt derzeit pro Jahr etwa 340 Millionen Kubikmeter Erdgas. Was das Gas und die Energielage angeht, ist Israel innerhalb weniger Jahre von Hungersnot zum Überfluss gekommen («den Reichtum des Meeres ...», 5Mo 33,19)! Sogar Exportverträge wurden und werden mit anderen Ländern geschlossen.

Ein neuer Persischer Golf? Das Levante-Becken als Game-Changer

Diese Entdeckung ändert die geopolitische Gleichung der Region radikal und sogar über sie hinaus. In der Tat ist dies die

Gelegenheit für Israel, von der Energie-Abhängigkeit zur Energie-Souveränität zu gelangen, wie es der Wirtschaftsjournalist F. William Engdahl bemerkte. Diese nicht einfach nur wichtigen, sondern riesigen Öl- und Gaslagerstätten, die in einem zuvor wenig erforschten Teil des Mittelmeers (zwischen Griechenland, der Türkei, Zypern, Israel, Syrien und dem Libanon) liegen, gestatten die Annahme, dass die Region ein «neuer Persischer Golf» werden könnte. Bei gleichbleibendem Verbrauch weltweit schätzt man, dass die bisher bekannten Gasfelder nur für die nächsten 60 Jahre ausreichen. Diese Prognosen unterstreichen den Wert der Entdeckungen im östlichen Mittelmeer.

Ein Sprecher für das Programm von Energie-Ressourcen des Geologischen Instituts der Vereinigten Staaten sagte: «Das Einzugsgebiet der Levante kommt den grossen weltweiten Ausbeutungsbereichen gleich! Seine Erdgasvorkommen sind grösser als alles, was wir in den Vereinigten Staaten gekannt haben.»

Der Wirtschaftsjournalist F. William Engdahl ist ein deutsch-amerikanischer Publizist, Dozent und Spezialist der energetischen und geopolitischen Fragen und gilt als ausgewiesener Kenner der geopolitischen Interessen der führenden Weltmächte im Allgemeinen und der amerikanischen im Besonderen. Er erklärt: «Die neuen Fragen im Zusammenhang mit der Kontrolle der enormen, vor der Küste Israels und dem Libanon sowie vor den zyprischen, griechischen und türkischen Ufern entdeckten Energiereserven werden eine immer wichtigere Rolle in einer Region spielen, die bereits eine der kompliziertesten der globalen politischen Welt ist.»

Jochen Stanzl, Chefmarktanalyst von CMC Markets, schätzt die veränderte Lage so ein: «Israel wird das Saudi-Arabien von morgen!»

«Kein Öl, Moses?» – Diese Klage ist in den letzten Jahren definitiv verstummt. Und ein gigantischer Erdölfund in der Nähe von Katzrin auf den Golanhöhen lässt ebenfalls aufhorchen: «Wir sprechen hier von einer Schicht, die 350 Meter dick ist, und es kommt auf die Dicke und die Porosität an. Durchschnittlich sind derartige Schichten 20 bis 30 Meter dick, hier haben wir eine zehnmal so dicke Schicht, wir reden also über beträchtliche Mengen», veröffentlichte der Geologe Juwal Bartow von Afek Oil & Gas im israelischen Fernsehen.

Das Gebiet der Golanhöhen beträgt bei einer Länge von 60 km und einer Breite von 25 km etwa 1150 Quadratkilometer. Die höchste Erhebung ist der Berg Hermon im Norden mit 2814 Metern. Der israelische Hauptort des Golan ist Katzrin. Insgesamt wohnen auf den Golanhöhen etwa 20 000 jüdische Israelis in 33 Städten und Dörfern sowie eine ähnliche Anzahl Drusen in einem kleinen Gebiet mit vier Dörfern im Norden des Golan. Da die Syrer immer wieder von dort oben das nördliche Israel unter Beschuss nahmen, eroberte und annektierte Israel das strategisch wichtige Gebiet nach dem Sieg im Sechstagekrieg (Juni 1967).

Die Nachricht vom Erdölfund wird die politische Situation ohne Zweifel weiter verschärfen. Da viele Araber Israel sowieso nicht anerkennen, sollte niemand glauben, dass Syrien und die anderen arabischen Nachbarn tatenlos zusehen werden, während Israel «ihr arabisches Öl» aus der Erde oder dem Mittelmeer holt.

Suche nach Gold und Edelsteinen

«Ob Israel Edelmetalle und Edelsteine als weitere Bodenschätze besitzt, ist unbekannt», vermerkt *Wikipedia*. Es werden aber grosse Goldvorkommen vermutet. So gibt es von einigen Firmen Anstrengungen, im Süden Israels in der Nähe von Eilat und dem Roten Meer nach Gold zu graben. Südwestlich von Massada, zwischen der Stadt Arad und dem Toten Meer, wird sogar Uran vermutet. Aber bis heute ist der einzige bekannte Edelstein der Eilatstein, zusammengesetzt aus Chrysokoll, Malachit, Azurit, Türkis und Pseudomalachit – und gilt als der Nationalstein Israels. Dort, wo er bis in die 1970er- und 1980er-Jahre gefunden wurde, hatte schon der König Salomo seine Kupferminen. Das ganze Gebiet im Süden hat ebenfalls das Potenzial für die «Schätze aus der Tiefe».

Israel ist heute weltführend in der Diamantenbearbeitung und im Diamantenhandel. Die israelische Diamantenbörse ist der grösste Handelsplatz für Diamanten weltweit. Da sich das Blatt betreffs Erdgas und Erdöl definitiv schon gewendet hat und das durchaus als ein Endzeitzeichen im Jakobssegen aufgefasst werden kann, ist es wohl möglich, dass Israel noch weitere grosse Schätze aus der Tiefe und aus dem Sand fördern wird.

Shefa Yamim, das erste Explorations- und Bergbauunternehmen des Landes, lässt aufhorchen. Shefa Yamim bedeutet «Überfluss des Meeres», in direkter Anlehnung an den Segen Moses für Sebulon und Issaschar: «... denn den Reichtum des Meeres werden sie saugen und die verborgenen Schätze des Sandes» (5Mo 33,19).

Reichtum des Meeres wird auch mit Überfluss übersetzt, und es ist interessant, dass Shefa Yamim im Jahr 1998 als erste Firma für Edelsteingewinnung in Israel gegründet wurde. Eigentlich begann es 1988, als der 9000 km entfernte Brooklyner Lubawitscher Rebbe Menachem Mendel Schneerson in New York bei einem Besuch dem ehemaligen israelischen Bürgermeister Arie

Goral Folgendes sagte: «Haifa liegt am Meer und man sollte sich wegen der Tiefe keine Sorgen machen. Haifa hat das Meer und hat ein Tal. Und das Tal verbirgt gute und kostbare Steine. Der Herr hat etwas Wunderbares vollbracht. Er hat die Steine tief in der Erde versteckt. Es scheint, dass sie sich tief im Fluss befinden.»

Abraham Taub wurde vom Rebbe angespornt, sich dieser Diamantenförderung zu widmen. Daraufhin packte Taub seine Koffer und begann, in den Tälern Haifas nach Edelsteinen zu suchen. Dazu gründete er Shefa Yamim.

Sehr seltene Kristalle

Die Schürfer stiessen bereits auf das Gestein Kimberlit, das Diamanten enthalten kann. Die wertvollen Kristalle bilden sich bei extremer Hitze und extremem Druck im Innern der Erde. Bei Vulkanausbrüchen werden Kimberlit-Steine an die Erdoberfläche geschleudert. Diamanten finden sich allerdings nur in einem Prozent von ihnen. Bislang wurden in dem Gebiet im Norden Israels Hunderte wertvoller Steine ausgegraben – Rubine, Saphire, Granate sowie 77 Mikrodiamanten, darunter ein 0,8 Karat schwerer naturreiner weisser Diamant.

Auch wurden äusserst seltene Moissaniten entdeckt, ein Mineral, das Diamanten in Härte und Glanz nahekommt. Mit 4,1 Millimetern Länge ist einer davon der weltweit grösste natürliche Moissanitfund. Unter anderem wurde in den Korundsteinen vulkanischen Ursprungs neben dem Moissanit auch Tistarit entdeckt, das man bis heute nur einmal in einem am 8. Februar 1969 im mexikanischen Pueblito de Allende (knapp neben dem Postamt) niedergegangenen Meteoriten entdeckt hatte. Dazu ist die Hälfte der Zusammensetzungen in den gefundenen und analysierten Korundsteinen wissenschaftlich unbekannt! Ein neuentdecktes, natürliches Mineral soll ShefaTAZit heissen und diese neuen Kristalle Karmel-Saphire.

Weltweit werden Diamanten immer knapper. Seit 15 Jahren sind keine grösseren Vorkommen mehr entdeckt worden. Und in wirtschaftlich aufstrebenden asiatischen Ländern wie China und Indien steigt die Nachfrage weiter an. Der kanadische Geochemiker Mark Fedikow, der Shefa Yamim berät, geht immerhin von einer Chance von 20 bis 30 Prozent aus, dass das Unternehmen in drei bis fünf Jahren in grösserem Umfang Diamanten fördern könnte. Bis dahin braucht die Firma allerdings noch kräftige Kapitalspritzen, die über die anfänglichen Investitionen von 15 Millionen Dollar weit hinausgehen. Andernfalls kann nicht tief genug gebohrt werden, um besonders grosse Edelsteine zu finden. Der anerkannte, australische Geologe und Experte in der Erforschung der Erdkruste, William Griffin, gab nach dem direkten Einblick in die Bohrergebnisse bei Shefa Yamim sein Statement: «Israel hat grosse Edelstein-Vorkommen, die eine kommerzielle Ausbeutung rechtfertigen.»

Ohne Zweifel befinden wir uns inmitten gewaltiger Umwälzungen. Es scheint, dass sich der endzeitliche Jakobs- und Mosessegen verwirklicht und Israel durch die aufeinanderfolgenden Entdeckungen grosser Erdgas- sowie Erdölreservoirs auf dem Weg ist, reich zu werden – von der bisherigen Energieabhängigkeit zur Souveränität und von der Hungersnot zum Überfluss.

Zum Nachdenken

Wer weiss, ob wir miterleben werden, wie Israel noch durch ganz andere Schätze aus den «Tiefen, die unten liegen» gesegnet wird! Allerdings aktiviert und multipliziert das auch die bösen Gedanken und Anschläge der Feinde und wird Gog mit seinen Verbündeten auf die Berge Israels bringen. Doch dann wird sich der Hüter Israels weltweit offenbaren und die antigöttliche und israelfeindliche Front vernichten.

DER GEHEIMNIS-VOLLE SCHLÜSSEL DAVIDS

Biblische Ausdrücke, die sich seltsam und fremdartig für unseren gewöhnlichen theologischen Wortschatz anhören, fordern uns heraus, ihre Bedeutung eingehender zu untersuchen. Wenn wir solche Ausdrücke im Zusammenhang mit Prophetien der Endzeit finden, wird unsere Neugier umso mehr geweckt. Das aufmerksame Betrachten bringt reichen Segen. Es lohnt sich, etwas tiefer zu graben.

> «Und dem Engel der Gemeinde in Philadelphia schreibe: Das sagt der Heilige, der Wahrhaftige, der den Schlüssel Davids hat, der öffnet, sodass niemand zuschliesst, und zuschliesst, sodass niemand öffnet ...» (Offb 3,7).

Philadelphia war die modernste der sieben Städte, an die die Sendschreiben gerichtet wurden. 189 v.Chr. gründete König Attalos II. Philadelphos diese Stadt. Er wollte mit dieser speziellen Namensgebung (Philadelphia = Bruderliebe) seiner Verbundenheit mit seinem Bruder Eumenes II. Ausdruck verleihen. Als Grenzstadt zwischen Phrygien, Mysien und Lydien war Philadelphia das ideale und auserwählte Portal, die Tür, um die griechische Kultur und Sprache zu verbreiten. Deshalb übertrug Jesus die damals aktuelle Situation und Mission Philadelphias auf den geistlichen Bereich und wies auf Seine Allmacht und den «Schlüssel Davids» hin.

Das ist ein Beweis und ein Trost, dass der Herr vom Himmel her alles sieht. Gerade im Hinblick auf die unsichere Situation Philadelphias durch häufige Erdbeben und Gefahr wegen Vulkanausbrüchen verheisst der Herr ganz speziell Bewahrung und richtet den Blick nach vorne zum unvergänglichen Siegeskranz und dem neuen himmlischen Namen der echten Überwinder.

Da die Sendschreiben neben den allgemeinen auch prophetische Appelle an uns beinhalten, lässt sich in den Zeilen des Briefes an Philadelphia eine ganz besondere Verheissung entdecken, die bis in die Endzeit, bis ans Ende des Gemeindezeitalters, reicht: «Weil du das Wort vom standhaften Ausharren auf mich bewahrt hast, werde auch ich dich bewahren vor der Stunde der Versuchung, die über den ganzen Erdkreis kommen wird, damit die versucht werden, die auf der Erde wohnen» (Offb 3,10).

Diese ganz spezielle Bewahrung können wir in einem Wort zusammenfassen: Entrückung! Die Entrückung der Gemeinde ereignet sich vor der siebenjährigen Trübsalszeit, vor der «wirksame(n) Kraft der Verführung» (2Thes 2,11) durch das antichristliche Doppel: den Weltherrscher und den falschen Propheten.

Gegen das Vergessen?

> «Das sagt der Heilige, der Wahrhaftige, der den Schlüssel Davids hat, der öffnet, sodass niemand zuschliesst, und zuschliesst, sodass niemand öffnet ...» (Offb 3,7).

Was denken wir, wenn von einem «Schlüssel Davids» die Rede ist? Dieser Ausdruck kommt nur einmal im Neuen und nur einmal im Alten Testament im Propheten Jesaja vor:

> «Ich will ihm auch den Schlüssel des Hauses Davids auf seine Schulter legen, sodass, wenn er öffnet, niemand zuschliessen kann, und wenn er zuschliesst, niemand öffnen kann. Und ich will ihn als Pflock einschlagen an einem festen Ort, und er soll ein Ehrenthron für das Haus seines Vaters werden, sodass die

ganze Herrlichkeit seines Vaterhauses sich an ihn hängen wird, die Sprösslinge und die Abkömmlinge, alle kleinen Gefässe, von den Tonschalen bis zu allen Krügen» (Jes 22,22-24).

Der Textzusammenhang beschreibt, wie Gott dem disqualifizierten und korrupten Verwalter Schebna eine ehrenlose Entlassung ankündigte und dafür Eljakim, den Sohn Hilkijas, einsetzen würde. Der Schlüssel Davids dient als Illustration für Autorität und grosse Verantwortung vor Gott und den Menschen.

Doch die Frage bleibt: Warum gebrauchte der Herr diesen äusserst seltenen Ausdruck gerade in einem der sieben Sendschreiben? Und das über sechzig Jahre nach Pfingsten, nach der Zerstörung Jerusalems und nach dem nationalen Untergang Israels – und damit im Zeitalter der Gemeinde?! Die meisten Ausleger scheinen sich hier schwerzutun. Viele kommentieren es gar nicht, andere versinnbildlichen den Schlüssel Davids und wenden ihn im übertragenen Sinn irgendwie auf die Gemeinde an. Doch dann hätte ja unser Herr, wie zum Beispiel in Matthäus 28,18, sagen können: «Mir ist gegeben alle Macht im Himmel und auf Erden.» Warum gebraucht Er stattdessen diesen speziellen Ausdruck vom «Schlüssel Davids» (Offb 3,7), über den wir als Christen so schnell hinweglesen?

In Philadelphia kam es, wie damals auch sonst überall, zur Konfrontation mit den Angehörigen der Synagoge. Sie waren jener Teil des jüdischen Volkes, der sich dem Evangelium gegenüber verschloss, verhärtete und äusserst feindlich darauf reagierte. Vergessen wir nicht, dass die ersten Gemeinden hauptsächlich aus Juden bestanden. In der sogenannten Zerstreuung kam es zu einer Trennung der an den Messias gläubigen Juden von den Synagogen, worauf sich die ersten Gemeinden aus Juden und gottesfürchtigen Heiden, ehemals Proselyten des Judentums, zusammensetzten.

Im Hinblick auf diese Anfeindungen unterstreicht Jesus, wer wirklich das Sagen hat: Er, der den Schlüssel Davids hat und der Gemeinde in Philadelphia eine offene Tür für das Evangelium verheisst! Wenn im Neuen Testament Begriffe auftauchen, die in Verbindung mit David stehen, muss immer ein direkter Bezug zu Israel hergestellt werden:

- der Sohn Davids (Mt 1,1; 21,15)
- aus dem Samen Davids (Joh 7,42; Röm 1,3)
- die Wurzel Davids (Offb 5,5–22,16)
- der Thron Davids (Lk 1,32)
- die Stadt Davids (Lk 2,4)
- die zerfallene Hütte Davids (Apg 15,16)

Das trifft auch auf «Jakob», «Zion» und «Jerusalem» zu, wenn es nicht ausdrücklich im übertragenen Sinn angewandt wird, wie zum Beispiel in Hebräer 12,22 und Galater 4,24. Das ist heute, nach fast 2000 Jahren Gemeindegeschichte, für viele wieder ein Geheimnis geworden, ein weitreichendes, das unsere Theologie im wahrsten Sinne des Wortes vergiften oder beleben kann.

Das Thema Israel beginnt schon am Anfang der Bibel, als Gott dem ersten Patriarchen Abraham weitreichende Konsequenzen prophezeite: «Ich will segnen, die dich segnen, und verfluchen, die dich verfluchen; und in dir sollen gesegnet werden alle Geschlechter auf der Erde!» (1Mo 12,3).

Deshalb ist dieser Hinweis auf den Schlüssel Davids eine Mahnung gegen das Vergessen. Der Segen, der über alle Geschlechter der Erde kommen soll, ist eng mit Abraham, Isaak und Jakob verbunden.

Und wir entdecken im letzten Buch der Bibel einige dieser typisch jüdischen Formulierungen; hier nur zehn Beispiele:

- die sieben goldenen Leuchter = Menora (Offb 1,12)
- der Löwe aus dem Stamm Juda (Offb 5,5)
- goldene Schalen voll Räucherwerk = Gebete (Offb 5,8; 8,3)
- die 144 000 Versiegelten aus den zwölf Stämmen (Offb 7,4-8)
- der Tempel Gottes, Altar und Vorhof (Offb 11,1-2)
- die zwei Zeugen, die an Mose und Elia erinnern (Offb 11,5-6)
- die Lade des Bundes (Offb 11,19)
- Frau mit Sonne, Mond, zwölf Sternen und Adlerflügeln (Offb 12,1.14)
- der Berg Zion (Offb 14,1)
- die Namen der zwölf Stämme an den zwölf Toren des himmlischen Jerusalems (Offb 21,12)

Arnold Fruchtenbaum hat über 500 Stellen aus dem Buch der Offenbarung aufgelistet, die in direktem Bezug zu Stellen aus den alttestamentlichen Schriften Israels stehen. 500 Bezüge! Warum diese auffallende Anhäufung? Weil hier die Heilsgeschichte Israels wieder aufgegriffen wird und weitergeht!

Die verlorenen zehn Stämme Israels

Im heutigen Sammelbegriff «Jude» sind alle Nachkommen der Abraham-Isaak-Jakob-Linie eingeschlossen. Früher waren nur die Nachkommen Judas im eigentlichen Sinne Juden. Später bildeten Juda und Benjamin zusammen das Südreich Juda, im Gegensatz zu den zehn von ihnen getrennten Stämmen im Nordreich Israel. Deshalb lesen wir in der Bibel von den Königen Judas und von den Königen Israels. Zur Zeit Jesu waren unter

«Juden» vor allem die Bewohner Jerusalems und besonders die religiösen Leiter zu verstehen, weil Jerusalem in Juda liegt.

Beachten wir, dass Paulus in seiner Verteidigungsrede vor König Agrippa alle Stämme erwähnt: «... zu welcher unsere zwölf Stämme durch Tag und Nacht anhaltenden Gottesdienst zu gelangen hoffen ...» (Apg 26,7). Und Jakobus beginnt seinen Brief an «die zwölf Stämme, die in der Zerstreuung sind!» (Jak 1,1). Da ist nichts zu merken von anscheinend mysteriös verloren gegangenen zehn Stämmen. In der langen Zeit der Zerstreuung (Diaspora) ausserhalb Israels haben sich die verschiedenen Stämme vermischt. In unserer Zeit gibt es vielerorts die wildesten Spekulationen um diese Stämme. So mancher glaubt in seiner blühenden Fantasie, Nachkommen der Israeliten in westlichen Völkern zu erkennen oder setzt kurzerhand die Gemeinde an deren Stelle. Das ist, als würde man sagen: Hamburg ist ein Hinweis auf Ham, also stammen die Hamburger vom jüngsten der drei Söhne Noahs ab.

Für Gott ist nichts unmöglich. Er bringt Israel als das zwölfstämmige Volk in das Endzeitszenario zurück (Offb 7,4-8) – so wie es bereits eine kaum für möglich eingestufte israelische Staatsgründung und die Wiedereinführung und Modernisierung der hebräischen Sprache gab! Es ist schon eindrücklich, dass Menschen wie Rabbi Eliyahu Avichail im Rahmen des Elia-Projekts (Amishav) seit 1975 Nachkommen Israels in vielen Ländern suchen und sogar bis ans Ende der Welt aufspüren: in China, in ehemaligen Sowjetrepubliken, in verschiedenen Ländern Afrikas, in Afghanistan, Tibet, Pakistan, Indien, Japan, Burma, Italien, Spanien, Peru oder Mexiko.

Dabei geht es nicht um die bekannten Diaspora-Juden, die sich in Synagogen und jüdischen Zentren treffen und in grösseren Städten sogar eigene Schulen unterhalten, sondern um ganz alte Linien. Das Anliegen ist, etliche «herauszuschälen» und wieder nach Israel zu bringen. Oft ist es jedoch sehr schwierig herauszufinden, ob es sich um Bevölkerungsteile handelt, die irgendwann einmal unter dem Einfluss von Ereignissen oder Personen zum Judentum übertraten oder die zum ursprünglichen Israel gehören.

Ein typisches Beispiel finden wir im Buch Esther: «... setzten die Juden dies fest und nahmen es als Brauch an für sich und ihre Nachkommen und alle, die sich ihnen anschliessen würden, dass sie nicht davon abgehen wollten, jährlich diese zwei Tage (das Purimfest) zu feiern, wie sie vorgeschrieben und bestimmt worden waren» (Est 9,27).

Wenn jüdische Gruppen oder Mischgruppen später durch Kriege oder Völkerwanderungen isoliert wurden, veränderte sich mit der Zeit sicherlich manches Überlieferte oder wurde durch Einflüsse von aussen sogar überlagert. Das macht die Frage «Wer ist wirklich Jude?» ganz schön kompliziert. So gibt es in Brasilien viele Nachkommen der sogenannten Marranen, die zur Zeit der katholischen Inquisition aus Portugal (1536–1821) und Spanien (1478–1834) flüchteten. Ein Teil von ihnen hat sich total vermischt und angepasst. Doch selbst darunter gibt es welche, die plötzlich Nachforschungen darüber anstellen, woher sie und ihr Name eigentlich kommen – und das nach Hunderten von Jahren und vielen Generationen –, um dann nach Israel auszuwandern!

Man kann es menschlich nicht erklären, warum jüdische Eltern über die Jahrhunderte ihren Kindern die Abstammung offenbarten, obwohl wegen Antisemitismus sehr viel Negatives, Diskriminierung und gar Pogrome zu erwarten waren. Das erinnert uns an prophetische Ankündigungen wie in Jeremia 16,15: «... ‹So wahr der Herr lebt, der die Kinder Israels heraufgeführt hat aus dem Land des Nordens und aus allen Ländern, wohin er sie verstossen hatte!› Denn ich will sie wieder in ihr Land zurückbringen, das ich ihren Vätern gegeben habe.» Und: «Der Israel zerstreut hat, der wird es auch sammeln ...» (Jer 31,10).

Natürlich gibt es auch da wieder solche, die behaupten, dass sich das früher schon erfüllte und nichts mehr mit den heutigen Juden zu tun hätte. Interessanterweise scheidet biblische Prophetie die Geister und liefert uns phänomenale Antworten: «Daran sollen sie erkennen, dass ich, der Herr, ihr Gott bin, weil ich sie unter die Heidenvölker in die Gefangenschaft führen liess und sie nun wieder in ihr Land versammle und keinen von ihnen mehr dort zurücklasse» (Hes 39,28).

Das hat sich so noch nie erfüllt! Erst in den letzten Jahren überflügelte die jüdische Bevölkerung Israels zum ersten Mal die der Vereinigten Staaten von Amerika (ca. 5,5 Millionen Menschen).

Die Rückführung ins Land Israel geschieht teils vor unseren Augen und wird zum Schluss von Gott selbst beendet: «Und er wird seine Engel aussenden mit starkem Posaunenschall, und sie werden seine Auserwählten versammeln von den vier Windrichtungen her, von einem Ende des Himmels bis zum anderen» (Mt 24,31).

Oft wird der Begriff «Auserwählte» ausschliesslich auf die Gemeinde angewendet, und dann entsteht eine gewaltige Verwirrung, unter anderem wegen der Entrückung der Gemeinde und wann sie stattfindet! In Jesaja 65,9 wird erwähnt, dass die Auserwählten das Land Israel besitzen sollen. Wenn wir dieses Kapitel als Ganzes lesen, gibt es keinen Zweifel, dass es hier um das Volk Israel im Tausendjährigen Reich geht.

Gottes Eingreifen ...

... beinhaltet die Demütigung des menschlichen Stolzes.

Ein anschauliches Beispiel ist der aussätzige Heerführer Naeman in 2. Könige 5. Es ist interessant, dass dieser hochgestellte Mann den Worten eines jungen, israelitischen Mädchens, das bei einem feindlichen Streifzug entführt worden war, Gehör schenkte. Bestimmt waren so manche Geschichten über Israel und darüber, was der Gott Israels schon alles fertiggebracht hatte, auch im Ausland bekannt.

Aber dann wurde Naeman doch ziemlich sauer: Der Prophet Elisa wollte ihn erstens nicht einmal persönlich empfangen und zweitens sollte er sich im Jordan siebenmal untertauchen. Und wieder hörte Naeman auf den Rat anderer, nämlich seiner Knechte, überwand seinen Stolz und gehorchte. Schliesslich geheilt, veränderte sich sein ganzes Leben. Und nachdem er sich vor den Anwesenden klar zum wahren Gott Israels bekannt hatte (V. 15), kamen ihm plötzlich berechtigte Zweifel hinsichtlich der obligatorischen Besuche des Rimmon-Götzentempels, und er holte sich beim Propheten seelsorgerlichen Rat (V. 15-19). Naemans Einstellung Israel gegenüber wurde total zum Positiven verändert. Eine persönliche Entwicklung, die man übernehmen sollte.

Ein dementsprechendes Ereignis finden wir auch im Neuen Testament: Die Heilung eines Blindgeborenen mittels Speichel und gewöhnlicher Erde (Joh 9,1-12). Wir lesen da schnell und «fromm» drüber hinweg, aber das war doch echt abstossend, und viele von uns hätten sich gewehrt und Jesus gefragt: «Kannst Du nicht einfach die Hand auflegen oder nur ein Machtwort sprechen?» Gottes Wirken und Eingreifen läuft eben nicht schablonenmässig oder automatisiert ab: Es ist individuell angepasst. Bei dieser Heilung hat Jesus auch ganz gezielt die Pharisäer provoziert, weil sie viele menschliche Traditionen neben das Gesetz stellten, ganz besonders die vielen Zusätze betreffs des Sabbathaltens.

So kann unser menschlicher Stolz verhindern, dass wir die Bibel, die in Israel und durch Juden entstand, als Gottes Wort annehmen. Aber Jesus ist und bleibt auch der Messias Israels. Wenn man Ihn von Seinem Volk trennt und herauslöst, schafft man sich einen sympathischen Freiheitskämpfer, Revolutionär und Friedensstifter, und zum Schluss bleibt nur noch eine kreuzlose, kraftlose und leblose Fälschung, eine Imitation. Der Mensch braucht jedoch einen Erlöser! Wir sollten also nicht nur unsere Einstellung rein menschlich analysieren, sondern sie dem Wort Gottes unterstellen.

Ersatztheologie im Alten Testament?

Der bequeme und schnelle Weg des geringsten Widerstands ist uns meist am sympathischsten. Aber oft stellt sich im Nachhinein heraus, dass er nicht zum erwarteten Ergebnis führte. Die Gefahr, abzuweichen oder aufzugeben, steigert sich in Verbindung mit Druck, Widerwärtigkeiten und zunehmenden Leiden und unserer menschlichen Tendenz, so schnell wie möglich auszusteigen. In Jesaja 36 wird eine extrem tragische Situation beschrieben: Ein übermächtiger Feind hatte Jerusalem belagert und fast ausgehungert. Alles Beten und Gottvertrauen schien aussichtslos. Selbstbewusst, ja arrogant, verhöhnte der Rabschake, der Stellvertreter des aramäisch-assyrischen Königs Sanherib, den Gott Israels und beabsichtigte damit, den letzten Widerstand der stark geschwächten Juden zu brechen. Er listete seine vielen Eroberungen auf und erwähnte, dass selbst die verschiedenen Lokalgötter nichts ausrichten konnten und es Jerusalem genauso ergehen würde. Zu allem Elend beherrschte der Rabschake die judäische Sprache und wandte sich im Namen des assyrischen Königs direkt an das Volk: «Macht Frieden mit mir und kommt zu mir heraus, so soll jedermann von seinem Weinstock und von seinem Feigenbaum essen und das Wasser seines Brunnens trinken, bis ich komme und euch in ein Land führe, das eurem Land gleich ist, ein Land voll Korn und Most, ein Land voll Brot und Weinbergen» (Jes 36,16-17).

Das war eine ansprechende Werbung mit Bildern, die an das messianische Friedensreich erinnerten – aber nicht in Israel, sondern in Assyrien. Es war ein verlockender Ersatz, in listiger Absicht vom Feind unterbreitet und angeboten, um die Israeliten aus dem verheissenen Land wegzulocken. Ähnliches macht zum Beispiel auch der Islam, indem er durch neue «Offenbarungen» Israel, den Messias und die Gemeinde für nichtig erklärt und seine Nachfolger in ein anderes «Paradies» führen will. Welch ein Geist dahinter steht, erkennt man an Mohammeds Hass, nicht nur gegen die Juden, sondern auch gegen das Kreuz. Arnold Fruchtenbaum schreibt zu Mohammeds totaler Ablehnung der Kreuzigung Jesu, dem Symbol des Kreuzes und der von Gott geoffenbarten Versöhnung:

> «Bezüglich des wiederkommenden Jesus spricht er [Mohammed] davon, dass er den ‹Mythos des Kreuzes› und ‹das Kreuz zerstören oder zerbrechen wird› (Mishkat IV, S. 80 ff.). Von Waqidi wird berichtet, dass ‹Mohammed in Bezug auf die Form des Kreuzes eine solche Abneigung hatte, dass er alles zerbrach, was in sein Haus gebracht wurde und dieses Zeichen trug› (*Dictionary of Islam*, S. 63). All dies deutet auf einen

tiefen Riss zwischen der Offenbarung in der Bibel und dem Koran hin» (aus «Die Ergänzung zum Handbuch der biblischen Prophetie» von Arnold Fruchtenbaum, S. 240f.).

Seit der Staatsgründung Israels im Jahr 1948 spitzt sich der Hass gegen diesen «Fremdkörper» inmitten der islamischen Welt immer mehr zu. Anstatt die «anderen Nachkommen Abrahams» als die ursprünglichen Heilsträger der wahren Gottesoffenbarung willkommen zu heissen und nach fast 2000 Jahren Zerstreuung, Misshandlung und Holocaust Barmherzigkeit zu zeigen, wird mit allen Mitteln versucht, die Juden und Israel zu verteufeln und zu vernichten.

Der ehemalige iranische Präsident Mahmud Ahmadinedschad hatte den Westen provokativ aufgefordert, doch den Juden einen «geeigneten» Lebensraum zur Verfügung zu stellen (also Israel aus dem Land der Väter, der Verheissung, herauszunehmen und irgendwo im Westen anzusiedeln). Wiederholt drohte er mit der totalen Vernichtung Israels. Das bekräftigte der oberste Militär der iranischen Armee, Ataollah Salehi, und spottete:

> «Die Wahrheit ist, dass Israel nicht den Mut hat, uns anzugreifen. Und wenn wir irgendwie von Israel angegriffen werden, denke ich, würden wir nicht mehr als 11 Tage brauchen, um Israel von der Landkarte gelöscht zu haben» (aus «Christen fragen Moslems» von Gerhard Nehls, S. 88).

Prophetische Blinklichter

In der jüngeren Geschichte tauchten die verschiedensten alternativen Landoptionen für die Juden auf: 1903 das sogenannte

Uganda-Programm. Der britische Kolonialsekretär Joseph Chamberlain bot den Juden anlässlich des 6. Zionistenkongresses in Basel das Mau-Plateau im Osten Afrikas an, das heute zu Kenia gehört. Zur Zeit der deutschen Naziherrschaft und des zunehmenden Antisemitismus häuften sich diesbezüglich die Ideen.

Vor der eigentlichen «Endlösung» wurde in Nazi-Deutschland ernstlich eine Umsiedlung der europäischen Juden nach Palästina geplant. Im Jahr 1937 reisten zwei Nazigrössen, Herbert Hagen und Adolf Eichmann, deswegen in den Nahen Osten. Aber wegen der immer feindlicheren Haltung der Araber wurde dies wieder verworfen. Dabei spielte die Überlegung mit, zu verhindern, dass weitere nach Palästina einwandernde Juden dort durch einen eigenen, vatikanähnlichen Staat die Wichtigkeit Jerusalems für Christen und Moslems unterminieren würden. Danach fasste man sogar die afrikanische Insel Madagaskar als Heimstätte ins Auge.

Die Japaner entwarfen 1934 ihren Fugu-Plan und beschlossen im Jahr 1938, einige der vor den Nazis flüchtenden Juden aufzunehmen. Der Name Fugu spricht für sich: Kugelfisch. Diese giftigen Fische werden in Japan sorgfältig gereinigt und gegessen. So stuften die Japaner die Juden ein, da sie die «Protokolle der Weisen von Zion» für bare Münze nahmen. Sie wollten sich aber trotzdem der einflussreichen und begabten Juden für eigene Ziele bedienen, aber immer mit viel Vorsicht, wie beim Verzehr der Fugu-Kugelfische.

Und selbst Joseph Stalin reservierte schon 1934 im aufstrebenden Russland inmitten revolutionärer Umsiedlungen ganzer Bevölkerungsteile ein autonomes Gebiet für die Juden: Das «Jüdische Autonome Gebiet» hatte als Zentrum Birobidschan und befand sich in der Nähe des Amur-Flusses, über 8000 km (!)

östlich von Moskau an der chinesischen Grenze und nördlich von Japan, damit die Juden dort das Erbe ihrer jiddischen Kultur erhalten könnten, sicherheitshalber weit entfernt und abgetrennt von den wichtigsten Städten und Industriezentren.

Aber das waren alles nur menschliche Versuche, mit dem «Judenproblem» irgendwie fertig zu werden. In Wirklichkeit war und ist das aber unmöglich, denn unser Herr selbst garantiert: «Wahrlich, ich sage euch: Dieses Geschlecht wird nicht vergehen, bis dies alles geschehen ist» (Mt 24,34). Israel ist ein ganz wichtiger Teil im endzeitlichen Ablauf und kann weder zerstört werden noch untergehen!

Man merkte, dass überall rote Lichter zu blinken begannen und sich einige Teile des prophetischen Puzzles bewegten. Doch leider erkannten nur die wenigsten die Zeichen der Zeit und die Geburtswehen des Staates Israel. Gott wollte keine billige Uganda- oder Madagaskar-Kopie oder eine russische Juden-Autonomie am Ende der Welt, sondern Jerusalem sollte zum Laststein für alle Völker werden.

Gott will das jüdische Volk in Israel haben, im «Mittelpunkt der Erde» (Hes 38,12).

Der zionistische Traum diente dazu, auf zukünftige Ereignisse hinzuweisen, die sich dann tatsächlich konkretisierten, zum Beispiel die Rückkehr ins Land der Väter und Hebräisch als Sprache des Volkes. Der Schlüssel Davids befindet sich in der Hand des göttlichen Messias Jesus, der selbst über die Zukunft Israels wacht und bestimmt.

Gottes auserwähltes Volk

Das «Heil kommt aus den Juden» (Joh 4,22), und unser Gott ist «der Gott Abrahams und der Gott Isaaks und der Gott Jakobs»

(Mt 22,32, vgl. 2Mo 3,6.15). Das bestätigt Jesus selbst in Lukas 11,52: «Wehe euch Gesetzesgelehrten, denn ihr habt den Schlüssel der Erkenntnis (Wissen um den wahren Gott) weggenommen! Ihr selbst seid nicht hineingegangen, und die, welche hineingehen wollten, habt ihr daran gehindert!»

Israel wurden die Aussprüche Gottes anvertraut: «Was hat nun der Jude für einen Vorzug, oder was nützt die Beschneidung? Viel, in jeder Hinsicht! Denn vor allem sind ihnen die Aussprüche Gottes anvertraut worden» (Röm 3,1-2).

Das ist nichts anderes als Gottes Angebot der Versöhnung und Errettung in Jesus und entscheidet über Leben und Tod – und das für alle Ewigkeit! Das ist eine sehr ernste Angelegenheit und eine grosse Verantwortung. Doch es kam zum Machtmissbrauch, zur Monopolisierung und zu vielen, rein menschlichen Traditionen, die vom Eigentlichen ablenkten und dazu dienten, die Position und Privilegien der religiösen Führer zu garantieren und möglichst noch auszubauen. Aber Jesus bestätigte die Realität des «Schlüssels der Erkenntnis». Dabei geht es nicht um Dinge wie den Heiligen Gral, mystisches Geheimwissen oder irgendwelche Verschwörungen, sondern um den tatsächlichen Heilsweg, wie wir ins Paradies zurückkommen können – mit der zentralen Gestalt des Messias als Lamm Gottes, dem Gott-König aus Bethlehem, dem Befreier Zions und dem Löwen aus Juda.

Die vier Evangelien und ein Teil der Apostelgeschichte schildern ausführlich, wie Israel als Ganzes selbstgerecht abdriftete, Jesus verwarf und nach Seiner Kreuzigung die Apostel verfolgte. Die Gesetzesgelehrten selbst gingen nicht «hinein» und schlossen die aus, die es wagten, Jesus als Messias anzuerkennen (z. B. Joh 9,34).

Petrus, der Mann mit dem Schlüssel

Petrus, der Jünger Jesu, ist ein eindrückliches Beispiel von Gottes Allmacht und Willen, ganz normale Menschen zu gebrauchen, umzugestalten und zu korrigieren. Petrus wurde von unserem Herrn selbst als besonders bevollmächtigte Schlüsselperson eingesetzt. Was bedeutet das? Unser Gott ist ein Gott der Ordnung, der Planung und der Prophetie, die sich stets exakt erfüllt. Jesus verheisst: «Und ich will dir die Schlüssel des Reiches der Himmel geben; und was du auf Erden binden wirst, das wird im Himmel gebunden sein; und was du auf Erden lösen wirst, das wird im Himmel gelöst sein» (Mt 16,19).

Petrus wurde durch das vom Himmel herabkommende Tuch voll mit «unkoscheren», also unreinen, Tieren in Richtung Heidenmission gedrängt. Er folgte der Einladung in das Haus des römischen Hauptmanns Kornelius, wo er diesen Schritt vor den Anwesenden rechtfertigte: «Ihr wisst, dass es einem jüdischen Mann nicht erlaubt ist, mit einem Angehörigen eines anderen Volkes zu verkehren oder sich ihm zu nahen; doch mir hat Gott gezeigt, dass ich keinen Menschen gemein oder unrein nennen soll» (Apg 10,28).

Was Petrus tat, war ein echter Skandal und sorgte für Unruhen und Krisen in der Jerusalemer Muttergemeinde. Doch Petrus war von Gott als Schlüsselperson eingesetzt worden, die Tür zu den Nicht-Israeliten, zu den Heiden und «Fremdlingen», aufzustossen!

Zwei Kapitel vorher waren Petrus und Johannes schon nach Samaria gekommen, um den durch Philippus gewirkten Aufbruch zu legitimieren (Apg 8,14ff.). Die Samariter wurden von den Juden als Mischvolk verachtet und der Ausdruck, «dass du ein Samariter bist und einen Dämon hast» (Joh 8,48), war wohl das

Giftigste, womit man andere beschimpfte und fertigmachte. Im alten Sichem (Nablus) hatten sich die Samariter ein eigenes Heiligtum errichtet. Im Gespräch Jesu mit der Frau am Jakobsbrunnen werden wir in diese Problematik mit hineingenommen und Jesus bestätigte: «Das Heil kommt aus den Juden» (Joh 4,22).

Genau das erfüllte sich nun durch Philippus, der die Samariter auf Jesus hinwies, den Erlöser aus Israel, auf den auch so mancher Samariter sehnsüchtig wartete (Joh 4,25). Die Errettung kam dank der Juden zu den Samaritern.

Aber warum hielt Gott Seinen klar verheissenen Heiligen Geist noch zurück und verhinderte so die Wiedergeburt der bussfertigen Samariter? Die Antwort auf diese Frage ist sehr wichtig, weil in so mancher Gemeinde Verwirrung herrscht, indem dieses Ereignis als Argument für die Behauptung gebraucht wird, die Taufe des Heiligen Geistes stelle eine besondere, separate Erfahrung nach der Bekehrung dar.

Das Problem bestand jedoch konkret darin, dass sich die isolierten Samariter mit den zukünftigen samaritischen Gemeinden, hätten sie den Heiligen Geist sofort empfangen, von den jüdischen abgesondert und das damalige Neue Testament, vertreten durch die noch lebenden Apostel, nicht als Autorität beachtet hätten und dadurch früher oder später zur Sekte verkommen wären! Deshalb mussten die Apostel von Jerusalem «herabkommen» und durch den sichtbaren Akt der Handauflegung den Heiligen Geist vermitteln.

Rückblickend wird diese Zeit folgendermassen analysiert: «... wobei Gott sein Zeugnis dazu gab mit Zeichen und Wundern und mancherlei Kraftwirkungen und Austeilungen des Heiligen Geistes nach seinem Willen» (Hebr 2,4). Alles wurde durch diejenigen in Bewegung gesetzt, die in besonderer Weise von Gott erwählt, gebraucht und bestätigt wurden – und ganz besonders gilt das für «unseren Mann» in der Schlüsselposition, Petrus. Denken wir ans Lösen und Binden in Verbindung mit dem zeichenhaften Gerichtstod von Hananias und Saphira nach dem Verhör durch Petrus (Apg 5,5.10). Gott bestätigte diesen Apostel auf besondere Weise.

Ja, und was oder wer kam nach Petrus? Wer war sein Nachfolger? Auch diese Frage wird uns im Hebräerbrief klar beantwortet: «Denn wenn das durch Engel gesprochene Wort zuverlässig war ...» (Hebr 2,2). Was blieb nach der unbeschreiblichen Herrlichkeit der Sinai-Erfahrung? Das geoffenbarte und übermittelte Wort Gottes! Genau das Gleiche blieb nach Petrus und den Aposteln: das Neue Testament als Zeugnis und Autorität: «Wer mich verwirft und meine Worte nicht annimmt, der hat schon seinen Richter: Das Wort, das ich geredet habe, das wird ihn richten am letzten Tag» (Joh 12,48).

Also, nicht besondere Gefühle, Ekstase, ausserbiblische Offenbarungen oder Visionen und auch nicht neuzeitliche Apostel oder Päpste sind die letzte Autorität, sondern das Wort Gottes! Tragischerweise ist das heute vielen zu wenig, zu unscheinbar, zu wenig ansprechend oder zu radikal – sie verachten die Gemeinde in «Knechtsgestalt und mit Pilgergesinnung».

Echte Autorität besteht auch heute nicht im Besonderen, Auffälligen oder in Showgehabe. Das «Törichte Gottes» (1Kor 1,25) demütigt und zerbricht den stolzen Sünder und befriedigt nicht unsere fleischlich-natürlichen Vorstellungen! Und genau hier haken viele moderne Verführer im Schafspelz ein und bedienen sich der Religiosität der breiten Masse und der Gutgläubigkeit und falschen Erwartungen vieler lauer und unzufriedener Christen. Als Paulus sich im Wissen um seinen bevorstehenden

Märtyrertod von den Ältesten der Ephesusgemeinde verabschiedete, wies er auf Folgendes hin: «Und nun, Brüder, übergebe ich euch Gott und dem Wort seiner Gnade, das die Kraft hat, euch aufzuerbauen und ein Erbteil zu geben unter allen Geheiligten» (Apg 20,32). Nach der Ära der Apostel blieb das allgenügsame Wort Gottes in Form des Neuen Testamentes zurück.

Nur durch Jesus!

Jesus hat Autorität über unser Leben, unser Haus, die Gemeinde, Sein irdisches Volk Israel, über die Welt und die Ereignisse. Er öffnet uns das Reich des Lichts und die himmlische Tür zur Entrückung, und Er hat auch den Schlüssel über Tod und Hölle (Offb 1,17-18).

Alles weist auf Jesus und mündet in den Christus. Und wenn uns Gottes Gnade die Augen öffnet, dann erkennen wir, dass die ganze Bibel christozentrisch ist, wie der Herr sagt: «Ihr erforscht die Schriften, weil ihr meint, in ihnen das ewige Leben zu haben; und sie sind es, die von mir Zeugnis geben» (Joh 5,39). Und ergänzend zu den Emmausjüngern: «Und er begann bei Mose und bei allen Propheten und legte ihnen in allen Schriften aus, was sich auf ihn bezieht» (Lk 24,27). Danach tröstete er die anderen verängstigten Jünger: «Das sind die Worte, die ich zu euch geredet habe, als ich noch bei euch war, dass alles erfüllt werden muss, was im Gesetz Moses und in den Propheten und den Psalmen von mir geschrieben steht. Da öffnete er ihnen das Verständnis, damit sie die Schriften verstanden ...» (Lk 24,44-45). Die Schrift richtig zu verstehen, ist ein ganz wichtiges Anliegen, und dazu hilft uns Jesus gern durch Seinen Geist.

Verwandt mit dem Begriff des Schlüssels in Offenbarung 3,7 ist auch die Erwähnung in Offenbarung 5,5: «Siehe, es hat überwunden der Löwe, der aus dem Stamm Juda ist, die Wurzel Davids ...» und in 22,16: «Ich bin die Wurzel und der Spross Davids, der leuchtende Morgenstern.»

Nach Kolosser 1,16-17 ist alles «durch ihn und für ihn geschaffen» und Er «trägt alle Dinge durch das Wort seiner Kraft» (Hebr 1,3). Er ist der Ursprung und die Wurzel von allem, die alles trägt, alles versorgt und alles erhält. Das ist gewaltig und vermittelt uns inneren Frieden. Der nachfolgende Vers drängt darauf, uns demütig zu verhalten. Ablehnendes und stolzes Verhalten gegenüber den Zweigen, gegenüber Israel, ist auch ein Hieb gegen die Wurzel selbst, die uns trägt. «So überhebe dich nicht gegen die Zweige! Überhebst du dich aber, so bedenke: Nicht du trägst die Wurzel, sondern die Wurzel trägt dich!» (Röm 11,18).

Da selbst einige messianische Juden offenbar Schwierigkeiten haben, die Göttlichkeit Jesu anzuerkennen, gibt uns die biblische Prophetie in Sacharja 12,10 auch in dieser Hinsicht eine klare und über jeden Zweifel erhabene Antwort: «... und sie werden auf mich sehen, den sie durchstochen haben ...»

Der Zusammenhang mit dem vorhergehenden Vers 9 und dem ersten Vers des gleichen Kapitels lässt keinen Zweifel, dass hier der Gott Israels redet, der Schöpfer des Himmels und der Erde und Richter über die gegen Jerusalem heranziehenden Nationen. Und Er verheisst, dass Er den Heiligen Geist über Israel ausgiessen wird und dann grosses Weinen und Wehklagen entsteht, und Er bezeichnet sich selbst als den Durchbohrten, den «sie durchstochen haben».

Zum Nachdenken

Leider ist vielen Christen diese ganze Tragweite nicht bewusst: Jegliches Heilshandeln Gottes geschieht in und durch Jesus.

Die biblische Prophetie offenbart uns, dass Israel letztlich zum Messias geführt wird. Dieser Messias, Jesus, besitzt den Schlüssel Davids und ist selbst die Wurzel Davids. Und warum lesen wir im letzten Buch der Bibel und sogar im letzten Kapitel davon (Offb 22,16)? Damit wir es auf keinen Fall vergessen: «Ich, Jesus, habe meinen Engel gesandt, um euch diese Dinge für die Gemeinden zu bezeugen» (Offb 22,16).

Beachten wir, dass sich «diese (geoffenbarten) Dinge» auch auf Israel beziehen. Als Jesus das Kommen des Heiligen Geistes ankündigte, erwähnte Er zwei Wirkungsphasen: «Wenn aber jener kommt, der Geist der Wahrheit, so wird er euch in die ganze Wahrheit leiten; denn er wird nicht aus sich selbst reden, sondern was er hören wird, das wird er reden, und was zukünftig ist, wird er euch verkündigen» (Joh 16,13).

Dieses Zukünftige betrifft, wir unterstreichen es noch einmal, auch die Zukunft Israels.

DIE JUDEN: FEINDE ALLER MENSCHEN?

Nach dem Zweiten Weltkrieg und mit der Veröffentlichung der schrecklichen Misshandlungen der Juden durch das Naziregime wuchs eine allgemeine und berechtigte Hoffnung, dass der Antisemitismus besiegt und endgültig, zusammen mit den sechs Millionen Opfern der Konzentrations- und Vernichtungslager, begraben war. Aber das ist leider wieder eine dieser menschlichen Illusionen, die durch die Realität der Fakten zum Scheitern verurteilt ist.

Die Staatsgründung Israels im Jahr 1948 brachte die ganze arabische Welt gegen die Juden auf. Obwohl sie eigentlich nie wohlgesinnte Nachbarn hatten, wurden sie nun zu einem konkreten Ziel von Angriffen. Die Kriegsentschädigungen und die Nachzahlungen an jüdische Überlebende, die in deutschen Fabriken Zwangsarbeit leisten mussten, wurden nicht von allen gutgeheissen und zum Teil verachtet. Aber nicht nur in Deutschland regte sich das unterschwellige Monster des Antisemitismus wieder.

Christlicher Antisemitismus

Heute beobachten wir wieder Manifestationen der Verachtung gegenüber Israel wegen des jüdischen Staates und seiner Politik. Auf der ganzen Welt sehen wir eine zunehmende Renaissance des Antisemitismus hinter den Masken scheinheiliger Toleranz und der politischen Korrektheit, sogar in Ländern, die zumindest früher Sympathien für Israel hegten.

Sehr traurig stimmt es, wenn sich diese Antipathien in christlichen Kreisen und Denominationen verbreiten. Dass die Welt die Juden hasst, ist eigentlich nichts Neues. Aber was echt schockiert, sind einflussreiche christliche Persönlichkeiten, die sich auf das Neue Testament berufen, um dem Volk, das uns die

Bibel und den Erlöser gebracht hat, jede Legitimation abzusprechen. Der Apostel Paulus warnt zum Beispiel die Gemeinde der Thessalonicher mit der Aussage, dass die Juden die Feinde aller Menschen wären. Gerne beruft man sich auf solche Abschnitte, um christlich getarnten Antisemitismus auszuleben:

> «Denn ihr, Brüder, seid Nachahmer der Gemeinden Gottes geworden, die in Judäa in Christus Jesus sind, weil ihr dasselbe erlitten habt von euren eigenen Volksgenossen wie sie von den Juden. Diese haben auch den Herrn Jesus und ihre eigenen Propheten getötet und haben uns verfolgt; sie gefallen Gott nicht und stehen allen Menschen feindlich gegenüber, indem sie uns hindern wollen, zu den Heiden zu reden, damit diese gerettet werden. Dadurch machen sie allezeit das Mass ihrer Sünden voll; es ist aber der Zorn über sie gekommen bis zum Ende!» (1Thes 2,14-16).

Wir sollten verstehen, welch eine Katastrophe sich im alten Israel ereignete: Nachdem die jahrhundertelangen Studien und Gesetzesauslegungen der Sophrim und Tanna'im den Heiligen Schriften gleichgestellt und teils sogar über sie gestellt wurden, mutierte die ganze wunderbare Gottesoffenbarung an Israel zu einer simplen Religion mit ihren typischen Kennzeichen: Eine stolze, selbstgerechte und geldgierige religiöse Oberschicht dominierte das Volk und hielt es im ganzen Vorschriftenlabyrinth gefangen. Das betraf sowohl die sehr eifrigen, ja fanatischen Pharisäer, die wir auch als gesetzlich einstufen können, als auch die liberalen Sadduzäer. Privilegien, Macht, Stolz und persönliche Bereicherung versteckten sie sehr geschickt und raffiniert unter einem frommen Schafspelz. Letztlich wurde das

Fleisch, der «alte» Adam, der natürliche Mensch nach aussen hin veredelt und aufgemotzt, aber das alles führte in eine schreckliche Verblendung, in Blindheit und Betrug. Das Schlimmste aber war die verbissene Feindschaft gegenüber Jesus und allen, die Ihn als Messias und Retter bekannten.

Religion ist eine satanische Taktik, um Jesus und das Kreuz zu vermeiden, zu umgehen und sogar zu bekämpfen. In ihrer ganzen Selbstgerechtigkeit brauchten die religiösen Führer, die sogenannten «Juden», gar keinen Messias mehr, der Sünden vergeben und stellvertretend sterben sollte. Das war für sie eine Beleidigung, eine Provokation!

Höchstens einen politischen Führer wollten sie, der die Römer vertreiben und Israel wieder an die Spitze der Völker stellen sollte. Nur so verstehen wir das vernichtende und verdammende Urteil Jesu in Johannes 8 ab Vers 31 und warum Er «die Juden» als Söhne Satans brandmarkte und betonte, dass sie Ihn töten wollten. Das wurde von ihnen zuerst vehement geleugnet, dann jedoch beschlossen und versucht (V. 59).

Genau das gleiche Muster und die tragischen Auswirkungen sehen wir heute bei einem Grossteil des sogenannten Christentums: Auf der einen Seite bibelkritische, moderne Theologie und auf der anderen fromme Selbsthilfe-Appelle gemischt mit einem magischen Glauben an das Wohlstandsevangelium und einem schon krankhaften Festhalten an Zeichen und Wundern. Und das bedeutet, dass in naher Zukunft viele dieser religiösen, dekadenten Gruppierungen dem Antichrist zujubeln werden.

Wer sind diese Juden?

Bezieht sich Paulus mit seiner negativen Bewertung auf das ganze Volk Israel? Um diese wichtige Frage zu beantworten, müssen wir unbedingt den Textzusammenhang betrachten. Wenn «hoi Ioudaioi» («die Juden») im Johannesevangelium im negativen Sinn erwähnt werden, dann wird aus dem Zusammenhang klar, dass es sich eigentlich um judäische Jerusalemer handelt.

Der Ausdruck «Jude» kommt heute sehr schlecht an und wirkt als antisemitisches Klischee. Selbst damals waren nicht alle Israeliten Juden, denn es gab ja die Unterscheidung nach den zwölf Stämmen Israels. Zu Jesu Zeiten wurden zum Beispiel die Jünger als Galiläer bezeichnet. Heute werden alle semitischen Nachkommen aus der Linie Abraham-Isaak-Jakob stereotyp Juden genannt – oft mit diskriminierenden Absichten. Während der deutschen Nazi-Herrschaft wurde dieses Gedankengut mit einer zum grössten Teil schweigenden und sogar zustimmenden Christenheit willig aufgenommen und bis zum Holocaust durchgezogen.

Wir müssen also aus dem Textzusammenhang herausfinden, was mit «den Juden» gemeint ist: ob es sich um eine einfache Unterscheidung von Juden und Heiden handelt, ob es sich um judaisierende Mitglieder der Jerusalemer Gemeinde handelt, die unter den gläubig gewordenen Heiden Unruhe stifteten, oder ob es sich um die damalige religiöse Jerusalemer Obrigkeit handelt, die Jesus verurteilte und später auch Seine Jünger aus dem Weg schaffen wollte.

Ist das Neue Testament tatsächlich antisemitisch?

Eine andere Lieblingsstelle des christlichen Antisemitismus ist die Konfrontation Jesu mit den Juden im Johannesevangelium:

> «Sie antworteten und sprachen zu ihm: Abraham ist unser Vater! Jesus spricht zu ihnen: Wenn ihr Abrahams Kinder wärt, so würdet ihr Abrahams Werke tun. Nun aber sucht ihr mich zu töten, einen Menschen, der euch die Wahrheit gesagt hat, die ich von Gott gehört habe; das hat Abraham nicht getan. Ihr tut die Werke eures Vaters! Da sprachen sie zu ihm: Wir sind nicht unehelich geboren; wir haben einen Vater: Gott! Da sprach Jesus zu ihnen: Wenn Gott euer Vater wäre, so würdet ihr mich lieben, denn ich bin von Gott ausgegangen und gekommen; denn nicht von mir selbst bin ich gekommen, sondern er hat mich gesandt. Warum versteht ihr meine Rede nicht? Weil ihr mein Wort nicht hören könnt! Ihr habt den Teufel zum Vater, und was euer Vater begehrt, wollt ihr tun! Der war ein Menschenmörder von Anfang an und steht nicht in der Wahrheit, denn Wahrheit ist nicht in ihm. Wenn er die Lüge redet, so redet er aus seinem Eigenen, denn er ist ein Lügner und der Vater derselben» (Joh 8,39-44).

Gerade dieser Abschnitt wirkt schockierend. Aus dem Zusammenhang erkennen wir, dass es sich um eine «Tempelrede Jesu» handelt (V. 2), in der Er sich an eine spezifische Zuhörerschaft richtete: «Da sprach Jesus zu den Juden, die an ihn glaubten ...» (V. 31). Hier ist also vordergründig von Menschen die Rede, die an Jesus glaubten. Das ist doch wunderbar, oder nicht?

Aber Jesus liess sich nicht durch einen äusserlichen Schein täuschen und redete mit der Absicht zu ihnen, «dass kundwürde, was in ihrem Herzen war» (vgl. 5Mo 8,2; 2Chr 32,31). – Ihm geht es nicht um religiöse Mitläufer, nicht bloss um intellektuelles Bejahen, sondern vielmehr um echte, das heisst wiedergeborene Nachfolger.

Kompromisslos arbeitete Jesus an Qualität und nicht an Quantität! Doch irgendetwas stimmte hier nicht, denn diese Gruppe von Judäern disqualifizierte sich plötzlich selbst, indem sie Jesus mit einem der schlimmsten Schimpfwörter abstempelte: «Sagen wir nicht mit Recht, dass du ein Samariter bist und einen Dämon hast?» (Joh 8,48).

Das waren keine «normalen» Zuhörer. Johannes bezeichnet sie als «die Juden». Das ist für uns etwas komisch, weil im ethnischen Sinn und so, wie das eben sehr viele verstehen, alles Juden waren. Aber das war damals anders. Es muss sich vielmehr um Anhänger der gleichen Gruppe gehandelt haben, die schon von Johannes dem Täufer äusserst scharf zurückgewiesen wurden:

> «Als er aber viele von den Pharisäern und Sadduzäern zu seiner Taufe kommen sah, sprach er zu ihnen: Schlangenbrut! Wer hat euch eingeredet, ihr könntet dem zukünftigen Zorn entfliehen? So bringt nun Früchte, die der Busse würdig sind! Und denkt nicht, bei euch selbst sagen zu können: ‹Wir haben Abraham zum Vater›. Denn ich sage euch: Gott vermag dem Abraham aus diesen Steinen Kinder zu erwecken! Es ist aber auch schon die Axt an die Wurzel der Bäume gelegt. Jeder Baum nun, der keine gute Frucht bringt, wird abgehauen und ins Feuer geworfen!» (Mt 3,7-10).

Später hören wir sehr ernste Worte von unserem Herrn selbst:

> «Darum sage ich euch: Jede Sünde und Lästerung wird den Menschen vergeben werden; aber die Lästerung des Geistes wird den Menschen nicht vergeben werden. Und wer ein Wort redet gegen den Sohn des Menschen, dem wird vergeben werden; wer aber gegen den Heiligen Geist redet, dem wird nicht vergeben werden, weder in dieser Weltzeit noch in der zukünftigen. Entweder pflanzt einen guten Baum, so wird die Frucht gut, oder pflanzt einen schlechten Baum, so wird die Frucht schlecht! Denn an der Frucht erkennt man den Baum. Schlangenbrut, wie könnt ihr Gutes reden, da ihr böse seid? Denn wovon das Herz voll ist, davon redet der Mund» (Mt 12,31-34).

Und einige Kapitel weiter:

> «Wehe euch, ihr Schriftgelehrten und Pharisäer, ihr Heuchler, dass ihr die Gräber der Propheten baut und die Denkmäler der Gerechten schmückt und sagt: Hätten wir in den Tagen unserer Väter gelebt, wir hätten uns nicht mit ihnen des Blutes der Propheten schuldig gemacht. So gebt ihr ja euch selbst das Zeugnis, dass ihr Söhne der Prophetenmörder seid. Ja, macht ihr nur das Mass eurer Väter voll! Ihr Schlangen! Ihr Otterngezücht! Wie wollt ihr dem Gericht der Hölle entgehen?» (Mt 23,29-33).

Diese «Juden» waren verhärtete Heuchler, dermassen verblendet, dass sie Jesus des dämonischen Betrugs bezichtigten und Ihn umbringen wollten. Mit dieser Anschuldigung begingen sie die Sünde wider den Heiligen Geist, für die es keine Vergebung gab. Und das Tragische war, dass es ja um Israel ging. Es ging um das von Gott auserwählte Volk, das zum Empfänger der göttlichen Offenbarung und als der Kanal auserwählt war, durch den der Messias in diese Welt kommen sollte.

«Wehe euch Gesetzesgelehrten, denn ihr habt den Schlüssel der Erkenntnis weggenommen! Ihr selbst seid nicht hineingegangen, und die, welche hineingehen wollten, habt ihr daran gehindert!» (Lk 11,52). Diese Führer blockierten den Zugang zur Errettung, und das war eine schreckliche Verfehlung! Das Gesetz sollte ja durch die bewirkte Sündenerkenntnis und das Aufzeigen der menschlichen Unzulänglichkeit sowie Verlorenheit zu Jesus führen (Gal 3,24), aber die religiösen Leiter pervertierten das Gesetz zur Selbstgerechtigkeit. Das bewirkte einen rettungslosen geistlichen Kurzschluss.

Wenn in den Evangelien der Ausdruck «Jude/n» im negativen Sinn angewandt wird, dann geht es immer um diese spezifische Gruppe, die wir heute besser als «judäische Obrigkeit aus Jerusalem» bezeichnen sollten. Leider wurde Jesu Urteil «Ihr habt den Teufel zum Vater» (Joh 8,44) schnell pauschal auf alle Juden übertragen. Dazu kamen noch die *«Protokolle der Weisen aus Zion»* und Boykott-Aufrufe gegen den «Apartheidstaat Israel», und schon tönt es wieder: «Die Juden sind unser Unglück!»

Holocaust und kirchliche Vorarbeit

Eine allgemein feindliche Einstellung gegen Israel ist aber nicht nur in weltlichen Kreisen anzutreffen, sondern auch in verschiedenen christlichen Denominationen. Wohin das «heilsgeschichtliche Auslöschen» Israels führen kann, entdecken wir bei der absolut antisemitischen Fehlentwicklung im Leben Martin Luthers, des grossen deutschen Reformators.

Im berühmt-berüchtigten Buch «*Mein Kampf*» rechtfertigt Hitler seinen Kampf gegen die Juden mit den Worten: «Luther war ein grosser Mann, ein Riese. Mit einem Ruck durchbrach er die Dämmerung, sah den Juden, wie wir ihn erst heute zu sehen beginnen (...) Ich tue nur, was die Kirche seit fünfzehnhundert Jahren tut, allerdings gründlicher.»

Und Julius Streicher, Herausgeber des antisemitischen Hetzblattes «*Der Stürmer*», sagte vor Gericht zu seiner Verteidigung: «Dr. Martin Luther sässe heute an meiner Stelle auf der Anklagebank, wenn dies Buch von der Anklagevertretung in Betracht gezogen würde. In dem Buch ‹Die Juden und ihre Lügen› schreibt Dr. Martin Luther, die Juden seien ein Schlangengezüchte, man solle ihre Synagogen niederbrennen, man solle sie vernichten. Genau das haben wir getan!»

Er verabschiedete sich bei seiner Hinrichtung am 16. Oktober 1946 mit folgenden Worten: «Heil Hitler! Dies ist mein Purimfest 1946 ...»

Sehr makaber und sarkastisch tönt es in Luthers Tischreden: «Wenn ich einen Juden taufe, will ich ihn an die Elbbrücke führen, einen Stein an den Hals hängen und ihn hinabstossen und sagen: Ich taufe dich im Namen Abrahams.»

Unter dem Stichwort «Judensau» entdecken wir im Internet schockiert, dass es noch viele Kirchen mit diesem in Stein gehauenen Relief gibt. «Es ist hie zu Wittenberg an unserer Pfarrkirche eine Sau in Stein gehauen; da liegen junge Ferkel und Juden drunter, die saugen; hinter der Sau steht ein Rabbin, der hebt der Sau das rechte Bein empor, und mit seiner linken Hand zieht er den Pirzel über sich, bückt und guckt mit grossem Fleiss der Sau unter dem Pirzel in den Talmud hinein, als wollt er etwas Scharfs und Sonderlichs lesen und ersehen ...» (aus der

Schrift «Von den Juden und ihren Lügen», Jena 1543, zit. nach der *Erlanger Ausgabe der Lutherschriften* XXXII, S. 298).

Es gibt auch Abbildungen, die die Kirche als kämpferische Frau auf einem Pferd darstellen. Mit einer Lanze attackiert sie eine andere Frau, die mit geschlossenen Augen und seitlich geneigtem Kopf auf einem Schwein sitzt und sich an einem Ast festklammert, und sticht ihr in den Hals. Diese Frau soll die Synagoge symbolisieren.

Bringen wir es auf den Punkt: Dem «heilsgeschichtlichen Auslöschen Israels» durch die Kirchenväter folgten später handgreifliche Pogrome bis hin zum schrecklichen Holocaust inklusive der Ketzer-Prozesse während der mittelalterlichen Inquisition mit ihren unbeschreiblichen Foltermethoden. Im Rothenburger (ob der Tauber) Kriminalmuseum war auf einem mittlerweile entfernten Schildchen Folgendes zu lesen: «Den Germanen war die Folter fremd. Sie wurde durch die Inquisition eingeführt.» Das war nur möglich, weil der Katholizismus, ähnlich wie «die Juden» zur Zeit Jesu, eine Religiosität entwickelte, die neben und über das Wort Gottes noch menschengemachte Traditionen und machtsichernde Zusätze stellte und so die allein seligmachende Monopol-Stellung fanatisch und äusserst aggressiv verteidigte.

Der Antisemitismus Hitlers kann letzten Endes nur theologisch erklärt werden! Denn, so sagte Adolf Hitler schon in seinem Buch «*Mein Kampf*»: «Es darf nicht zwei auserwählte Völker geben.»

Die Auslöschung des jüdischen Volkes, dieses «Krebsgeschwürs der Menschheit», war bis zuletzt Hitlers Hauptziel. Die Juden hätten das Gewissen erfunden, das Gewissen, das die Herrenrasse nicht brauche (ähnlich Himmler, der davon sprach, dass die zweitausendjährige christlich-jüdische Geschichte nur falsche Schuldgefühle hervorgerufen habe).

Hitler weiter: «Für unser Volk aber ist es entscheidend, ob sie den jüdischen Christenglauben und seine weichliche Mitleidsmoral haben oder einen starken, heldenhaften Glauben an Gott in der Natur, an Gott im eigenen Volke, an Gott im eigenen Schicksal, im eigenen Blut.»

Geradezu ins Auge springend ist die Ähnlichkeit des antijüdischen Vokabulars der Kirche seit den Tagen der Kirchenväter mit dem rassistisch geprägten Vokabular der Nationalsozialisten. Der Dietrich-Bonhoeffer-Biograph Eberhard Bethge sagt es ähnlich: «... die Nationalsozialisten hätten kein Wort neu erfunden. Die Kirchenväter in den ersten Jahrhunderten folgten fast alle dem Rat von Johannes Chrysostomus (5. Jh.): Es ist die Pflicht der Christen, die Juden zu hassen. Je mehr wir Christus lieben, müssen wir die Juden bekämpfen, die ihn hassen.»

So kommen wir zu dem Schluss: Der Holocaust ist die furchtbare Ernte einer anhaltenden Saat ... Ohne den christlichen Antijudaismus wäre der rassistische Antisemitismus und damit der Holocaust so nicht möglich gewesen. Ist das nicht furchtbar?

Und das Alte Testament?

Allen, die nun auf die sogenannten antisemitischen Passagen des Neuen Testaments zeigen und vorschlagen, sie ähnlich wie die Apokryphen abzusondern oder ganz zu streichen, sei allerdings gesagt: Ist Ihnen klar, dass die heiligen Schriften Israels, das sogenannte Alte Testament, viel mehr «negative» Stellen enthalten als das Neue Testament?

Zum Beispiel das Segens- und Fluchkapitel in 5. Mose 28 mit den angekündigten Konsequenzen für die anhaltende Rebellion gegen Gott – indem der göttlich zugelassene Feind die Städte dann dermassen belagert und aushungert (Erfüllung z.B. in 2Kö 18,27; Jes 36,12), dass sich die Lage bis zum verzweifelten und schrecklichen Kannibalismus zuspitzt (5Mo 28,53-57), ja fast bis zur Ausrottung (5Mo 28,62). So, wie sich das angekündete Gericht zur Zeit des Alten Testaments über Israel erfüllte, geschah es mit den Weherufen Jesu, die sich sprichwörtlich erfüllten: Jerusalem wurde zusammen mit seinem prächtigen Tempel durch die Römer dem Erdboden gleichgemacht.

Alle negativen Textpassagen und alle prophezeiten Bestrafungen und Gerichte rechtfertigen in keiner Weise irgendeine Art von Diskriminierung oder Antisemitismus. Die andere Seite der Münze weist auf die Verheissungen nach den Bestrafungen hin, auf die zukünftige Wiederherstellung, sowohl territorial, national als letztendlich auch geistlich. Die Herrschaft des Messias wird von Israel aus verwirklicht.

Jesus prophezeite: «Siehe, euer Haus wird euch verwüstet gelassen werden; denn ich sage euch: Ihr werdet mich von jetzt an nicht mehr sehen, bis ihr sprechen werdet: ‹Gepriesen sei der, welcher kommt im Namen des Herrn!›» (Mt 23,38-39).

Eine Ankündigung, von der wir schon im Propheten Hosea lesen können: «Denn die Kinder Israels werden viele Tage ohne König bleiben und ohne Fürsten, auch ohne Opfer, ohne Bildsäule, ohne Ephod und ohne Teraphim. Danach werden die Kinder Israels umkehren und den Herrn, ihren Gott, und David, ihren König, suchen; und sie werden sich bebend zu dem Herrn und zu seiner Güte flüchten am Ende der Tage» (Hos 3,4-5).

In jedem dieser beiden Verse geht es um Gericht, aber jedes Mal gibt es ein «danach» oder ein «bis»!

Es finden sich Bibelverse als Beleg für alle möglichen Ideen. Man muss sie nur aus dem Zusammenhang reissen. Wenn man im Feigenbaum Israel symbolisch repräsentiert sieht, dann kann man auf der einen Seite seine ewige Verwerfung herauslesen: «Und als er einen einzelnen Feigenbaum am Weg sah, ging er zu ihm hin und fand nichts daran als nur Blätter. Da sprach er zu ihm: Nun soll von dir keine Frucht mehr kommen in Ewigkeit! Und auf der Stelle verdorrte der Feigenbaum» (Mt 21,19).

Doch ein anderer Vers weist andererseits wieder auf eine positive Entwicklung: «Von dem Feigenbaum aber lernt das Gleichnis: Wenn sein Zweig schon saftig wird und Blätter treibt, so erkennt ihr, dass der Sommer nahe ist. Also auch ihr, wenn ihr dies alles seht, so erkennt, dass er nahe vor der Türe ist. Wahrlich, ich sage euch: Dieses Geschlecht wird nicht vergehen, bis dies alles geschehen ist» (Mt 24,32-34).

In dieser prophetischen Ölbergrede wendet sich Jesus an die gläubigen Vertreter Israels und offenbart die Endzeit von Israel aus gesehen. Mit «diese Generation» oder «dieses Geschlecht» markiert Jesus Menschen, die sich während der apokalyptischen Ereignisse in Israel befinden und die prophezeiten Ereignisse miterleben, die mit dem Kommen des Königs aller Könige glorreich abgeschlossen werden.

«Bibeltreuer» Antizionismus

Es gibt einige Bibelverse, die sogar von bibeltreuen Christen verzerrt und gegen das Lager der Israelfreunde gebraucht werden. Diese Leute geben zu verstehen, dass es ausser der Gemeinde, das heisst nach der Gemeinde, für Israel nichts mehr geben wird. Deshalb müssen wir unsere Bibel, die ganze Schrift, den kompletten Ratschluss Gottes (Apg 20,20.27), gut kennen und studieren und wachsam sein, denn «eine Theologie nach Auschwitz wird hellhörig sein gegenüber jedwedem Antijudaismus, auch verstecktem Antijudaismus in biblischen und dogmatischen Texten» (Rudolf Krause in «Der Holocaust – eine Theologiewende? – Jüdische und christliche Entwürfe einer Theologie nach Auschwitz»).

Leider erwies und erweist sich das Christentum mit seinen vielen denominationellen Facetten als ein ideales Werkzeug, um zum Antisemitismus aufzurufen. Die Ersatztheologie ist das Fundament und die Bühne für die Ausschreitungen und Boykottaufrufe gegen Israel und die Juden. Denn sie ersetzt Israel durch die Gemeinde. Ohne dem Wort Gottes Gewalt anzutun, ist es unmöglich, dieser Lehre anzuhängen und sie zu verteidigen. Ein Grossteil der biblischen Prophetie wird entgegen dem wahren Wortlaut und Sinn einem Symbolismus geopfert, der vielleicht Wunschgedanken und Vorurteile reflektiert, aber letztendlich eine Aggression, einen Angriff gegen Gottes Wort und Seinen Plan mit Israel darstellt!

Die «Light-Version» vieler Christen

«... ja, er spricht: ‹Es ist zu gering, dass du mein Knecht bist, um die Stämme Jakobs aufzurichten und die Bewahrten aus Israel wiederzubringen; sondern ich habe dich auch zum Licht für die Heiden gesetzt, damit du mein Heil seist bis an das Ende der Erde!›» (Jes 49,6).

Dieser Vers beginnt in einigen englischen Bibelübersetzungen mit den Worten: «It's too light a thing ...», was auf Deutsch mit «es ist zu wenig, zu gering» ausgedrückt wird. Aus dem Zusammenhang wird klar, dass dieser Knecht des Herrn nicht nur

Israel wiederherstellen soll, sondern auch Gottes Heil bis ans Ende der Erde sein soll.

Israel allein ist Gott zu wenig! Er will Menschen aus der ganzen Welt retten. Damit haben die meisten Christen kein Problem. Aber wie stehen wir zur Rolle Israels im messianischen Auftrag? Dieser Gottesknecht ist ja bei Seinem ersten Kommen als Lamm Gottes gestorben, wie es detailliert vier Kapitel weiter, in Jesaja 53, prophezeit wurde. Dann, nach Pfingsten, begann die Verkündigung des Evangeliums, der Frohen Botschaft, auf der ganzen Welt – bis «ans Ende der Welt». Doch die Sammlung und Wiederherstellung Israels gehört auch zum Auftrag des Christus/Messias! Begnügen wir uns mit einer verstümmelten «Light-Version» der Schrift oder glauben wir an die ganze Bibel?

Die nationale Hoffnung Israels, oder: Kommt da noch etwas nach der Gemeinde?

Die Juden sind nicht länger Gottes auserwähltes Volk – so krass und offen verkündet es zum Beispiel Harry Bethel mit seinen Bethel Ministries. Bei vielen anderen geschieht das verdeckter, unterschwellig, so «zwischen den Zeilen», oder man merkt es nur an dem, was nicht oder nie gesagt und gepredigt wird.

Der eigentliche Grund jeder christlichen Israel-Verneinung steckt in der Annahme, dass Gott dieses Volk endgültig verworfen hat und dass jetzt die Gemeinde den Platz belegt, der vorher Israel gehörte. Theologisch definiert nennt sich das die Ersatztheologie. Für Colin Chapman, einem Verfechter dieser Ansicht, bedeutet das im Klartext: «Die Ankunft des Reiches Gottes durch Jesus Christus veränderte und reinterpretierte alle Verheissungen im Alten Testament» («*Whose Promised Land?*», Lion 2002,

S. 285). Diese Ansicht gehört normalerweise zum Denkgebäude der sogenannten Bundestheologie.

So einfach geht das also: Die Verheissungen für Israel wurden alle ungültig und werden jetzt auf den Segensträger «Gemeinde» uminterpretiert und angewendet. Das hat übrigens auch Mohammed praktiziert und so alles durch den Islam zu den Arabern umgeleitet und kanalisiert.

Die sogenannte Ersatztheologie gab es zwar auch schon am Ende des ersten Jahrhunderts, sie gehörte aber nicht zur offiziellen Position der christlichen Lehrmeinung, wie Dr. Thomas McCall erklärt. Erst Augustin verbreitete am Ende des 4. Jahrhunderts dieses Gedankengut in seiner Schrift: «*Vom Gottesstaat*», auch «*Stadt Gottes*» genannt. Augustin bezeugte, wie er zuerst ein Chiliast war. Das bedeutet, dass er an eine tausendjährige Regierung des Christus nach Seiner Wiederkunft auf diese Erde glaubte. Das ist dasselbe wie der sogenannte Prämillenarismus oder Prämillennialismus. Doch er kam dann zu der Überzeugung, dass das «fleischlich» sei und die Herrschaft des Christus, auf das Gemeindezeitalter ausgelegt, «geistlicher» sei.

Dieser Standpunkt wird allerdings erst dann möglich, wenn man Israel (theologisch) «vernichtet» und total ausklammert und alle Verheissungen für das jüdische Volk streicht. Alle diese Segensverheissungen erfüllen sich nun an der Gemeinde.

Es ist schon befremdend, wenn gerade bibeltreue Christen wichtige Verse nach dem Motto unterschlagen: «Was nicht sein darf, kann nicht sein!» Vielleicht handelt es sich da um persönliche Präferenzen (Vorlieben) oder um eine chronische Abneigung gegen Juden. Auf jeden Fall ist da die biblische Objektivität getrübt und geblendet. Wenn ein Wissenschaftler eine These aufstellt, so kann sich diese als wahr erweisen oder sie wird durch unwiderlegbare Gegenargumente zu Fall gebracht! So gehen wir auch jetzt vor und betrachten nur eines der Geheimnisse, das Gott im Neuen Testament offenbart:

Das enthüllte Geheimnis

Wenn es nach dem Gemeindezeitalter nichts mehr für Israel gäbe, was wäre das dann für ein Geheimnis, das der Apostel Paulus durch den Heiligen Geist in Römer 11,25 erwähnt und kundtut?

> «Denn ich will nicht, meine Brüder, dass euch dieses Geheimnis unbekannt bleibt, damit ihr euch nicht selbst für klug haltet: Israel ist zum Teil Verstockung widerfahren, bis die Vollzahl der Heiden eingegangen ist; und so wird ganz Israel gerettet werden, wie geschrieben steht: ‹Aus Zion wird der Erlöser kommen und die Gottlosigkeiten von Jakob abwenden, und das ist mein Bund mit ihnen, wenn ich ihre Sünden wegnehmen werde›. Hinsichtlich des Evangeliums sind sie zwar Feinde um euretwillen, hinsichtlich der Auserwählung aber Geliebte um der Väter willen. Denn Gottes Gnadengaben und Berufung können ihn nicht reuen (od. sind unwiderruflich)» (Röm 11,25-29).

Unwiderruflich bedeutet: ohne Änderungsmöglichkeit (irreversibel = nicht rückgängig zu machen)! Was soll die Enthüllung dieses Geheimnisses, wenn Israel als Volk keine Verheissungen mehr hat?

Hier wird uns geoffenbart und klargemacht, dass es nach der Herausrettung von Menschen aus allen Nationen in besonderer Weise wieder mit Israel weitergeht. Nur so kann sich der Widerspruch auflösen: «Feinde um euretwillen ... Geliebte um der Väter willen.»

Paulus gebraucht dann einen starken Ausdruck: unwiderruflich! Deshalb bekräftigt auch unser amerikanischer Bruder Thomas Ice: «Nichts auf dieser Welt kann mich zu einem Meinungswechsel bewegen (betreffs der Erwählung Israels), es sei denn, dass jemand es fertigbringt, Sonne, Mond und die Sterne zu vernichten» (s. Jer 31,35-37). Maranatha!

Eine andere, jüdische Stimme weist uns auf die Verheissungen an Israel als Volk hin: «Obwohl die Christen ein klares Verständnis von ‹persönlicher› Errettung haben, ist ihnen die Vorstellung einer nationalen Errettung äusserst fremd. Obwohl nahezu 90 Prozent der prophetischen Bücher von der nationalen Erlösung des Hauses Israels oder der Nation Israel sprechen ...»

Zum Nachdenken

Biblische Objektivität ist gefragt, eine umfassende Sicht der grossen biblischen Wahrheiten, ein offenes unbelastetes Herz ohne vorgefasste Meinungen. Spätestens seit 1948, als der Staat Israel von den zurückgekehrten Juden gegründet wurde, haben alle Christen die absolute Gewissheit, dass unser Gott jahrtausendealte Prophetien erfüllt.

Wenn sogar die säkulare Welt erkennt, dass die blühende Wüste eine besondere Erfüllung ist, wie viel mehr wir, die wir das Wirken Gottes in unserem Leben kennen. Mit tiefster Überzeugung unterstreichen wir, dass die Juden nicht «die Feinde aller Menschen» sind, sondern dass das Heil von den Juden kommt (vgl. Joh 4,22). Und auf dieses grosse Heil in Jesus, auf diese göttliche Errettung durch den Messias wartet Israel immer noch!

Die Gemeinde Jesu glaubt nur dann wirklich daran, was die Bibel lehrt (sowohl Altes wie auch Neues Testament), wenn sie mutig daran festhält, dass Gott für Israel noch eine Zukunft hat. Diese Einsicht immunisiert dann auch gegen die Angriffe antisemitischen Gedankenguts, antijüdischer Agitation und israelfeindlicher Ersatztheologie.

IM FEUERKREIS DER CHERUBIM

Immer wieder versuchen die Menschen, das Paradies zurückzugewinnen, den Weg dorthin zu finden oder wenigstens ein Stück davon nachzubauen. Gerade diese Sehnsucht erklärt auch, wie Adolf Hitler mit seiner Naziherrschaft damals in Deutschland an die Macht kommen konnte.

«Und er vertrieb den Menschen und liess östlich vom Garten Eden die Cherubim lagern und die Flamme des blitzenden (oder kreisenden) Schwertes, um den Weg zum Baum des Lebens zu bewachen» (1Mo 3,24).

Ein geschichtlicher Rückblick

In den 80er-Jahren des 19. Jahrhunderts begannen die roten Lichter am prophetischen Schaltpult zu blinken. Der Rost begann aus der praktisch 2000 Jahre stillgestandenen Uhr Israels zu rieseln. Auf unerklärliche Weise kam Spannung in die Federn, und Bewegungen waren zu beobachten.

1882 begann die moderne Emigration nach dem heutigen Israel. Bis 1931 sammelten sich über 180 000 Juden aus dem heutigen Osteuropa und Russland im heutigen Israel. Das war zwar menschlich gesprochen ein unscheinbares Häuflein, aber immerhin in der Dimension der Heimkehr aus der babylonischen Gefangenschaft zur Zeit Nehemias und Esras. Dazwischen streuten sich die ersten internationalen zionistischen Kongresse mit Vorschlägen betreffs einer jüdischen Heimstätte. Triebfeder waren die vielen Diskriminierungen, Verfolgungen und Ermordungen unter dem Dach des unsterblichen Antisemitismus mit seinen vielen Facetten und Masken.

Einer der ganz wenigen Juden, die das Blinken der Warnlichter bemerkte, war Ze'ev Vladimir Jabotinsky (1880–1940), Gründer der rechtszionistischen Jugendbewegung Betar und geistiger

Erzvater der israelischen rechten Likudpartei. Seine Warnungen erwiesen sich als extrem «prophetisch», denn im Nachhinein überblicken wir die ganzen Ereignisse und staunen darüber, wie recht er hatte. Gleichzeitig stimmt es uns auch traurig, weil von den 1937/1938 erwähnten Millionen Juden der osteuropäischen Gemeinschaften nur ein kleiner Teil überlebte!

Theodor Herzl hatte in seinem utopischen Roman «*Altneuland*» noch davon geträumt, die Welt werde die Juden, sobald sie sich in ihrem eigenen Land ansiedelten, dermassen lieben, dass sie gar keine Armee bräuchten. Die arabischen Muslime würden ihre semitischen Cousins aus Übersee mit offenen Armen willkommen heissen, weil sie die Kindersterblichkeit senken und ihnen die Früchte der europäischen Bildung bringen würden. Aber Jabotinsky liess sich nicht durch solche Wunschvorstellungen blenden.

Am Gedenktag der Zerstörung der beiden Tempel (Tisha B'av) im Jahr 1938 notierte Jabotinsky in Warschau:

> «Seit drei Jahren appelliere ich an die polnische Judenschaft, an die Krone der weltweiten jüdischen Gemeinschaft. Ich fahre fort, euch unaufhörlich davor zu warnen, dass die Katastrophe immer näher kommt ... In Gottes Namen! Lasst jeden von euch sich retten, solange noch Zeit ist, denn die Zeit wird immer weniger ... Was ich euch heute am Tempel-Gedenktag zurufen möchte, ist, dass wer auch immer unter euch der Katastrophe entkommen mag, er oder sie wird dann den erhabenen Moment einer grossen jüdischen Hochzeit erleben – der Wiedergeburt und Wiedererstehung des jüdischen Staates. Ich weiss nicht, ob ich das Vorrecht dazu noch haben werde (leider nicht, denn Jabotinsky verstarb im Jahr

1940, also 8 Jahre vor der Staatsgründung, Anmerkung des Autors), aber mein Sohn wird es erleben ... Eliminiert die Diaspora oder die Diaspora wird euch vernichten!»

Mit dieser Warnung wollte er ausdrücken, dass alle Juden nach dem alten Land der Väter, nach Israel, auswandern sollten. Ansonsten würden sie untergehen! 1936 legte Jabotinsky einen Evakuierungsplan vor, um die jüdische Bevölkerung Polens, Ungarns und Rumäniens nach dem sogenannten Palästina umzusiedeln.

Vor dem Peel-Ausschuss im Jahr 1937 in London bekräftigte Jabotinsky: «Ich bin sehr besorgt, denn das, was ich hier sage, ist alles andere als populär für meine Leute und ich erkenne das genauso, aber was wahr ist, ist wahr! Wir befinden uns unmittelbar vor einer schrecklichen Katastrophe. Wir müssen Millionen retten. Ich weiss nicht, ob es um ein Drittel der jüdischen Rasse geht, um die Hälfte oder ein Viertel. Aber es handelt sich um Millionen ...»

Nach offiziellen Schätzungen beträgt die Zahl der Holocaust-Opfer aus den Ländern des Jabotinsky-Evakuierungsplans über 3 Millionen (!) – nur ca. 600 000 von den insgesamt 4 Millionen der jüdischen Bevölkerung von Polen, Rumänien, Ungarn und der alten Tschechoslowakei überlebten. Das sind 15 %! Wenn wir die Gesamtzahl der Holocaust-Opfer mit der jüdischen Weltbevölkerung zur Zeit des Zweiten Weltkriegs vergleichen, dann wurde ein Drittel ausgelöscht! Jabotinsky erwähnte ein Drittel, die Hälfte oder ein Viertel!

Wie konnte Hitler an die Macht kommen?

C.-E. Bärsch stellt in seinem lesenswerten Buch «*Die politische Religion des Nationalsozialismus*» (München 1998) fest: «Der Erfolg der Nationalsozialisten vor dem Beginn der legalen Herrschaft 1933 beruht auf dem religiösen Gehalt ihrer Ideologie» (S. 183).

So liess sich Hitler als «Gesandten der Vorsehung» in nahezu religiösen Formen verehren (S. 195). Wenn Hitler selbst an einer Parteiveranstaltung teilnahm, bildete seine Rede regelmässig den Höhepunkt. Als ein «Auserwählter Gottes» verkündete er dem Volk seine Heilsbotschaft, die Hoffnung auf nationale Erlösung (S. 179–181). Als die Not des Vaterlands am grössten war, berief die «Vorsehung» den schliesslich erstarkten Retter. Im Laufe der Zeit liessen sich immer mehr Deutsche von Hitlers «Evangelium» betören, gemäss dem er unter Anleitung einer höheren Macht das deutsche Volk zum nationalen Heil führen würde. Gerade diese Überzeugung setzte in Hitler und seinen Anhängern Kräfte frei, die – wie die Geschichte zeigt – immer zerstörerischer wurden.

Die Nazi-Terminologie vom «Dritten Reich» kam in diesem Kontext nicht von ungefähr. Im Mittelalter entwickelte der italienische Theologe und Ordensgründer Joachim di Fiore (1130–1202) eine apokalyptisch-endzeitliche Geschichtsdeutung, die von seinen Anhängern ausgeweitet und verbreitet wurde (der sogenannte Joachimismus) und die in der Geschichte nicht ohne Einfluss bleiben sollte. Di Fiore sah drei aufeinanderfolgende Reiche oder Zeitalter: Die erste Zeit des Vatergottes im Alten Testament. Die zweite mit Christus angebrochene Zeit des Sohnes durch die Verkündigung des Evangeliums. Und danach erwartete der Mönch als «drittes Reich» eine Zeit des Heiligen Geistes auf Erden, ein Reich der Liebe und der Freiheit, in der dann die Erlösung der Menschheit abgeschlossen werden würde. Diese dritte Zeit war, symbolisch betrachtet, das sogenannte «Tausendjährige Reich». Ähnliche Vorstellungen wurden im Nationalsozialismus übernommen.

Adolf Hitler versuchte tatsächlich, wie die Kommunisten Marx vor ihm und Mao Tsetung nach ihm, ein Paradies auf Erden zu errichten, freilich nicht das «Himmelreich» der siegreichen Arbeiterklasse, sondern das faschistische der «arischen Rasse». Hitlers «Tausendjähriges Reich» beschränkte sich dankenswerterweise dann allerdings nur auf schäbige zwölf Jahre (1933–1945).

Menschen brauchen Mythen

Rationalität allein stillt die Bedürfnisse nach Sinnstiftung nicht. In Europa dominierte rund anderthalb Jahrtausende lang, von der Christianisierung des Imperium Romanum bis Mitte des 19. Jahrhunderts, eindeutig die Kirche mit ihrer Heiligen Schrift, der Bibel. Doch die Aufklärung unterminierte die Glaubwürdigkeit ihrer Botschaft, und zum Wanken brachte sie Charles Darwins These betreffs der Evolution. Mit der Schöpfungsgeschichte des Alten Testaments war das inkompatibel. Das geschwundene Vertrauen in die Bibel und ihre Schilderungen öffnete Raum für andere Überlegungen – und zwar parallel in vielen abendländisch geprägten Ländern.

> «Ich fürchte aber, es könnte womöglich, so wie die Schlange Eva verführte mit ihrer List, auch eure Gesinnung verdorben und abgewandt werden von der Einfalt gegenüber Christus. Denn wenn der, welcher zu euch kommt, einen anderen Jesus

> verkündigt, den wir nicht verkündigt haben, oder wenn ihr einen anderen Geist empfangt, den ihr nicht empfangen habt, oder ein anderes Evangelium, das ihr nicht angenommen habt, so habt ihr das gut ertragen» (2Kor 11,3-4).

Eindrücklich warnt der Apostel Paulus vor trügerischen Heilsversprechen und Selbsterlösungen, die durch ein anderes Evangelium verbreitet werden. Das kann mittels der Politik, der Philosophie, einer Pseudo-Wissenschaft oder einer Ersatzreligion geschehen.

Zeitzeugen der Verführung

Die beiden nachfolgenden Situationsbeschreibungen zweier Engländer aus dem Jahr 1936 helfen uns, den Grad der Verführung und Verblendung zu überblicken. Zuerst David Lloyd Georges Bericht nach seinem Besuch bei Hitler in Berchtesgaden, veröffentlicht im britischen «Daily Express» vom 17. September 1936:

> «Gerade bin ich von einem Besuch in Deutschland zurückgekommen ... Ich habe nun Deutschlands berühmten Führer gesehen, auch die grossen Veränderungen, die er verursacht hat. Was immer einer von solchen Methoden denkt – und diese sind bestimmt nicht jene eines parlamentarischen Landes –, kann doch kein Zweifel darüber bestehen, dass er eine wunderbare Veränderung im Geist der Menschen, in ihrem Benehmen untereinander, in ihrer sozialen und ökonomischen Selbstdarstellung bewirkt hat. ... Es ist nicht das Deutschland des ersten Jahrzehnts nach dem Weltkrieg, das zerbrochen, niedergeschlagen, niedergedrückt, mit einem Gefühl von

Unvermögen und Furchtsamkeit dahinlebte. Es ist jetzt voll von Hoffnung und Vertrauen und einem erneuten Gefühl von Bestimmung, sein eigenes Leben nun selbst zu lenken, ohne Einwirkung irgendwelcher Kräfte ausserhalb seiner Grenzen. Nach dem Weltkrieg ist in Deutschland das erste Mal generell ein Gefühl von Sicherheit unter den Menschen eingezogen. Es ist ein glückliches Deutschland. Ich habe es überall gesehen und kennengelernt.»

Und die Einschätzung des britischen Chefpropagandisten Denis Sefton Delmer in seinem Buch «Die Deutschen und ich» (Hamburg 1961, S. 28):

> «Man mag heute darüber sagen, was man will, Deutschland war im Jahre 1936 ein blühendes, glückliches Land. Auf seinem Antlitz lag das Strahlen einer verliebten Frau. Und die Deutschen waren verliebt – verliebt in Hitler. Und sie hatten allen Grund zur Dankbarkeit. Hitler hatte die Arbeitslosigkeit bezwungen und ihnen eine neue wirtschaftliche Blüte gebracht. Er hatte den Deutschen ein neues Bewusstsein ihrer nationalen Kraft und ihrer nationalen Aufgabe vermittelt.»

Das war Hitlers Erfolgsgeheimnis: Die geniale Mischung aus angeblich christlichen Werten und einem Heilsversprechen, das Land, Leute und eine glorreiche Zukunft zusammenschweisste. Das Tragisch-Teuflische dabei war, dass Hitler Jesus durch sich selbst ersetzte und die Juden als Gottes auserwähltes Volk auf Erden durch die «Arier». Bei einem Tischgespräch wurde Hitler, Jahre vor dem eigentlichen Holocaust, gefragt: «Und die

Juden?» Seine Antwort soll gewesen sein: «Es kann keine zwei auserwählten Völker geben!»

Der Jude wurde immer mehr zum Feindbild, zum Sündenbock und zum Opfer im Namen der neuen «Herrenmenschen». Grosse Veränderungen wurden angekündigt. Alles Hinderliche und Minderwertige sollte gekennzeichnet und entfernt werden. Das deutsche Volk hatte sich wohl nicht die Mühe gemacht, kritisch zuzuhören und den Inhalt von Hitlers Reden aufmerksam und gründlich zu analysieren. Schon sehr früh, im Jahr 1922, liess er in einer Rede keinen Zweifel an seinen Absichten:

> «Wenn ich einmal wirklich an der Macht bin, dann wird die Vernichtung der Juden meine erste und wichtigste Aufgabe sein. Sobald ich die Macht dazu habe, werde ich zum Beispiel in München auf dem Marienplatz Galgen neben Galgen aufstellen lassen. Dann werden die Juden gehängt, einer wie der andere, und sie bleiben hängen, bis sie stinken. So lange bleiben sie hängen, wie es nach den Gesetzen der Hygiene möglich ist, sobald man sie abgeknüpft hat, kommen die nächsten dran, und das geschieht so lange, bis der letzte Jude in München ausgetilgt ist. Genauso wird in anderen Städten verfahren, bis Deutschland vom letzten Juden gereinigt ist.»

Sollten da die Christen nicht schon protestiert haben?

> «Errette, die zum Tod geschleppt werden, und die zur Schlachtbank wanken, halte zurück! Wenn du sagen wolltest: ‹Siehe, wir haben das nicht gewusst!› – wird nicht der, welcher die Herzen prüft, es erkennen, und der auf deine Seele achthat,

es wahrnehmen und dem Menschen vergelten nach seinem Tun?» (Spr 24,11-12).

Wie konnten so viele Menschen den Holocaust zulassen?

Es geht hier nicht nur darum, dass sich viele aktiv am Holocaust beteiligt haben. Die grosse Katastrophe war das Schweigen der «Guten» und vor allem der Christen in Deutschland, die dem braunen Evangelium auf den Leim gingen. Es war auch die Passivität der Weltgemeinschaft, die Hitlers Völkermord an den Juden möglich machte. 1938 hatte der amerikanische Präsident Roosevelt eine Konferenz in Évian-les-Bains, Frankreich, einberufen, um über das Schicksal der Juden in Europa zu sprechen. Doch nur drei von dreissig Ländern erklärten sich einverstanden, einige Tausend Juden aufzunehmen. Daraufhin sollen Nazi-Informanten zu Hitler gesagt haben: «Machen Sie mit den Juden, was Sie wollen. Niemand auf der Welt will sie haben!»

Der christlich-theologische Antisemitismus

Hinzu kam der theologisch untermauerte Antisemitismus der Kirchen in Deutschland, was den Holocaust erst so ermöglichte. Der Philosoph Karl Jaspers meinte 1962, dass Hitler Luthers «Ratschläge gegen die Juden» genau ausgeführt habe.

So empfahl Luther, dass man «ihre Synagogen oder Schulen mit Feuer anstecken und solches tun soll, unserm Herrn und der Christenheit zu Ehren, damit Gott sehe, dass wir Christen sind». Hitler selbst rechtfertigte 1933 in einem Gespräch mit dem katholischen Bischof Hermann Wilhelm Berning von Osnabrück die Judenverfolgung damit, «dass er gegen die Juden nichts anderes tue als das, was die Kirche in 1500 Jahren gegen sie getan habe».

Deshalb war es kein Zufall, dass die Novemberpogrome 1938 in der Nacht auf Luthers Geburtstag stattfanden, vom 9. auf den 10. November 1938. Und noch beschämender war die Situation, als getaufte Juden damals mit dem gelben Davidstern in den Gottesdienst kamen. Verschiedene Vertreter der lutherischen Landeskirche beriefen sich auf Martin Luther, um zu beschliessen, dass christliche Juden wegen ihrer Abstammung keinen Platz und kein Anrecht auf eine evangelische, deutsche Gemeinde hätten.

Als ein Konsulatsvertreter des Vatikans von Juden gebeten wurde, sich gegen die Deportation unschuldiger Juden – insbesondere der Kinder – aus der Tschechoslowakei einzusetzen, soll er erwidert haben: «Es gibt kein unschuldiges Blut von jüdischen Kindern in der Welt. Das ganze jüdische Blut ist schuldig. Ihr habt zu sterben. Das ist die zu erwartende Strafe wegen dieser Sünde [der Kreuzigung].»

Fehlendes Bibelwissen, Blindheit betreffs biblischer Prophetie, das heilsgeschichtliche Auslöschen des jüdischen Volkes, Evolutionstheorie und obskures okkultes Gedankengut – vermischt mit dem Angebot einer pseudoreligiös-politischen Heilslehre – haben schreckliches Unheil verursacht.

Dabei übersehen wir bis heute, dass die Judenverfolgung auch ein Warnsignal für etwas ganz anderes war, was aber durch den Sieg der Alliierten im Mai 1945 abrupt unterbrochen wurde: Geplant war nach dem Holocaust die Vernichtung des Christentums!

Zuerst die Juden, dann die Christen

Himmler verabscheute die christliche Tugend der Nächstenliebe, schreibt der NS-Forscher Peter Longerich in der Biographie über den Reichsführer Heinrich Himmler:

> «Die christlichen Prinzipien der Barmherzigkeit standen ihm [Himmler] im Weg betreffs der kompromisslosen Behandlung der ‹Untermenschen›. Himmler strebte danach, christliche Wertmassstäbe durch germanische Tugenden wie Zähigkeit (Widerstandsfähigkeit) zu ersetzen, um im Kampf gegen die Untermenschen zukünftig siegreich hervorzugehen. – Wir leben in der Zeit der ultimativen Machtprobe mit dem Christentum, fügte er [Himmler] hinzu.»

Carl Friedrich Goerdeler, der dem deutschen Widerstand gegen Hitler angehörte und noch im Februar 1945 hingerichtet wurde, hielt schon 1937 in seinem politischen Testament fest, dass Hitler fest entschlossen war, zuerst die Juden und dann die Christen zu vernichten. Goebbels schrieb am 29. Dezember 1939 in sein Tagebuch: «Der Führer ist tief religiös und denkt komplett antichristlich. Er sieht das Christentum als Ableger des Judentums und deshalb absolut dekadent ... und es wird am Ende zerstört werden.»

So kursierte in Hitler-Kreisen unter anderem der Vorschlag, «alle religiösen Bekenntnisse nach dem ‹Endsieg› abzuschaffen und gleichzeitig Adolf Hitler als ‹neuen Messias› zu proklamieren, dem als ‹Erlöser/Befreier› und ‹Gott-Gesandter› göttliche Ehren zukommen müssten». Ein internes Strategiepapier sah diesbezüglich vor, dass «die traditionellen religiösen Kultstätten» wie Kirchen in «Adolf-Hitler-Weihestätten» umbenannt werden sollten. Hitler selbst unterzeichnete diesen Vorschlag mit: «Der erste brauchbare Entwurf! Zur Bearbeitung an Dr. Goebbels. Adolf Hitler.»

Das Hakenkreuz sollte vor allem auch das allgegenwärtige Kreuz der Christen ersetzen. Aus dem Untergang der Weimarer Republik sollte das Reich der Herrlichkeit folgen. Das neue, kommende Reich, die «Wiederauferstehung» und «Erlösung» Deutschlands sollten das Endziel der «hitlerschen Heilsgeschichte» sein.

Ist es uns Christen bewusst, dass die Juden einen erschreckend hohen Preis für uns Christen bezahlt haben? Denn Hitler wollte nach den Juden die Christen vernichten. Juden und Christen werden unter totalitären Regimes immer verfolgt! Die Juden standen bei Hitler «lediglich» ganz oben auf der Prioritätenliste und die Christen etwas darunter. Nur deshalb kamen die meisten ungeschoren davon. Wir sind Schuldner und sollten deshalb heute alles Menschenmögliche unternehmen, um Israel und die Juden zu unterstützen, zu verteidigen und zu lieben.

Im Schatten des Antichrists

Hitler war nur ein Vorgeschmack, ein Schatten des Antichrists. Die Art und Weise, wie Hitler an die Macht kam, wird dereinst dermassen perfektioniert werden, dass die ganze Welt von einem Mann verführt werden wird. Vielsagend waren die Aussagen der angeklagten Kriegsverbrecher und deren Helfer: Sie hätten nur ihre Pflicht getan, hätten nur Befehle ausgeführt und hätten nie – eine Formulierung, die sie häufig wählten – irgendjemandem etwas zuleide getan. Hier begegnen wir dem Ausmass der Zerstörung von Menschen durch eine satanische Ideologie: absolute Unfähigkeit zur Reue, zu einem Schuldbekenntnis. Um so etwas zukünftig zu verhindern, gibt es nur eine Lösung: Wehret den Anfängen!

Wäre ein zweiter Holocaust wieder möglich?

Wenn wir unsere heutige westliche Welt betrachten, könnte uns angst und bange werden. So ergab vor einiger Zeit eine BBC-Umfrage in 22 Ländern, dass der jüdische Nationalstaat Israel genauso unbeliebt ist wie die kommunistische Diktatur Nordkoreas (!). Einzig der Iran und Pakistan kommen in der Umfrage noch schlechter weg als Israel. Nach Meinung der israelischen Tageszeitung *«Jerusalem Post»* liege dies an der israelischen Aussenpolitik.

Das stimmt aber nur zum Teil. In Wirklichkeit macht sich heute der alte Antisemitismus wieder breit. Die Verteidigung des Palästinenserstaates ist oft nur ein Vorwand, um dem Judenhass freien Lauf zu lassen. Vor allem die tendenziöse Berichterstattung trägt dazu bei, dass Juden in Europa wieder angegriffen werden. – Europa, dein Umgang mit dem Nahostkonflikt kostet Juden in deinen Ländern das Leben!

Eine der 17 Tochterorganisationen der UNO, die UNESCO, verfasste eine Resolution, nach der Israel keine historische Verbindung zum Tempelberg in Jerusalem hätte (diese Resolution wurde dann nach interner Kritik abgeändert). Das war ein Akt ätzender Geschichtsfälschung. Es wurde also behauptet, dass es nie einen Tempel in Jerusalem gegeben hätte – nicht den von König Salomo, den die Babylonier dann natürlich auch nicht zerstörten, und auch nicht den zweiten Tempel, der dann freilich nicht in der Zeit der Rückkehr unter Esra und Nehemia aufgebaut und Jahrhunderte später auch nicht von König Herodes wunderbar restauriert und ausgebaut wurde. Die Geschichten von Jesus und den Aposteln im Tempel wären alles Märchen.

Der Tempel wurde auch nicht von den Römern zerstört, weil es ihn nicht gab!

Die UNESCO vertritt die Bereiche Wissenschaft, Kultur, Bildung und Kommunikation und hat globalen Einfluss. Bei der Tempelberg-Resolution sehen wir nur die Spitze des Eisbergs und können nur kopfschüttelnd feststellen, welche Kräfte dort wirksam sind. Trotz absolut verlässlicher historischer Quellen und archäologischer Beweise wurde die Realität geleugnet. Ist das schon ein Vorgeschmack vom zukünftigen Gericht Gottes?

> «Darum wird ihnen Gott eine wirksame Kraft der Verführung senden, sodass sie der Lüge glauben, damit alle gerichtet werden, die der Wahrheit nicht geglaubt haben, sondern Wohlgefallen hatten an der Ungerechtigkeit» (2Thes 2,11-12).

Bestürzt müssen wir die UNO und die UNESCO, die globalen Einfluss haben, wegen der vielen Resolutionen gegen Israel des Antisemitismus beschuldigen. Im Hinblick auf die vielen Prophetien der Endzeit sind sie ohne jeden Zweifel Wegbereiter des Antichrists.

Jeffrey Herf hat in seinem Buch «Nazi Propaganda for the Arab World» nachgewiesen, dass es einen direkten «Traditionstransfer» der deutschen Nazi-Ideologie zum islamischen Fundamentalismus gibt. Hitlergrüsse sind unter Israels islamischen Feinden gang und gäbe, wie Bilder der Hisbollah und der Hamas belegen. Während Israel in seiner Unabhängigkeitserklärung «allen unseren Nachbarstaaten und ihren Völkern die Hand zum Frieden und guter Nachbarschaft» bietet, propagiert die Hamas-Charta in Artikel 7 unumwunden die Vernichtung aller Juden in der Welt!

Manche Menschen meinen, Israel würde die Araber einfach so sehr hassen, wie die Juden in den arabischen Ländern gehasst würden. Diese Annahme ist so unbegründet wie die Lüge der Nationalsozialisten damals in Deutschland, die befanden, dass die Juden Deutsche genauso hassen würden wie die Nazis die Juden. Israels Feinde wollen den Judenstaat vernichten. Die Israelis wollen in Frieden leben. Ist es wirklich so schwierig, in diesem Konflikt die richtige Seite zu wählen?

Umkehrung der Werte

Wenn manche im Westen heutzutage den Holocaust umkehren und den Gazastreifen mit Auschwitz und die Israelis mit den Nazis vergleichen, wenn sie vom Holocaust der Söhne Ismaels sprechen, dann ist dies eine schamlose und perverse Verkehrung der Tatsachen. Wacht denn niemand auf und bemerkt, dass die Palästinenser vom Ausland her finanziert werden, um für den Hass der arabischen Welt als Speerspitze zur Vernichtung des Judenstaats zu fungieren? Israel wird angeklagt, den Gazastreifen zu «belagern». Und was geschieht, wenn Israel einfaches Baumaterial wie Zement hineinlässt? Die Schmuggeltunnel nach Ägypten und die zerstörten Terrortunnel in Richtung Israel haben die nackte Wahrheit und den gigantischen Missbrauch des «Baumaterials» gezeigt.

Wenn sich Leute, wie bereits geschehen, mit Plakaten vor Holocaust-Museen aufstellen, auf denen zu lesen ist: «No Holocaust in Palestine!», dann ist das reiner Antisemitismus. Dabei ist es kein Geheimnis, dass viele in der Arabischen Liga, inklusive der in Israel lebenden Araber (damit meine ich auch die Palästinenser), sofort bereit wären, den Holocaust fortzuführen – und wenn sie könnten, bis zum letzten Juden! Die westliche Sympathie mit den Machenschaften der Fatah und der Hamas stellt die einst westlichen Werte wie Recht und Freiheit auf den Kopf und offenbart einen gefährlichen Hang zur Selbstzerstörung. Wie lange wird die Verdrehung der Wahrheit noch gut gehen? Der Präsident des Europäisch Jüdischen Kongresses hat nicht übertrieben, als er sagte: «Ein erneuter Holocaust ist durchaus greifbar und nicht nur ein schlechter Albtraum.»

Heil ohne Jesus

Das Naziregime versprach «Heil» ohne Jesus, ohne das Kreuz, ohne echten Bibelglauben, ohne Busse und Bekehrung. Es wollte aus eigener Kraft das Friedensreich auf Erden schaffen und zurück ins Paradies gelangen. Es scheiterte kläglich mit bis jetzt verheerenden Folgen für viele Menschen auf der ganzen Welt. Ist es heute so anders? Wer ohne Gott das Paradies zurückgewinnen möchte, wird – symbolisch gesprochen – unweigerlich in den flammenden Sog der kreisenden Schwerter der Cherubim geraten, die einst das erste Paradies bewachten (1Mo 3,24).

Das Wort Gottes warnt uns eindringlich vor dem kommenden Antichrist der Endzeit, der zweifellos den Himmel und das Paradies auf Erden versprechen wird (2Thes 2; Offb 13). Die Bibel kündigt einen grossen Abfall an, zeigt aber, dass diejenigen, die von ganzem Herzen die Liebe zur Wahrheit angenommen haben und noch annehmen, nicht verführt werden (2Thes 2,10). Die Hoffnung derer, die jetzt an den Herrn Jesus glauben, ist, dass Jesus Christus sie zu sich entrückt, bevor der Antichrist die ganze Welt verführt und die flammenden Schwerter der Cherubim wie nie zuvor zu kreisen anfangen werden. Und dann wird Gott selbst Seine Ankunft in Jesus Christus und Sein Paradies auf Erden, das echte Tausendjährige Reich, vorbereiten und Israel erlösen. – Maranatha! Ja, komme bald, Herr Jesus.

Zum Nachdenken

«Den Gottlosen wird ihr Licht entzogen, und der erhobene Arm wird zerbrochen» (Hi 38,15). Diese Aussage, in einem der ältesten Bücher der Bibel, vom erhobenen Arm lässt uns an den Nazi-Hitlergruss denken. Dieser erhobene Arm, der Rebellion gegen Gott und Seinen Gesalbten signalisiert, wurde tatsächlich zerbrochen. Insgesamt wurden ca. 6 Millionen Juden ermordet, aber es starben auch über 6,8 Millionen Deutsche!

«Denn wer euch (die Juden) antastet, der tastet seinen Augapfel an!» (Sach 2,12). Hier wird vom Wort Gottes her kein Unterschied gemacht. Wer sich irgendwie an irgendwelchen Juden vergreift, bekommt es mit Gott zu tun!

«Je grösser die Lüge, desto mehr Menschen folgen ihr» (Adolf Hitler). Deshalb müssen wir stets sehr wachsam sein, damit wir biblisch orientiert denken, denn: «Wehe denen, die Böses gut und Gutes böse nennen, die Finsternis zu Licht und Licht zu Finsternis erklären, die Bitteres süss und Süsses bitter nennen!» (Jes 5,20). Dadurch, dass uns der Heilige Geist in die ganze Wahrheit leitet, werden wir gegen falsche Heilsversprechen und Manipulationen immunisiert.

«Das Gewissen ist eine jüdische Erfindung» (Adolf Hitler). Diese Aussage erklärt ein wenig, wie die Nazis ihre Gräu-

eltaten vor sich und anderen ohne Skrupel rechtfertigen konnten. Gottlos und gewissenlos ist wahrlich eine satanische Kombination: «Wehe, wenn sie losgelassen wird/werden!» Aber wir dürfen wissen: Gott sitzt im Regiment und erfüllt Seinen Plan, sowohl der Errettung als auch Seines Gerichts.
«Die grosse Menschenmasse ist von betonartiger Dummheit» (Adolf Hitler). Für diese Erkenntnis braucht es nicht viel. Unwissenheit und die Sehnsucht nach Erfüllung und Schutz ist die perfekte Mischung für Verführer.
«Nicht jeder erbitterte Kleinbürger könnte ein Hitler werden, aber ein Stückchen Hitler steckt in jedem von ihnen» (Leo Trotzki). Deshalb braucht der Mensch Gott, um Mensch zu sein. Sonst sind wir Gefangene unserer gefallenen, sündigen Natur und zu allem fähig. Die Naziherrschaft im Land der Reformation und Kultur ist eine Warnung und Lektion ohnegleichen. Der wiedererwachende Antisemitismus zeigt, dass man aus der Geschichte nichts gelernt hat. Möge Gott uns helfen, dass wir für Israel beten, es segnen und nach unseren individuellen Möglichkeiten an Israel-Hilfsprojekten teilnehmen, um dadurch unsere Liebe und besondere Verbundenheit mit dem jüdischen Volk auszudrücken.

DER GROSSE ABFALL – WANN UND WO?

Viele Textstellen des Neuen Testaments handeln vom Abfallen. Aber nicht immer geht es um einen Abfall der Gemeinde oder in den Gemeinden. Der grosse Abfall, der eigentliche und besonders erwähnte, wird nicht in der Gemeinde und nicht in diesem Gemeindezeitalter stattfinden!

Dieser grosse Abfall ist nicht eine Bewegung in der heidnischen Welt noch irgendeine Dekadenz im Christentum. Zusammengefasst gipfelt er in eine Person, die weltweit an Gottes Stelle als Gott angebetet wird.

Oft werden wir mit der Frage konfrontiert, was «der Abfall» wohl sein wird. Die Zweifel beziehen sich vor allem auf die klassische Stelle über das Thema:

> «Wir bitten euch aber, ihr Brüder, wegen der Wiederkunft unseres Herrn Jesus Christus und unserer Vereinigung mit ihm: Lasst euch nicht so schnell in eurem Verständnis erschüttern oder gar in Schrecken jagen, weder durch einen Geist, noch durch ein Wort, noch durch einen angeblich von uns stammenden Brief, als wäre der Tag des Christus schon da. Lasst euch von niemand in irgendeiner Weise verführen! Denn es muss unbedingt zuerst der Abfall kommen und der Mensch der Sünde geoffenbart werden, der Sohn des Verderbens, der sich widersetzt und sich über alles erhebt, was Gott oder Gegenstand der Verehrung heisst, sodass er sich in den Tempel Gottes setzt als ein Gott und sich selbst für Gott ausgibt» (2Thes 2,1-4).

Dies ist eine schwierige Bibelstelle. Aber wir sind nicht allein mit diesem Problem. Paul D. Feinberg, einer der zwanzig Autoren des Klassikers «*Wenn die Posaune erschallt*» und qualifizierter Kenner der biblischen Prophetie, stellt fest: «2. Thessalonicher 2,1-7 ist einer der schwierigsten eschatologischen Texte im Neuen Testament.»

Er stellt eine ernste Herausforderung an uns, und deshalb begegnen wir so viel Verwirrung und so vielen verschiedenen Meinungen in den Gemeinden. An diesem Vers scheiden sich regelrecht die Geister. Es scheint, als ob Petrus diese Verse im Sinn gehabt hatte, als er die Briefe des Paulus erwähnte:

> «Darum, Geliebte, weil ihr dies erwartet, so seid eifrig darum bemüht, dass ihr als unbefleckt und tadellos vor ihm erfunden werdet in Frieden! Und seht die Langmut unseres Herrn als eure Rettung an, wie auch unser geliebter Bruder Paulus euch geschrieben hat nach der ihm gegebenen Weisheit, so wie auch in allen Briefen, wo er von diesen Dingen spricht. In ihnen ist manches schwer zu verstehen, was die Unwissenden und Ungefestigten verdrehen, wie auch die übrigen Schriften, zu ihrem eigenen Verderben» (2Petr 3,14-16).

Petrus bezieht sich konkret auf die prophetischen Abschnitte in den Paulusbriefen.

Biblische Prophetie ist auch für junge Christen

Oft wird argumentiert, dass die biblische Prophetie etwas Schwieriges sei, mehr für Fortgeschrittene, für ältere und reifere Christen, für Väter und Mütter in Christus. Aber die Empfänger dieser wichtigen Mitteilung von Paulus waren noch gar nicht lange gläubig. Die Christen in der mazedonischen Hafenstadt Thessalonich waren relativ jung im christlichen Leben, maximal zwei Jahre. Die Gemeinde wurde im Jahr 49 n.Chr. durch

Paulus und Silas auf der 2. Missionsreise gegründet. Der erste Brief wurde ein Jahr später aufgesetzt, der zweite ein halbes Jahr danach.

Nach dem Bericht in Apostelgeschichte 17,1-5 entstand die Gemeinde durch eine Spaltung der Synagoge. Viele Juden und Gottesfürchtige kannten die heiligen Schriften Israels – hatten also schon von den Propheten und dem Tag des Herrn gehört. Teils von der Synagoge her, teils durch die ihnen schon erteilten Unterweisungen konnte Paulus sagen: «Von den Zeiten und Zeitpunkten aber braucht man euch Brüdern nicht zu schreiben» (1Thes 5,1).

Hier spricht er von «Zeiten und Zeitpunkten», also von speziellen Heilszeiten (Dispensationen) und besonderen Ereignissen. Die Entrückung ist so ein Zeitpunkt. Oder das Auftreten und Anbeten des Antichrists, der Gipfel des Abfalls, sind auch solche Zeitpunkte.

Der Herr hat uns bestens ausgerüstet, damit wir Klarheit über zukünftige Dinge und geistliche Zusammenhänge haben können, und zwar durch den Heiligen Geist: «Wenn aber jener kommt, der Geist der Wahrheit, so wird er euch in die ganze Wahrheit leiten; denn er wird nicht aus sich selbst reden, sondern was er hören wird, das wird er reden, und was zukünftig ist, wird er euch verkündigen» (Joh 16,13).

«In die ganze Wahrheit leiten» bedeutet auch die prophetische Schau in die Zukunft. Gott gibt klare Informationen weiter. Das gilt ebenso Frischbekehrten und solchen, die dem Herrn Jesus erst wenige Jahre nachfolgen. Paulus hatte als eines der Kennzeichen eines echten Christen im ersten Thessalonicherbrief das ausdauernde Warten auf Jesus aus dem Himmel erwähnt:

> «Denn sie selbst erzählen von uns, welchen Eingang wir bei euch gefunden haben und wie ihr euch von den Götzen zu Gott bekehrt habt, um dem lebendigen und wahren Gott zu dienen, und um seinen Sohn aus dem Himmel zu erwarten, den er aus den Toten auferweckt hat, Jesus, der uns errettet vor dem zukünftigen Zorn» (1Thes 1,9-10).

Wenn das schon zum Gemeindeprogramm von Anfang an gehörte, warum hört man heute so wenig von dieser wunderbaren Hoffnung?

Verwirrung

Plötzlich, mitten im Text, scheint Paulus eine Errata aufzusetzen, eine Liste von Fehlermeldungen mit Korrektur. Ja, wir sollen schon auf Jesus warten, aber Er kann leider noch nicht kommen, denn vorher muss noch einiges passieren: «Denn es muss unbedingt zuerst der Abfall kommen ...» (2Thes 2,3).

Hinzu kamen Leute, die mit allen möglichen Mitteln die jungen Christen davon überzeugen wollten, dass die besondere apokalyptische Zeit schon angebrochen sei, und Paulus reagierte dementsprechend:

> «Wir bitten euch aber, ihr Brüder, wegen der Wiederkunft unseres Herrn Jesus Christus und unserer Vereinigung mit ihm: Lasst euch nicht so schnell in eurem Verständnis erschüttern oder gar in Schrecken jagen, weder durch einen Geist, noch durch ein Wort, noch durch einen angeblich von uns stammenden Brief ...» (2Thes 2,1-2).

Auch das scheint Petrus im Sinn gehabt zu haben, als er (mit dem vorher Zitierten) fortfährt:

> «... was die Unwissenden und Ungefestigten verdrehen, wie auch die übrigen Schriften, zu ihrem eigenen Verderben. Ihr aber, Geliebte, da ihr dies im Voraus wisst, so hütet euch, dass ihr nicht durch die Verführung der Frevler mit fortgerissen werdet und euren eigenen festen Stand verliert! Wachst dagegen in der Gnade und in der Erkenntnis unseres Herrn und Retters Jesus Christus! Ihm sei die Ehre, sowohl jetzt als auch bis zum Tag der Ewigkeit! Amen» (2Petr 3,16-18).

Petrus schreibt hier von Frevlern, Menschen, die sich nicht unterordnen und einfach nicht korrigieren lassen. Das sind solche, die fanatisch auf ihrer Meinung herumreiten und sich dauernd vor anderen ereifern. Paulus versuchte deshalb, die Lehre von der Wiederkunft Christi von falschen Vorstellungen, die in die Gemeinde eingedrungen waren, zu befreien. Deshalb sollte es auch unser Bemühen und unser Gebet sein, dass wir nicht zu dieser Kategorie der Unwissenden und Unbefestigten gehören oder nicht länger als solche bezeichnet werden, weil wir fleissig dazulernen wollen und unsere Seele fest im Herrn und Seinem Wort verankert ist (Hebr 6,19).

Tag des Herrn oder Tag Jesu Christi?

Paulus warnte deutlich: «Lasst euch von niemand in irgendeiner Weise verführen! Denn es muss unbedingt zuerst der Abfall kommen und der Mensch der Sünde geoffenbart werden, der Sohn des Verderbens ...» (2Thes 2,3).

Leider lesen viele hier etwas hinein, was nicht dasteht, wie zum Beispiel: «Der Tag der Entrückung kommt nicht, es sei denn, dass zuerst ...» Doch diese Annahme ist falsch und willkürlich und steht auch nicht so im griechischen Grundtext, der sich auf den Tag des Herrn bezieht. Viele wollen es aber so lesen: «Der Tag der Entrückung kann noch nicht kommen!» Wenn das wirklich die Lehre des Paulus gewesen wäre, warum waren dann die Christen in Thessalonich so erschrocken? Warum waren sie verwirrt? Eben darum, weil Paulus gelehrt hatte, dass die Gemeinde nichts mit der apokalyptischen Zeit zu tun hat und die Entrückung vorher kommen muss!

Welcher Abfall?

Wenn die Gemeinde in die Trübsalszeit hineingeschoben und die Entrückung auf später verlagert wird, dann beziehen viele den grossen Abfall auf die Gemeinde selbst. Aber wenn wir die Teile des prophetischen Puzzles sorgfältig zusammentragen, ergibt sich ein logisches und klar erkennbares Szenario. Die Bibel spricht beim Abfall von einem ganz bestimmten Ereignis.

Der grosse Abfall ist nicht irgendein Auf und Ab in der Völkerwelt oder ein Zurückgehen oder Schwinden des Christentums, sondern ein Mann, der auf der ganzen Welt als Gott angebetet wird – die komplette und letztendliche Erfüllung von Römer 1,18-24, die wir heute schon ansatzweise erleben, fast wie in einer Vorerfüllung: «... sind sie zu Narren geworden und haben die Herrlichkeit des unvergänglichen Gottes vertauscht mit einem Bild, das dem vergänglichen Menschen ... gleicht ... welche die Wahrheit Gottes mit der Lüge vertauschten und dem Geschöpf Ehre und Gottesdienst erwiesen anstatt dem Schöpfer ...» (Röm 1,22-23.25).

Der weitverbreitete Glaube, dass sich alles durch reinen Zufall und unpersönliche Kräfte entwickelt hat, ist in unseren Tagen schon schockierend und erschreckend. Es gehört ohne Zweifel zur Vorbereitung, ist aber noch nicht «der Abfall».

Schauen wir uns noch einmal die anfangs genannte Stelle über den grossen Abfall an:

> «Lasst euch von niemand in irgendeiner Weise verführen! Denn es muss unbedingt zuerst der Abfall kommen und der Mensch der Sünde geoffenbart werden, der Sohn des Verderbens, der sich widersetzt und sich über alles erhebt, was Gott oder Gegenstand der Verehrung heisst, sodass er sich in den Tempel Gottes setzt als ein Gott und sich selbst für Gott ausgibt» (2Thes 2,3-4).

Etwa 40 bis 45 Jahre nach dem Niederschreiben der beiden Thessalonicherbriefe enthüllte der Heilige Geist dem betagten Apostel Johannes auf Patmos das Buch der Offenbarung. Der ganze Abschnitt von 2. Thessalonicher 2,1-7 muss unbedingt in Verbindung mit den detaillierten Prophetien dieser Offenbarung gesehen werden, besonders mit Kapitel 13:

> «Und ich sah ein anderes Tier aus der Erde aufsteigen, und es hatte zwei Hörner gleich einem Lamm und redete wie ein Drache. Und es übt alle Vollmacht des ersten Tieres aus vor dessen Augen und bringt die Erde und die auf ihr wohnen dazu, dass sie das erste Tier anbeten, dessen Todeswunde geheilt wurde. Und es tut grosse Zeichen, sodass es sogar Feuer vom Himmel auf die Erde herabfallen lässt vor den Menschen. Und es verführt die, welche auf der Erde wohnen, durch die

> Zeichen, die vor dem Tier zu tun ihm gegeben sind, und es sagt denen, die auf der Erde wohnen, dass sie dem Tier, das die Wunde von dem Schwert hat und am Leben geblieben ist, ein Bild machen sollen. Und es wurde ihm gegeben, dem Bild des Tieres einen Geist zu verleihen, sodass das Bild des Tieres sogar redete und bewirkte, dass alle getötet wurden, die das Bild des Tieres nicht anbeteten. Und es bewirkt, dass allen, den Kleinen und den Grossen, den Reichen und den Armen, den Freien und den Knechten, ein Malzeichen gegeben wird auf ihre rechte Hand oder auf ihre Stirn, und dass niemand kaufen oder verkaufen kann als nur der, welcher das Malzeichen hat oder den Namen des Tieres oder die Zahl seines Namens» (Offb 13,11-17).

Das ist ohne Zweifel eine genaue Beschreibung dessen, wie dieser weltweite und einmalige Abfall zustande kommen und aussehen wird.

Über welche Zeit prophezeit 2. Thessalonicher 2?

Die Ankunft des «Menschen der Sünde» – der «Sohn des Verderbens», auch als «das Tier aus dem Abgrund» geoffenbart – wird durch das Wiedererscheinen des Weltherrschers nach einer tödlichen (!) Wunde signalisiert, womit die grosse Trübsalszeit eingeläutet wird:

> «Ihn, dessen Kommen aufgrund der Wirkung des Satans erfolgt, unter Entfaltung aller betrügerischen Kräfte, Zeichen und Wunder und aller Verführung der Ungerechtigkeit bei denen, die verlorengehen, weil sie die Liebe zur Wahrheit nicht angenommen haben, durch die sie hätten gerettet werden kön-

> nen. Darum wird ihnen Gott eine wirksame Kraft der Verführung senden, sodass sie der Lüge glauben, damit alle gerichtet werden, die der Wahrheit nicht geglaubt haben, sondern Wohlgefallen hatten an der Ungerechtigkeit» (2Thess 2,9-12).

Diese Verse handeln von der Zeit nach der Entrückung. Die Menschen werden dann ganz bewusst den unentrinnbaren Kräften des Irrwahns (oder Irrtums) ausgesetzt. Das sind alle, die dann das Malzeichen des Tieres angenommen haben. Selbst nach der Entrückung hört man dreieinhalb Jahre weltweit die klare Botschaft von den zwei Zeugen aus Jerusalem und den 144 000 jüdischen Verkündigern und man vernimmt die Botschaften und Warnungen der drei besonderen Engel (siehe Offb 14,6-12), die von allen Menschen global auf der ganzen Welt mitverfolgt werden! Hinzu kommen das Gewissen, die Natur als klarer Schöpfungsbeweis und die Erinnerungen an die entrückten Christen. Und nicht zu vergessen: Das Wort Gottes wird da sein. Viele werden, wie prophezeit, im Propheten Daniel lesen (Dan 12,4). Deshalb drängt sich die Frage auf, die in diesem Zusammenhang immer wieder gestellt wird:

Gibt es eine zweite Chance nach der Entrückung?

Diese Möglichkeit wird von vielen vehement verneint oder es wird behauptet, dass dann vor allem die Menschen noch gerettet werden, die das Evangelium noch nicht oder kaum gehört haben, zum Beispiel in China oder der arabischen Welt. Natürlich ist es eher unwahrscheinlich, dass jemand sich für Jesus entscheidet, wenn er mit dem Leben dafür bezahlen muss und wenn er vorher, in der Gnadenzeit, diese Chance leichtfertig vorbeigehen liess. Das stimmt, aber unmöglich ist eine Bekehrung nicht.

Die grosse Verführung (vor der die Gemeinde bewahrt wurde, denn sie ist vorher entrückt worden, Offb 3,10), die von Gott selbst als Gericht zugelassen wird, gipfelt in der Anbetung des Antichrists und seinem Monument, seiner lebendig gewordenen Ikone und «Heiligenfigur» (Offb 13,14-15). Menschen, die sich gegen diese Anbetung sträuben, die der Wahrheit Raum geben, werden der satanischen Versuchung widerstehen und das Malzeichen der satanischen Loyalität und Kennzeichen des grossen Abfalls nicht annehmen (Offb 13,16-18). Deshalb ist es absolut berechtigt, wenn wir Literatur und die unterschiedlichsten Tonträger für die Zeit nach der Entrückung zurücklassen! – Bibeln und Botschaften für Familienangehörige, Freunde, Nachbarn und Arbeitskollegen. Gottes Arm ist auch in der apokalyptischen Zeit der Gerichte nicht zu kurz, um zu retten.

In Offenbarung 7,9-17 schauen wir die «grosse Schar, die niemand zählen kann» und die «aus der grossen Trübsal» herausgerettet wird! Gott will nicht den Tod des Gottlosen. Diese Menschen aus der ganzen Welt sind Ausdruck und Beweis von Gottes kolossaler Liebe und werden sprichwörtlich aus dem Gerichtsfeuer gerettet! Aber Johannes erkannte sie nicht (V. 13-14), obwohl er rund 60 Jahre miterlebt hatte, wie Menschen aus vielen verschiedenen Ländern und Sprachen gläubig geworden waren und zur Gemeinde hinzukamen. Warum erkennt der erfahrene Apostel diese unzählbare Schar nicht? Ganz einfach, weil sie nicht mehr zum Gemeindezeitalter gehört, nicht in die aktuelle Gnadenzeit integriert ist – sondern erst danach, als getrennte Gruppe, herausgerettet wird.

Die Liebe zur Wahrheit

Menschen werden den grossen Abfall erleben und untergehen, «weil sie die Liebe zur Wahrheit nicht angenommen haben, durch die sie hätten gerettet werden können» (2Thes 2,10). Hier entdecken wir die Verantwortung und Entscheidungsfreiheit des Menschen! Deshalb dürfen wir die Erwählungstheologie (Prädestination) nicht überstrapazieren. Die Menschen, die Gott dem Antichrist ausliefert, nahmen ganz bewusst die Wahrheit nicht an, obwohl sie Gelegenheit dazu hatten. Diese kompromisslose Liebe zur Wahrheit müssen auch wir in unserer heutigen Zeit hochhalten.

Sehr bedenklich sind die immer aufgeweichteren «christlichen» Positionen in ethischen Fragen, z.B. über Homosexualität, Abtreibung, Ehe und Ehescheidung, Sexualität exklusiv in der Ehe, die ganze Bibel als Gottes Wort (Schöpfungsbericht usw.), Gottheit Jesu, Heil in Jesus allein, Ökumene oder die populäre politische Korrektheit. Das alles ist nur möglich, weil die Bibel infrage gestellt und verworfen wurde. Nicht zuletzt gilt es, die Liebe zur Wahrheit anzunehmen und gegen den Mainstream zu schwimmen, auch in Bezug auf das heiss debattierte Thema Israel, die Juden als auserwähltes Volk und ihr Recht auf das von Gott verheissene Land. Hier gilt das Wort der Apostel, das viele verfolgte Christen, selbst bei angedrohter Todesstrafe, bekannten: «Man muss Gott mehr gehorchen als den Menschen!» (Apg 5,29).

Es gibt ein «zu spät»!

> «Und ein dritter Engel folgte ihnen, der sprach mit lauter Stimme: Wenn jemand das Tier und sein Bild anbetet und das Malzeichen auf seine Stirn oder auf seine Hand annimmt,

> so wird auch er von dem Glutwein Gottes trinken, der unvermischt eingeschenkt ist in dem Kelch seines Zornes, und er wird mit Feuer und Schwefel gepeinigt werden vor den heiligen Engeln und vor dem Lamm. Und der Rauch ihrer Qual steigt auf von Ewigkeit zu Ewigkeit; und die das Tier und sein Bild anbeten, haben keine Ruhe Tag und Nacht, und wer das Malzeichen seines Namens annimmt» (Offb 14,9-11).

Dieser dritte Engel weist darauf hin, dass mit der Annahme des Zeichens und der Anbetung des Bildes eine Grenze unwiderruflich überschritten wurde und es danach für diese Menschen keine Rettung mehr geben kann. Warum schickt Gott diesen besonderen Botschafter mit dieser Warnung, die von jedem Menschen auf der ganzen Welt gehört werden wird? Weil Gott nicht will, dass die Menschen verloren gehen.

Ähnlich war das Geschehen mit der Ursünde im Paradies: «Und Gott der Herr gebot dem Menschen und sprach: Von jedem Baum des Gartens darfst du nach Belieben essen; aber von dem Baum der Erkenntnis des Guten und des Bösen sollst du nicht essen; denn an dem Tag, da du davon isst, musst du gewisslich sterben!» (1Mo 2,16-17).

Egal, wie der Mensch nach diesem Ungehorsam reagieren würde – das physische Sterben war nicht mehr rückgängig zu machen. Ähnliches ereignete sich zur Zeit Jesu:

> «Als aber die Pharisäer es hörten, sprachen sie: Dieser treibt die Dämonen nicht anders aus als durch Beelzebul, den Obersten der Dämonen! ... Darum sage ich euch: Jede Sünde und Lästerung wird den Menschen vergeben werden; aber die Lästerung des Geistes wird den Menschen nicht vergeben wer-

> den. Und wer ein Wort redet gegen den Sohn des Menschen, dem wird vergeben werden; wer aber gegen den Heiligen Geist redet, dem wird nicht vergeben werden, weder in dieser Weltzeit noch in der zukünftigen» (Mt 12,24.31-32).

Indem die jüdische Obrigkeit die klaren messianischen Zeichenbeweise Jesu als dämonisch erklärte, gab es für sie kein Zurück und keine Rettung mehr!

Gott sitzt immer im Regiment

In 2. Thessalonicher 2 wird Paulus noch etwas sehr Interessantes und sehr Wichtiges geoffenbart:

> «Und ihr wisst ja, was jetzt noch zurückhält, damit er geoffenbart werde zu seiner Zeit. Denn das Geheimnis der Gesetzlosigkeit ist schon am Wirken, nur muss der, welcher jetzt zurückhält, erst aus dem Weg sein; und dann wird der Gesetzlose geoffenbart werden, den der Herr verzehren wird durch den Hauch seines Mundes, und den er durch die Erscheinung seiner Wiederkunft beseitigen wird ...» (2Thes 2,6-8).

Wir können darüber herumrätseln, wie wir wollen, was oder wer genau den Antichrist noch aufhält, aber eines ist klar: Letztlich ist es Gott selbst, der für das kommende Verführungsgericht erst grünes Licht geben muss. Er ist der Herr des Universums! Er hat das letzte Wort!

Nicht die Illuminati, die Freimaurer oder Bilderberger, weder die Politiker noch die Pharmaindustrie oder das globale Wirtschaftssystem haben das letzte Sagen. Selbst wenn der Antichrist heute der Nachbar von nebenan wäre, müssten wir keine

Angst haben. Passen wir als Christen sehr gut auf, was heutzutage, vor allem im Internet, als Verschwörungstheorie zusammengebraut wird und uns dabei den inneren Frieden rauben will. Nicht ein implantierter Chip bringt die Leute in die Hölle, sondern erst das Malzeichen (was auch immer das sein wird) plus Anbetung des Antichrists und seines Standbildes, was nicht nur Loyalität gegenüber dem Weltherrscher ausdrückt, sondern eine totale Übergabe an ihn, indem man sprichwörtlich die eigene Seele verkauft. Der Chip kann eine Vorbereitung sein, ist aber heute nicht mehr als reine Technologie.

Wachsamkeit

Auch wenn der Einführungstext von 2. Thessalonicher 2,3-4 nicht unmittelbar für uns gedacht ist und sich erst nach dem Erscheinen des Sohnes des Verderbens erfüllen wird, so stehen auch wir in Gefahr, verführt zu werden. Nicht umsonst haben der Herr Jesus und später die Apostel immer wieder vor falschen Lehrern und trügerischen Propheten gewarnt. Darum lasst uns Kolosser 2,8-9 ganz neu beherzigen:

> «Habt acht, dass euch niemand beraubt durch die Philosophie und leeren Betrug, gemäss der Überlieferung der Menschen, gemäss den Grundsätzen der Welt und nicht Christus gemäss. Denn in ihm wohnt die ganze Fülle der Gottheit leibhaftig ...»

Zum Nachdenken

In Jesus haben wir den Schutz, den wir in dieser dunklen und bösen Zeit brauchen – einer Zeit, in der der grosse Abfall schon seine Schatten vorausschickt: Wir brauchen Jesus im Zentrum unseres Lebens, unseres Denkens und unseres Herzens.

Jesus und Sein Wort. – Alles andere ist zweitrangig und oft fragwürdig. In Ihm finden wir alles, was wir brauchen. In Ihm wohnt die ganze Fülle der Gottheit. So lasst uns auf Ihn schauen, uns auf Ihn konzentrieren, Ihm immer mehr Platz einräumen, um Ihm in zunehmender Liebe und wachsender Hingabe immer besser dienen zu können, von Tag zu Tag – bis Er uns abholt und heimbringt.

DIE FLUCHT VOR DEM APOKALYPTISCHEN ZUSAMMENBRUCH

Und es wurden der Frau zwei Flügel des grossen Adlers gegeben, damit sie in die Wüste fliegen kann an ihren Ort, wo sie ernährt wird eine Zeit und zwei Zeiten und eine halbe Zeit, fern von dem Angesicht der Schlange» (Offb 12,14).

Der Heilige Geist wird das Zukünftige offenbaren (vgl. Joh 16,13).

Viele bezeichnen Offenbarung 12 als das bildhaft-symbolischste Kapitel des bildhaft-symbolischsten Buches des Neuen Testaments! Deshalb fällt es nicht leicht, diese 17 Verse richtig einzuordnen und zu verstehen. Die übliche Tendenz ist, dass wir es nur im Hinblick auf unsere heutige Zeit lesen. Aber wir werden erkennen, dass die rein symbolische Auslegung, die hier die Gemeinde sieht, nicht nur falsch ist, sondern auch zur Folge hat, dass uns viele wichtige Informationen verloren gehen!

Die Fragen in Bezug auf Offenbarung 12, die sich jedem interessierten Leser stellen, sind leicht aufzulisten:

- Wer ist diese Frau?
- Warum flieht sie?
- Vor wem flieht sie?
- Wohin flieht sie?
- Wann genau flieht sie?
- Und was kommt danach?

In den ersten Versen wird uns eine Frau in Geburtswehen geschildert. Ihr Sohn, der in den Himmel entrückt wird, kann relativ leicht als unser Herr Jesus erkannt werden. Er ist es, der alle Völker weiden (regieren) soll. Die Frau kann logischerweise nicht die Gemeinde darstellen, weil die Gemeinde aus dem Sohn hervorging, aber der Sohn nicht von der Gemeinde geboren wurde! Die Frau kann also nur Maria oder das Volk Israel darstellen. Da der Drache (Satan) in seinem endzeitlichen und antichristlichen Stadium beschrieben wird (V. 3 und 13,1 in Verbindung mit dem Weltherrscher) und der Verführer der ganzen Welt genannt wird, geht die Symbolik weit über Maria hinaus und beschreibt Israel in der grossen Trübsal.

Die Flucht

Wo bekommen wir mehr Informationen über eine prophezeite Flucht? Wie sieht es da in den Endzeitreden Jesu aus? Wenn wir die drei relevanten Kapitel vergleichen (Mt 24, Mk 13 und Lk 21), fällt uns auf, dass Lukas als einziger die Zerstörung Jerusalems im Jahr 70 n.Chr. einschiebt (Lk 21,12-24) und dass dies klar getrennt werden muss.

Jesus selbst gibt in Lukas 21,12 mit den Worten Orientierung: «Vor diesem allem aber ...» Nach der gebotenen Flucht aus Jerusalem wird die weltweite Zerstreuung der Juden von Jesus prophezeit, «bis die Zeiten der Heiden erfüllt sind» (Lk 21,24). Danach werden die grosse Trübsal und die kosmischen Begleiterscheinungen erwähnt, und den Abschluss der grossen Trübsal bildet das Kommen des Menschensohnes.

Bei Matthäus lesen wir: «Wenn ihr nun den Gräuel der Verwüstung, von dem durch den Propheten Daniel geredet wurde, an heiliger Stätte stehen seht (wer es liest, der achte darauf!), dann fliehe auf die Berge, wer in Judäa ist ...» (Mt 24,15-16).

Die weiteren Anweisungen haben schon viele Christen verwirrt:

> «Wer auf dem Dach ist, der steige nicht hinab, um etwas aus seinem Haus zu holen, und wer auf dem Feld ist, der kehre nicht zurück, um seine Kleider zu holen. Wehe aber den

> Schwangeren und den Stillenden in jenen Tagen! Bittet aber, dass eure Flucht nicht im Winter noch am Sabbat geschieht. Denn dann wird eine grosse Drangsal sein, wie von Anfang der Welt an bis jetzt keine gewesen ist und auch keine mehr kommen wird» (Mt 24,17-21).

Unser Herr selbst unterstreicht: «Wer es liest, der achte darauf!» (Mt 24,15). Es ist also möglich, diese vielen Informationen richtig zu verstehen und einzuordnen. Paulus erwähnt: «Von den Zeiten und Zeitpunkten aber braucht man euch Brüdern nicht zu schreiben» (1Thes 5,1). Hier in Matthäus 24,15 erkennen wir einen heilsgeschichtlich-prophetischen Zeitpunkt: Eine Zeitmarke, ein Ereignis, das die grosse Trübsal einläutet und alles verändert. Modern ausgedrückt ist es ein «Gamechanger» (Situationsveränderer).

Daniel durfte als Prophet von Babylon aus die verschiedenen nachkommenden Weltreiche sehen, die zum Schluss vom grossen, wiederkommenden König aus dem Himmel zerstört und abgelöst werden. Er bringt viele detaillierte Informationen, die auch den Antichrist erwähnen. Daniel hat als Jude den Juden gepredigt, und das Danielbuch wurde von Juden gelesen. Für ihn war die Gemeinde Jesu ein Geheimnis, etwas noch Verborgenes. Wenn er vom «Gräuel der Verwüstung an heiliger Stätte» schreibt, dann meint er ganz sicher den Tempel in Jerusalem und nicht irgendeinen Abfall in der Gemeinde. Gräuel bedeutet Scheusal, Teufel, Götzenfigur, Abbild eines Götzen oder ein Abgott. Informationen über diesen zukünftigen Gräuel finden wir in Offenbarung 13,13-17:

> «Und es tut grosse Zeichen, sodass es sogar Feuer vom Himmel auf die Erde herabfallen lässt vor den Menschen. Und es verführt die, welche auf der Erde wohnen, durch die Zeichen, die vor dem Tier zu tun ihm gegeben sind, und es sagt denen, die auf der Erde wohnen, dass sie dem Tier (Weltherrscher), das die Wunde von dem Schwert hat und am Leben geblieben ist, ein Bild machen sollen. Und es wurde ihm gegeben, dem Bild des Tieres einen Geist zu verleihen, sodass das Bild des Tieres sogar redete und bewirkte, dass alle getötet wurden, die das Bild des Tieres nicht anbeteten. Und es bewirkt, dass allen, den Kleinen und den Grossen, den Reichen und den Armen, den Freien und den Knechten, ein Malzeichen gegeben wird auf ihre rechte Hand oder auf ihre Stirn, und dass niemand kaufen oder verkaufen kann als nur der, welcher das Malzeichen hat oder den Namen des Tieres oder die Zahl seines Namens.»

Paulus bemerkt: «Lasst euch von niemand in irgendeiner Weise verführen! Denn es muss unbedingt zuerst der Abfall kommen und der Mensch der Sünde geoffenbart werden, der Sohn des Verderbens, der sich widersetzt und sich über alles erhebt, was Gott oder Gegenstand der Verehrung heisst, sodass er sich in den Tempel Gottes setzt als ein Gott und sich selbst für Gott ausgibt» (2Thes 2,3-4).

Das ist anscheinend die logische Fortsetzung, die Konsequenz, die Gott vorhergesehen hat. Wenn Gott verleugnet wird, wenn Er verworfen und die Juden und die Christen lächerlich gemacht, diskriminiert und verfolgt werden: Dann kommt der Tag, an dem ein «Übermensch» auf Gottes Thron gesetzt wird! Da klingen sogar diese Römerbriefverse recht prophetisch:

> «Denn es wird geoffenbart Gottes Zorn vom Himmel her über alle Gottlosigkeit und Ungerechtigkeit der Menschen, welche die Wahrheit durch Ungerechtigkeit aufhalten, weil das von Gott Erkennbare unter ihnen offenbar ist, da Gott es ihnen offenbar gemacht hat; denn sein unsichtbares Wesen, nämlich seine ewige Kraft und Gottheit, wird seit Erschaffung der Welt an den Werken durch Nachdenken wahrgenommen, sodass sie keine Entschuldigung haben. Denn obgleich sie Gott erkannten, haben sie ihn doch nicht als Gott geehrt und ihm nicht gedankt, sondern sind in ihren Gedanken in nichtigen Wahn verfallen, und ihr unverständiges Herz wurde verfinstert. Da sie sich für weise hielten, sind sie zu Narren geworden und haben die Herrlichkeit des unvergänglichen Gottes vertauscht mit einem Bild, das dem vergänglichen Menschen, den Vögeln und vierfüssigen und kriechenden Tieren gleicht» (Röm 1,18-23).

Dieses apokalyptische Bild, diese «Heiligenstatue des Antichrists», wird im wiederaufgebauten Tempel in Jerusalem aufgestellt, und die ganze Welt wird es anbeten. Die biblische Prophetie ist ein grosses Geschenk, eine Goldmine, sie ist einfach faszinierend und voll wichtiger Informationen! Jesus richtet also in Matthäus 24 ganz spezielle Anweisungen an eine ganz spezielle Gruppe an einem klar gekennzeichneten Ort: *gottesfürchtige Juden in Israel zu Beginn der grossen Trübsal.*

Die antichristliche Entwicklung, die Vorbereitung der apokalyptischen Weltbühne, geht mit grossen Schritten voran. Ein Übermensch wird eines Tages auf den Thron Gottes erhoben. Interessant ist, dass in Römer 1,24.26.28 dreimal darauf hingewiesen wird, dass das gottlose Verhalten der Menschen Konsequenzen nach sich zieht. Der missionarische Eifer und Fanatismus der Genderideologen ist ohne Zweifel eine blinkende Warnlampe, dass die Zeit der Heiden, auch der «christlichen» oder ehemals christlichen Völker, ausläuft.

Wer ist diese Frau in der Wüste?

Die Juden, die Jesu Worten gehorchen und ohne Verzögerung fliehen, werden danach auf besondere Weise an einen sicheren Zufluchtsort geleitet, bewahrt und für genau dreieinhalb Jahre versorgt. Allerdings gilt diese Rettung mit den «Flügeln des grossen Adlers» nur für die Juden, die sich im Land Israel befinden. Hier bemerken wir, dass Gott diese Juden bevorzugt behandelt. Sie haben sich am «Ende der Tage» ins Land rufen lassen, dort ihre Existenz aufgebaut und schauen mittlerweile auf ihre Kinder, Enkel und teils schon Urenkel! Sicherlich werden die zwei besonders vollmächtigen jüdischen Zeugen aus Offenbarung 11,3-13 während ihres Dienstes die verstreuten Juden darauf hinweisen, nach Israel zurückzukehren, um in der grossen Trübsal vor dem Wüten des Antichrists bewahrt zu werden!

Wann flieht sie?

Der Apostel Paulus gebraucht zwei griechische Wörter: «Von den Zeiten und Zeitpunkten aber braucht man euch Brüdern nicht zu schreiben» (1Thes 5,1). Für Zeiten steht in der Grundform *chronos* und für Zeitpunkte *kairos*. Diese Zeitpunkte sind prophezeite Ereignisse, die eine Reaktion auslösen sollen.

Jesus warnte vor der Tempelzerstörung und orientierte Seine Jünger der damaligen Zeit: «Wenn ihr aber Jerusalem von Kriegsheeren belagert seht, dann erkennt, dass seine Verwüstung nahe ist. Dann fliehe auf die Berge, wer in Judäa ist; und wer in

Jerusalem ist, der ziehe fort aus ihr; und wer auf dem Land ist, der gehe nicht hinein in sie» (Lk 21,20-21).

Vier Jahre vor der Zerstörung Jerusalems durch Titus im Jahr 70 n.Chr. war Gaius Cestius Gallus aus Syrien herangerückt und hatte Erfolg auf der ganzen Linie. Damals gab es für die Städte nur zwei Möglichkeiten: Annahme des Friedensangebots oder Krieg. Wenn die friedliche Auf- und Übergabe ausgeschlagen wurde und der Feind daraufhin die Stadt umzingelte und einen Wall aufwarf, gab es kein Entrinnen mehr. Aber Jesus ordnete an, beim Eintreffen des Zeichens, der Belagerung, zu fliehen. Das war aber entgegen jedweder Logik und unmöglich, weil diejenigen, die zu flüchten versuchten, sofort getötet wurden! Doch Gaius Cestius zog sich plötzlich zurück und löste den Belagerungsring auf. Die Zeloten jagten den Römern wie aufgestörte Hornissen nach und brachten ihnen Verluste bei. Während Jerusalem jubelte, erinnerten sich die Jünger an die ernsten Worte ihres Meisters und verliessen die Stadt, die vier Jahre später total zerstört wurde. Durch Cestius erfüllte sich der Zeitpunkt (*kairos*), die Jünger gehorchten und flüchteten und kamen nicht unter das Massaker im Jahr 70 n.Chr. Die Römer kreuzigten alle, die flüchten wollten, bis sie kein Holz mehr fanden!

Bei der Flucht der Frau sehen wir das gleiche Muster. Der genaue Zeitpunkt (*kairos*), der Auslöser, der Zündfunke für die Flucht der Frau wird die klar sicht- und erkennbare Tempelentweihung in Jerusalem sein. Mit der Auferstehung des Antichrists, dem Tod der beiden Zeugen und dem Bild des Tieres (Offb 13,14-17) beginnt der grosse, weltweite Abfall. Durch das eingeführte Malzeichen an der rechten Hand oder der Stirn wird die totale Kontrolle besiegelt.

Warum an der rechten Hand oder an der Stirn? Es geistert da so allerhand im Internet herum, und einige spekulieren sogar, dass diese Stellen des menschlichen Körpers am wenigsten einen implantierten Fremdkörper abstossen. Das alles ist blanker Unsinn!

Wir müssen uns fragen: Wer benützt denn schon Jahrtausende hindurch etwas Spezielles an der rechten Hand und an der Stirn? Es sind die betenden Juden, die sich die Tefillin dazu anbinden. In diesen Kapseln oder Kästchen an den Gebetsriemen befinden sich die besonderen Anweisungen Gottes aus 2. Mose 13,1-10.11-16; 5. Mose 6,4-9 sowie 11,13-21. Es war und ist ein bewusster Akt des Gehorsams, durch den sich ein frommer Jude Gott wieder ins Gedächtnis rufen sollte: «So nehmt euch nun diese meine Worte zu Herzen und in eure Seele, und bindet sie zum Zeichen auf eure Hand, und sie sollen zum Erinnerungszeichen über euren Augen sein» (5Mo 11,18).

Deshalb setzt sich der Antichrist in den Tempel in Jerusalem und imitiert die Tefillin durch seine eigene Marke, seine satanische Imitation, und zu seiner eigenen Anbetung.

Da Jerusalem, Zion, der heilige Berg des Herrn das Zentrum des zukünftigen Friedensreiches sein wird, hat der Drache einen grossen und zielgerichteten Hass gegen Jerusalem und sein Volk und wird deshalb sein eigenes weltweites «Friedensreich» organisieren. Erinnern wir uns an das anvisierte Dritte Reich von tausend Jahren? Und wie sah dieses Reich nach den 12 Jahren von Hitlers Regierung aus? Noch viel schlimmer wird es dieser Welt ergehen, die dann global den grossen, antichristlichen Führer anbeten wird!

Diese Flucht der Frau zu Beginn der grossen Trübsal wiegt auch als ein starkes Argument, dass die Entrückung nicht in der

Mitte der sieben apokalyptischen Jahre stattfinden kann. Viele Gemeinden vertreten heute diese Sicht. Aber wie erklären wir uns dann diese Menge gläubiger Juden, die exakt in der Mitte der Trübsalszeit fliehen und bewahrt werden? Diese Juden sind die, «welche die Gebote Gottes befolgen und das Zeugnis Jesu Christi haben» (Offb 12,17).

Sie würden ohne Zweifel mitentrückt werden, wenn es eine Entrückung in der Mitte der sieben Jahre geben würde! Denn als an Jesus Gläubige würden sie zur Gemeinde gehören. Die biblische Prophetie zeigt uns mithilfe von vielen wichtigen Informationen, dass es keine Entrückung in der Mitte der Trübsalszeit geben kann! Den Menschen, die sich während der sieben apokalyptischen Jahre retten lassen, gilt das Wort:

> «Wer hören will, achte auf das, was gesagt wird! Wenn einer zur Gefangenschaft bestimmt ist, kommt er in Gefangenschaft. Wer für den Tod durch das Schwert bestimmt ist, wird mit dem Schwert getötet werden. Hier muss sich der Glaube und die Standhaftigkeit der Menschen bewähren, die zu Gott gehören» (Offb 13,9-10 NeÜ).

Warum flieht die Frau?

Die Frau flieht, weil mit dem Beginn der grossen Trübsal eine ganz schreckliche Zeit beginnt. Bei Daniel lesen wir: «Denn es wird eine Zeit der Drangsal sein, wie es noch keine gab, seitdem es Völker gibt, bis zu dieser Zeit ...» (Dan 12,1).

Jesus zitiert diesen Vers vom Propheten Daniel in Matthäus 24,21: «Denn dann wird eine grosse Drangsal sein, wie von Anfang der Welt an bis jetzt keine gewesen ist und auch keine mehr kommen wird.»

Während sich die Gottesfürchtigen in Israel auf die Berge retten und dann sehr wahrscheinlich horizontal zu einem besonderen Zufluchtsort in der Wüste entrückt werden, schreien die Gottlosen dieser Welt bei den zunehmenden apokalyptischen Gerichten in grösster Verzweiflung und flehen zu den Bergen und Felsen, zur toten Materie um Hilfe:

> «Und die Könige der Erde und die Grossen und die Reichen und die Heerführer und die Mächtigen und alle Knechte und alle Freien verbargen sich in den Klüften und in den Felsen der Berge, und sie sprachen zu den Bergen und zu den Felsen: Fallt auf uns und verbergt uns vor dem Angesicht dessen, der auf dem Thron sitzt, und vor dem Zorn des Lammes! Denn der grosse Tag seines Zorns ist gekommen, und wer kann bestehen?» (Offb 6,15-17, ein Zitat aus Jes 2,12-21).

Das Gebet zur toten Materie ist die Auswirkung, die Frucht der Evolutionstheorie, die weltweit als Waffe gegen Gott, die Bibel, die Christen und den gesunden Menschenverstand eingesetzt wurde. Während der apokalyptischen Gerichte wird diese katastrophale Sackgasse blossgestellt und die Rebellion der sündigen Menschen gegen den heiligen Schöpfergott bestraft.

Vor wem flieht sie?

Mit dem Wiedererscheinen des Weltherrschers nach einer tödlichen (!) Verletzung beginnt der Countdown Satans (Offb 11,7; 13,1.3): «Und ich sah einen seiner Köpfe wie zu Tode verwundet, und seine Todeswunde wurde geheilt. Und die ganze Erde sah verwundert dem Tier nach ... und es sagt denen, die auf der Erde wohnen, dass sie dem Tier, das die Wunde von dem

Schwert hat und am Leben geblieben ist, ein Bild machen sollen» (Offb 13,3.14).

Der siebenjährige Friedensbund mit Israel wird annulliert: «Für eine Jahrwoche wird der Fürst einen starken Bund mit den Vielen schliessen. Doch in der Mitte der Jahrwoche wird er die Schlacht- und Speisopfer aufhören lassen. Dazu wird er das Heiligtum verwüsten, indem er ein Gräuelbild dort aufstellt. Schliesslich wird die beschlossene Vernichtung auch ihn selbst treffen» (Dan 9,27 NeÜ). Und es beginnt die schreckliche Verfolgung (Dan 12,11-12; Offb 12,17; 13,7.12).

Der überschäumende Hass Satans ergiesst sich bei der Tempelentweihung gegen Israel!

Wohin flieht die Frau?

In den endzeitlichen Abschnitten der Evangelien finden wir die Information: «Wer sich in Judäa befindet, soll auf die (umliegenden) Berge fliehen.» Zusätzlich bemerken wir, dass die angesprochenen Menschen (besser: die Menschen, die sich ansprechen lassen) unverzüglich fliehen sollen, nur mit den Kleidern auf dem Leib (Mt 24,15-21; Mk 13,14-20).

Interessanterweise gibt es im Johannesevangelium kein Kapitel mit den Endzeitreden Jesu. Das ist bemerkenswert, denn der Apostel Johannes bekam viele Jahrzehnte später die grosse Offenbarung, das letzte Buch des Neuen Testaments. Dort lesen wir im 12. Kapitel, dass die Frau in die Wüste fliehen wird: «Die Frau selbst floh in die Wüste, wo ihr Gott einen Zufluchtsort geschaffen hatte, an dem sie 1260 Tage lang mit allem Nötigen versorgt würde» (12,6 NeÜ).

Sie wird fliehen! Im 14. Vers entdecken wir, dass die Frau an die von Gott bereitete Stätte fliegen wird: «Und es wurden der

Frau zwei Flügel des grossen Adlers gegeben, damit sie in die Wüste fliegen kann an ihren Ort, wo sie ernährt wird eine Zeit und zwei Zeiten und eine halbe Zeit, fern von dem Angesicht der Schlange.»

Was gilt jetzt? Fliehen oder fliegen? Oder fliegend fliehen? Wir wissen das heute nicht genau. Aber da die zwei grossen (übernatürlichen) Adlersflügel (V. 14) erwähnt werden, wissen wir: Gott wird diese grosse Gruppe von Juden bewahren und führen, ähnlich wie das Volk Israel beim Auszug aus Ägypten (2Mo 19,4; 5Mo 32,10-14).

Äusserst interessant sind die folgenden Informationen von Mose: «Ich habe euch 40 Jahre lang in der Wüste geführt; eure Kleider sind an euch nicht zerlumpt, und der Schuh an deinem Fuss ist nicht abgenutzt» (5Mo 29,4).

Gott hat die natürlichen Zerfallserscheinungen einfach gestoppt, und die Schuhe und Kleider haben nicht nur 40 Jahre lang gehalten, nein, sie hatten sich noch nicht einmal abgenutzt! Die Schuster und Schneider waren ganze 40 Jahre lang arbeitslos. Bei Gott ist absolut nichts unmöglich und Er wird die Frau in der Wüste dreieinhalb Jahre mit allem Notwendigen versorgen.

Da bei Gott alle Dinge möglich sind, können wir auch eine horizontale Entrückung in Betracht ziehen. Bei der angekündigten Tempelentweihung geschieht das Zeichen, der Zeitpunkt, der zur raschen Flucht aufruft. Alle, die den Worten Jesu (inklusive den Informationen im Buch Daniel und den gehörten Ermahnungen der zwei Zeugen während der vergangenen dreieinhalb Jahre) gehorchen und als Gehorsamsakt fliehen, werden Teil dieser Frau sein. Sie wird an einem besonderen Ort bewahrt und versorgt.

Die zwei Zeugen (Offb 11,3-13) werden, nach der Entrückung der Gemeinde, genau dreieinhalb Jahre (1260 Tage) das Sprachrohr Gottes an Israel sein und mit besonderer Vollmacht und besonderen Wunderzeichen ausgestattet, ähnlich wie die Apostel am Anfang der Gemeinde. Sie werden Israel biblisch unterweisen, auf die Erfüllung der Prophetien hinweisen und vor der kommenden, grossen Verführung und dem Abfall warnen. Und es ist durchaus möglich, dass unter ihrer Leitung und ihrem Schutz der Wiederaufbau des Jerusalemer Tempels möglich wird.

Die Flucht als Zeichen

Vor dem Auszug aus Ägypten markierten die Israeliten die Türpfosten mit dem Blut des Passahlammes. Deshalb zog der Todesengel weiter und liess ihre Häuser unbeschadet. Nur um Bewahrung zu beten, war in dieser konkreten Situation nicht genug! Gott wollte eine ganz genau vorgeschriebene Aktion: das Blut am Türrahmen. Ähnlich passierte es einige Zeit später während der Wüstenwanderung.

Störrisch und unzufrieden rebellierte das Volk gegen Gott und Mose (4Mo 21,4-9). Zur Strafe sandte Gott eine Plage von «feurigen» Schlangen. «Feurig» bedeutete äusserst aggressive Giftschlangen, deren Biss dazu noch furchtbar schmerzhaft war. Nachdem schon viele Menschen an dieser Plage gestorben waren, flehten die anderen um Gottes Barmherzigkeit. Als Antwort sollten sie zum gegossenen Abbild einer Schlange aufblicken, das Mose weithin sichtbar an einer hohen Stange befestigen liess. Auch hier war Gebet allein nicht genug. Gott wollte eine klar ersichtliche, persönliche Reaktion, ein Zeichen der Reue und Busse: den Blick zur ehernen Schlange.

Bei der Flucht aus Sodom gebot Gott, sich auf keinen Fall umzudrehen. Eine einfache Bewegung, ein Moment des Ungehorsams, verursachte schreckliche Folgen (1Mo 19,17.26; Lk 17,32)!

Oder denken wir an das Beispiel der Heilung des Blindgeborenen (Joh 9,7), dem Jesus die Augen bestrich und ihn zum Abwaschen an den Siloah-Teich hinunterschickte. Diese spezielle Heilung wurde also erst beim aktiven Abwaschen wirksam. Genauso wird die Flucht zu Beginn der grossen Trübsal ein persönliches Zeichen sein, das die Menschen im Gehorsam zu Gott erfüllen. Daraufhin wird Er Seine Verheissung sofort wahrmachen und sie bewahren!

Eine Oase mitten im apokalyptischen Zusammenbruch

In Offenbarung 12,14 heisst es: «Und es wurden der Frau zwei Flügel des grossen Adlers gegeben, damit sie in die Wüste fliegen kann an ihren Ort, wo sie ernährt wird eine Zeit und zwei Zeiten und eine halbe Zeit, fern von dem Angesicht der Schlange.»

«Aus (oder weg von) dem Einflussbereich der Schlange», so formulieren es andere Übersetzungen. Was bedeutet das in einer Zeit der totalen Kontrolle? Wie und wo sollte man sich da noch verstecken können?

Aktuell beobachten und erleben wir zunehmende Vorbereitungen für die zukünftige und prophezeite globale Überwachung mit einer Unmenge an technologischer Ausrüstung, Transportmitteln und blitzschneller weltweiter Kommunikation. Nachfolgende Schlagzeile lässt aufhorchen: «NSA will Quanten-Maschine für die Totalüberwachung».

Wenn Bibelexperten den Zufluchtsort der Frau definieren, weisen sie oft auf den zwischen Felsen versteckten Ort Petra im heutigen Jordanien hin. Petra befindet sich genau zwischen dem Toten und dem Roten Meer im Bergland von Edom, war einmal die Hauptstadt der Nabatäer und wurde wegen seiner in Sandstein gehauenen Grabtempel, Gebäude und Wohnnischen zur Touristenattraktion. Doch selbst der enge Schluchteneingang ist heutzutage kein Schutz mehr vor Flugzeugen und Raketen. Deshalb: Petra allein genügt nicht.

Beachten wir genau die Formulierung: «fern vom Angesicht der Schlange» (Offb 12,14). Gott nimmt den Bergungsort in der Wüste aus der Dimension des Antichrists. Menschlich gesprochen existiert der Ort einfach nicht mehr. Ein «weisser», unaufspürbarer Fleck auf der Landkarte. Das ist gewaltig!

Die Frau ist in der Wüste vor dem Zugriff des Antichrists geschützt. Aber Ungeduld, Unglaube und Verlockungen können dazu führen, verführt zu werden und «herausgelockt» zu werden: «Wenn sie nun zu euch sagen werden: ‹Siehe, er ist in der Wüste!›, so geht nicht hinaus; ‹Siehe, er ist in den Kammern!›, so glaubt es nicht! Denn wie der Blitz vom Osten ausfährt und bis zum Westen scheint, so wird auch die Wiederkunft des Menschensohnes sein» (Mt 24,26-27).

Deshalb die ernste Mahnung, bis ans Ende auszuharren (Mt 10,22; 24,13; Mk 13,13), und: «Wohl dem, der ausharrt und 1335 Tage erreicht!» (Dan 12,12).

Wir dürfen eben nicht alle Verse aus dem Blickwinkel der Gemeinde lesen: «So geh nun, mein Volk, in deine Kammern und schliesse die Tür hinter dir zu! Verbirg dich einen kleinen Augenblick, bis der Zorn vorübergegangen ist! Denn siehe, der Herr wird von seinem Ort ausgehen, um die Bosheit der Erdenbewohner an ihnen heimzusuchen» (Jes 26,20-21).

Da die Gemeinde nach 1. Thessalonicher 1,10 vor dem zukünftigen Zorn bewahrt und gerettet wird, gilt die Anweisung, sich vor dem Zorn zu verbergen, nicht uns, sondern Israel. Das erkennen wir auch an den Offenbarungen, die der Prophet Daniel bekam: «Und er sprach: Siehe, ich verkünde dir, was in der letzten Zeit des Zornes geschehen wird; denn es bezieht sich auf die bestimmte Zeit des Endes» (Dan 8,19).

Da geht es um Völker und speziell um Israel in der «letzten Zeit». «Suchet den Herrn, all ihr Elenden im Lande, die ihr seine Rechte haltet! Suchet Gerechtigkeit, suchet Demut! Vielleicht könnt ihr euch bergen am Tage des Zorns des Herrn!» (Zef 2,3 Lth).

Wir sollten uns in die Situation der verfolgten Menschen, besonders der Juden, in der grossen Trübsal versetzen, wie sie empfinden und die Anweisungen wahrnehmen, die ganz besonders an sie gerichtet sind.

In der biblischen Geschichte gibt es einige Ereignisse, die uns beim Verstehen der Umstände mit der Frau in der Wüste weiterhelfen. Als Lot in Sodom die beiden Gäste schützen wollte, ging er aus dem Haus «und schloss die Tür hinter sich zu» (1Mo 19,6). Er stand jetzt vor einer Horde gewaltbereiter Perverslinge. *Er schloss die Tür hinter sich zu.* Das bedeutet, dass er bereit war, die beiden Fremdlinge mit seinem Leben zu verteidigen. Hut ab vor Lot! Das war ein Selbstmordkommando, aber Gott hatte es gesehen. In der Bibel heisst es dann: «Da streckten die Männer (die beiden Engel) ihre Hände hinaus und zogen Lot zu sich hinein und schlossen die Tür zu. Und sie schlugen die Männer vor der Haustür mit Blindheit, klein und gross, sodass sie müde wurden, die Tür zu suchen» (1Mo 19,10-11).

Unser genialer Schöpfer, der jedes Atom und Molekül bewegt und teils mit Informationen programmiert hat, kann ohne Zweifel einen Eingriff in die Wahrnehmung des Menschen vornehmen, ohne Operation, Sonde oder Gehirnwäsche. Er schaltet einfach den dafür zuständigen Teil des Gehirnareals aus. Das nennt sich «mit Blindheit schlagen», und wir verstehen das sehr gut, obwohl der Text ca. 4000 Jahre (!) zurückdatiert.

Später geschah etwas Ähnliches durch den Propheten Elisa (2Kö 6,14-23). Er wurde von den feindlichen Aramäern als geheimer Spion ausgemacht und eine grosse Einsatztruppe sollte das «Subjekt neutralisieren». Der Diener des Propheten erschrak am Morgen gewaltig, als er sich in einer umzingelten Stadt wiederfand. Souverän bat Elisa, dass Gott doch dem armen Knaben auf die Sprünge helfen sollte, und dieser durfte einen Blick in die unsichtbare Welt werfen: Sie waren umgeben von himmlischen feurigen Pferden und Streitwagen. Dann bat er den Herrn um Folgendes: «Schlage doch diese Heiden mit Blindheit! Da schlug er sie mit Blindheit nach dem Wort Elisas» (2Kö 6,18).

Und plötzlich verwandelte sich die Elitetruppe in eine total desorientierte und harmlose «Wandertruppe». Dem Diener Elisas wurden die Augen für Gottes Dimension und Macht geöffnet, und der feindlichen Truppe wurden die Augen verschlossen. Im endzeitlichen Zusammenbruch und Gericht wird Ähnliches beschrieben: «An jenem Tag, spricht der Herr, will ich alle Pferde mit Scheu schlagen und ihre Reiter mit Wahnsinn; über das Haus Juda aber will ich meine Augen offen halten, und alle Pferde der Völker will ich mit Blindheit schlagen» (Sach 12,4).

«Und es wird geschehen an jenem Tag, da wird eine grosse Verwirrung vom Herrn über sie kommen, sodass einer die Hand des anderen ergreifen und jeder gegen seinen Nächsten die Hand erheben wird» (Sach 14,13).

Unser Schöpfer und DNA-Programmierer ist gewaltig und steht über allem! Er kann auch militärische Hightech-Ausrüstungen durcheinanderbringen oder zum Totalausfall bringen.

In der zweiten Hälfte der sieben apokalyptischen Jahre wird es dem Antichrist und seinen Helfern unmöglich sein, den besonderen und von Gott für die Frau bereiteten Ort in der Wüste anzugreifen. Es wird nur diese eine, absolut friedliche und geschützte Oase während der schlimmsten Zeit der Menschheitsgeschichte geben.

Was kommt danach?

Auf jeden Fall nicht das Ende der Welt, sondern:

> «Bald aber nach der Drangsal jener Tage wird die Sonne verfinstert werden, und der Mond wird seinen Schein nicht geben, und die Sterne werden vom Himmel fallen und die Kräfte des Himmels erschüttert werden. Und dann wird das Zeichen des Menschensohnes am Himmel erscheinen, und dann werden sich alle Geschlechter der Erde an die Brust schlagen, und sie werden den Sohn des Menschen kommen sehen auf den Wolken des Himmels mit grosser Kraft und Herrlichkeit» (Mt 24,29-30).

Jesus kommt für alle sichtbar wieder und wird Sein wunderbares Friedensreich aufrichten. Der grosse Friedefürst wird Frieden zwischen den Tieren schaffen, zwischen Tier und Mensch (Jes 11,6-8; 65,25), zwischen den Menschen (Jes 2,2-4), auch zwischen den Völkern und Israel und zwischen den Menschen und Gott.

Zum Nachdenken

Wer in der Frau irgendwie die Gemeinde sieht oder wegen der offiziellen Lehre seiner Denomination die Gemeinde sehen muss, für den ist es an der Zeit, diesen trüben und angeschlagenen Filter abzulegen. Die Frau stellt einen Teil des zukünftigen Israels in der apokalyptischen Zeit dar, und Gott offenbart uns, wie Er sie auf besondere Weise bewahren, versorgen und durchbringen wird.

DER PROPHETISCHE SCHLÜSSEL

Was wir hier als «prophetischen Schlüssel» bezeichnen (man könnte auch von einem «prophetischen Code» sprechen), bezieht sich auf bestimmte Zeitangaben in neun Versen der Bibel, mit denen viele leider rein gar nichts anfangen können. Vier dieser Zeiteinheiten kommen im Propheten Daniel vor und fünf im Buch der Offenbarung. Diese Zeitangaben ergeben erst bei der richtigen Auslegung, bei einer bibeltreuen Interpretation einen Sinn.

Wir gehen hier wie bei einer Puzzlemontage vor, bei der die richtigen Teile zusammengesucht werden müssen. Der Herr sprach zu Daniel: «Du aber, Daniel, verschliesse diese Worte und versiegle das Buch bis zur Zeit des Endes! Viele werden darin forschen, und die Erkenntnis wird zunehmen» (Dan 12,4).

Kann es sein, dass Gott uns durch den Heiligen Geist hilft, in der immer näherkommenden Endzeit (den sieben apokalyptischen Jahren) Sein prophetisches Wort besser zu verstehen als unsere Vorväter im Glauben? Die Erkenntnis, das Verständnis, wird zunehmen! Welch eine wunderbare Verheissung. Und doch stimmt es traurig, wenn wir feststellen müssen, dass vielerorts das Verständnis nicht zunimmt, sondern eher abnimmt.

Im vorhergehenden Kapitel behandelten wir die von Jesus gebotene Flucht: «Und die Frau floh in die Wüste, wo sie einen von Gott bereiteten Ort hat, damit man sie dort 1260 Tage lang ernähre» (Offb 12,6). Nur acht Verse weiter lesen wir: «Und es wurden der Frau zwei Flügel des grossen Adlers gegeben, damit sie in die Wüste fliegen kann an ihren Ort, wo sie ernährt wird eine Zeit und zwei Zeiten und eine halbe Zeit, fern von dem Angesicht der Schlange.»

Ein versierter Bibelleser weiss, dass 1260 Tage auch 42 Monaten oder dreieinhalb Jahren entsprechen. Da es in den beiden zitierten Versen um die Flucht der Frau geht, entsprechen die 1260 Tage also auch «eine(r) Zeit und zwei Zeiten und eine(r) halbe(n) Zeit».

Wir arbeiten hier wie in der Mathematik bei der Berechnung einer Unbekannten. Logischerweise können wir also auch lesen: ein Jahr, zwei Jahre und ein halbes Jahr! Aber anscheinend ist das vielen verborgen, denn die Antworten auf die Frage: «Wer ist die Frau aus Offenbarung 12?» sind teils haarsträubend, schockierend und entmutigend. Fast könnte man den Vers in Römer 11,25 anders formulieren: *Und Blindheit ist der Gemeinde zum Teil widerfahren!* Deshalb müssen wir unsere Blickrichtung etwas von der Gemeinde wegnehmen. Der Blick auf Israel kann uns zum besseren Verständnis der biblischen Prophetie verhelfen – oder, wenn wir uns dagegen abschotten, in einer geistlichen Blindheit und gefährlichen Unwissenheit verkümmern lassen.

Wenn man alle neun Stellen mit den Zeitangaben auflistet, ergibt sich ein logisches Gesamtbild des prophetischen Schlüssels. In Daniel 9,27 finden wir den Vers, auf den sich Jesus in Seiner Endzeitrede bezieht (Mt 24,15): «Und er wird mit den Vielen einen festen Bund schliessen eine Woche lang; und in der Mitte der Woche wird er Schlacht- und Speisopfer aufhören lassen, und neben dem Flügel werden Gräuel der Verwüstung aufgestellt, und zwar bis die fest beschlossene Vernichtung sich über den Verwüster ergiesst.»

Der Friedensbund mit Israel wird in der Mitte der «Woche» gebrochen, also nach dreieinhalb Jahren, und der Antichrist offenbart dann seine wahren, diabolischen Absichten.

Israel lebte und arbeitete im Verlauf der Geschichte in Sieben-Jahrzyklen, die jeweils nach sechs Jahren vom Sabbatjahr abgeschlossen wurden. Und im Anschluss an sieben Sabbatjahre, nach insgesamt 49 Jahren, wurde das Jubeljahr dann als 50. Jahr gehalten (3Mo 25,8-13). Weil Israel im Ungehorsam und Abfall diese Gebote nicht einhielt, kam es dementsprechend lange in Gefangenschaft (3Mo 26,35; 2Chr 36,21). Während dieser Zeit holte das brachliegende Land die Sabbatjahre nach.

Daniel wurde Gottes Ratschluss über Israel und seine Zukunft wie folgt geoffenbart:

> «Über dein Volk und über deine heilige Stadt sind 70 Wochen bestimmt, um der Übertretung ein Ende zu machen und die Sünden abzutun, um die Missetat zu sühnen und eine ewige Gerechtigkeit herbeizuführen, um Gesicht und Weissagung zu versiegeln und ein Allerheiligstes zu salben. So wisse und verstehe: Vom Erlass des Befehls zur Wiederherstellung und zum Aufbau Jerusalems bis zu dem Gesalbten, dem Fürsten, vergehen 7 Wochen und 62 Wochen; Strassen und Gräben werden wieder gebaut, und zwar in bedrängter Zeit. Und nach den 62 Wochen wird der Gesalbte ausgerottet werden, und ihm wird nichts zuteil werden; die Stadt aber samt dem Heiligtum wird das Volk des zukünftigen Fürsten zerstören, und sie geht unter in der überströmenden Flut; und bis ans Ende wird es Krieg geben, fest beschlossene Verwüstungen. Und er wird mit den Vielen einen festen Bund schliessen eine Woche lang; und in der Mitte der Woche wird er Schlacht- und Speisopfer aufhören lassen, und neben dem Flügel werden Gräuel der Verwüstung aufgestellt, und zwar bis die fest beschlossene Vernichtung sich über den Verwüster ergiesst» (Dan 9,24-27).

Die Jahrwochen Daniels

Weshalb werden in Daniel 9,24-26 die siebzig Wochen in sieben Wochen, zweiundsechzig Wochen und eine Woche unterteilt?

Als die Medo-Perser das babylonische Reich eroberten, erlaubte der König Kores (Kyros) die Rückkehr der exilierten Juden in ihr Land. Die Uhr der siebzig Jahrwochen begann allerdings erst zu ticken, als der persische König Artasasta (Artaxerxes) etwas später, im Jahr 457 v.Chr. (andere Quellen setzen dafür das Jahr 445 v.Chr.), offiziell den Wiederaufbau Jerusalems genehmigte (Neh 2; Esr 7).

Von dem Erlass zur Rückkehr mit der Erlaubnis, Jerusalem wiederaufzubauen, bis zur vollen Wiederherstellung Israels und der Stadt Jerusalem sollten also insgesamt siebzig Jahrwochen vergehen. Dieser Zeitraum der insgesamt siebzig prophezeiten Jahrwochen (7 mal 70 = 490 Jahre) erfüllt sich in drei Etappen: zuerst sieben Jahrwochen (= 49 Jahre), danach zweiundsechzig (= 434 Jahre) und danach die noch fehlende und ausstehende letzte Jahrwoche (= 7 Jahre). Die ersten 69 Wochen, die bis zum Auftreten oder zur Kreuzigung des Messias verfliessen sollten, sind also in zwei Teile geteilt. Die ersten 7 Jahrwochen (d.h. 49 Jahre) werden deshalb besonders vom Heiligen Geist genannt und gezählt, weil während ihnen nach dem Exil der erste Wiederaufbau Jerusalems ausgeführt und vollendet wurde, was für den Gott Israels und Sein Volk eine wichtige Etappe darstellte. Aus diesem zurückgekehrten Volk sollte der Retter der Welt, der göttliche Messias, hervorgehen.

Von dem Gebot im Jahr 457 v.Chr., die Stadt wiederaufzubauen, bis zum öffentlichen Auftreten des Christus sollten also 69 Wochen = 483 Jahre verfliessen. Dies führt uns auf das Jahr 26 n.Chr. für das Auftreten unseres Heilandes; und da die christliche Zeitrechnung nicht ganz richtig ist, sondern 4 Jahre früher beginnen sollte (sie ist nämlich durch den im 6. Jahrhundert lebenden römischen Abt Dionysius um 4 Jahre zu spät angesetzt), ergibt dies richtig die Zahl 30 nach der Geburt des Christus (andere Quellen kommen auf das Jahr 32 n.Chr.).

Sir Robert Anderson, ehemaliger Direktor von Scotland Yard und Mitglied der Offenen Brüder, rechnete mithilfe des Royal Greenwich Observatory den Zeitraum der 69 Jahrwochen aus. Das Datum, an dem König Artaxerxes den Wiederaufbau Jerusalems erlassen hatte (Neh 2,1-8), war der erste Nisan im 20. Jahr des Königs, was umgerechnet der 14. März 445 v.Chr. ist. Anderson legte den jüdischen Mondkalender zugrunde, dessen Monate immer 30 Tage zählen. So kam er auf 173 880 Tage für 483 Jahre (12 Monate × 30 Tage). Damit dauerten die 69 Jahrwochen bis zum 6. April (10. Nisan) 32 n.Chr. – der Sonntag, an dem Jesus auf einem Esel in Jerusalem einritt und als Messias bejubelt wurde, fünf Tage vor Seiner Kreuzigung.

So konnten die frommen Israeliten aus der Prophetie Daniels die Zeit erkennen, wann der Gesalbte erscheinen sollte. Deshalb wird bei der Darstellung im Tempel Folgendes erwähnt: «Und es war eine Prophetin, Hanna, eine Tochter Phanuëls, aus dem Stamm Asser. Sie war hochbetagt. Nach ihrer Jungfrauschaft hatte sie sieben Jahre mit ihrem Mann gelebt ... Die trat auch hinzu zu derselben Stunde und pries Gott und redete von ihm zu allen, die auf die Erlösung Jerusalems warteten» (Lk 2,36.38 Lth).

Hanna erkannte die heilsgeschichtliche Stunde und wusste, dass die Erlösung Jerusalems angebrochen war. Dieser Ausdruck war eine messianische Erwartung, und die Gruppe, an die Hanna sich richtete, wartete auf Jesus!

Daniel offenbarte mit den 69 Jahrwochen exakt den Tag des Messias, an dem Jesus auf einem Esel in die Stadt Jerusalem einzog: «Und als er näher kam und die Stadt sah, weinte er über sie und sprach: Wenn doch auch du erkannt hättest, wenigstens noch an diesem deinem Tag, was zu deinem Frieden dient! Nun aber ist es vor deinen Augen verborgen» (Lk 19,41-42).

Jesus war sehr traurig, weil Israel diesen besonderen, von Daniel erwähnten und berechenbaren Tag des Messias nicht erkannt hatte. Keine vierzig Jahre später wurden dann die Stadt und das Heiligtum durch den «kommenden Fürsten», den römischen General Titus, und seine Soldaten zerstört, genauso, wie es Daniel prophezeit hatte. Aber nun kommen wir zu der ausstehenden Frage:

Wo ist die letzte Jahrwoche geblieben?

Nach dem Tod des Messias und nach der Zerstörung durch die Römer blieb die Uhr betreffs Israel stehen. Die Gnadenzeit für die weltweite Errettung der Menschen durch die Verkündigung des Evangeliums wurde eingeschoben. Aber dieser Heilsabschnitt wird mit der Entrückung der Gemeinde abgeschlossen werden. Die siebzigste Jahrwoche (d.h. die letzten 7 Jahre, die dem Tausendjährigen Reich vorangehen) ist also noch zukünftig! Deshalb ist das Buch der Offenbarung in einigen seiner Kapitel die Fortsetzung von Daniels Prophetie. Der Beweis dafür ist der seltsame Begriff «eine Zeit, zwei Zeiten und eine halbe Zeit», der in Daniel 7,25 und 12,7 zweimal vorkommt, um dann wieder am Ende des Neuen Testaments, in Offenbarung 12,14, im Zusammenhang mit der Frau in der Wüste aufzutauchen.

Nicht umsonst erwähnt der jüdische Prophetielehrer Arnold Fruchtenbaum, dass es im Buch der Offenbarung über fünfhundert Bezüge oder Zitate aus dem Alten Testament gibt. Warum? Weil die Heilsgeschichte Israels wieder in Bewegung kommt!

Die Zeitangaben 1260 Tage, 42 Monate und «eine Zeit, zwei Zeiten und eine halbe Zeit» beziehen sich immer auf dreieinhalb Jahre, immer auf eine Hälfte der sieben apokalyptischen Jahre. Es ist der Antichrist selbst, der die sieben Jahre in der Mitte unterteilt: «Für eine Jahrwoche wird der Fürst einen starken Bund mit den Vielen schliessen. Doch in der Mitte der Jahrwoche wird er die Schlacht- und Speisopfer aufhören lassen. Dazu wird er das Heiligtum verwüsten, indem er ein Gräuelbild dort aufstellt. Schliesslich wird die beschlossene Vernichtung auch ihn selbst treffen» (Dan 9,24-27 NeÜ). Wenn dieser Gräuel geschieht, wird eine Gruppe von Juden Jesus gehorchen und fliehen.

> «Da hörte ich den in Leinen gekleideten Mann, der oberhalb der Wasser des Flusses war, wie er seine Rechte und seine Linke zum Himmel erhob und bei dem schwor, der ewig lebt: Eine Zeit, zwei Zeiten und eine halbe Zeit; und wenn die Zerschmetterung der Kraft des heiligen Volkes vollendet ist, so wird das alles zu Ende gehen!» (Dan 12,7).

Am Ende der grossen Trübsal, nach genau dreieinhalb Jahren, kann Israel nur noch nach der Hilfe und dem Eingreifen Gottes schreien. Dann wird Gott antworten und Jesus wird den Antichrist und seine Verbündeten vernichten. Dann werden die siebzig Jahrwochen erfüllt und alle diese Dinge «vollendet» sein, die im Ratschluss Gottes über Israel bestimmt sind: die vollständige Wiederherstellung Israels, inklusive der geistlichen. In diesem Zusammenhang verstehen wir, dass der Dienst der beiden Zeugen in der ersten Hälfte der sieben apokalyptischen Jahre stattfindet: «Und ich will meinen zwei Zeugen geben, dass sie weissagen werden 1260 Tage lang, bekleidet mit Sacktuch» (Offb 11,3).

Die beiden Zeugen werden zuerst genau 1260 Tage auftreten, und die Heiden werden nach ihrem Tod und der Tempelentweihung den Vorhof des Tempels ganze 42 Monate zertreten: «Aber den Vorhof, der ausserhalb des Tempels ist, lass aus und miss ihn nicht; denn er ist den Heidenvölkern übergeben worden, und sie werden die heilige Stadt zertreten 42 Monate lang» (Offb 11,2).

Die apokalyptische Verfolgung wird zweimal mit «eine(r) Zeit, zwei Zeiten und eine(r) halbe(n) Zeit» angegeben: «Und er wird freche Reden gegen den Höchsten führen und die Heiligen des Allerhöchsten aufreiben, und er wird danach trachten, Zeiten und Gesetz zu ändern; und sie werden in seine Gewalt gegeben für eine Zeit, zwei Zeiten und eine halbe Zeit» (Dan 7,25). – «Da hörte ich den in Leinen gekleideten Mann, der oberhalb der Wasser des Flusses war, wie er seine Rechte und seine Linke zum Himmel erhob und bei dem schwor, der ewig lebt: Eine Zeit, zwei Zeiten und eine halbe Zeit; und wenn die Zerschmetterung der Kraft des heiligen Volkes vollendet ist, so wird das alles zu Ende gehen!» (Dan 12,7).

In Offenbarung 13,5 wird sie einmal mit 42 Monaten angegeben: «Und es wurde ihm ein Maul gegeben, das grosse Worte und Lästerungen redete; und es wurde ihm Macht gegeben, 42 Monate lang zu wirken.»

Diese drei Stellen handeln alle vom gleichen Thema: die Rebellion des Antichrists gegen Gott und die Verfolgung der Gottesfürchtigen. In Daniel 12,11-12 werden die Gottesfürchtigen ermutigt, ab der Tempelentweihung 1290 Tage bzw. 1335 Tage durchzuhalten, also etwas mehr als die dreieinhalb Jahre. Das ist das Ausharren «bis ans Ende», das unser Herr im Matthäusevangelium erwähnt (Mt 10,22; 24,13).

Leider ist es das negative Erbe der Reformatoren, das noch vom Katholizismus an ihnen kleben blieb: Israel wurde definitiv, also für immer, durch die Gemeinde ersetzt. Dadurch entstanden ein Gemeinde-Exklusivismus und ein prophetisches Vakuum, ein schwarzes Loch in der protestantischen Theologie. Verfälscht, verwässert und oft antisemitisch! Eben eine Ersatz-Theologie (siehe das Büchlein von Norbert Lieth und Johannes Pflaum: «Ersatztheologie – Ist Israels Zukunft Vergangenheit?»).

Wir brauchen heute keine neue Reformation oder eine Neubelebung derselben, sondern eine lehrmässige Korrektur und Vervollständigung dieser ansonsten gesegneten Bewegung, die vor einem halben Jahrtausend stattfand. Diese ersatztheologische Einstellung offenbart sich in einer gewissen Ahnungslosigkeit über den prophetischen Geheimcode, die prophetische Verschlüsselung, die perfekt funktioniert, viel besser als die deutsche Enigma-Verschlüsselungsmaschine während des Zweiten Weltkrieges, oder der englische TELWA-Code, die amerikanische M-209 «Hag» oder der erfolgreiche Navajoindianer Codetalker. – Alles Versuche, wichtige Nachrichtenübermittlungen vor dem Feind geheimzuhalten.

In Psalm 25,14 wird genau das unterstrichen: «Das Geheimnis des Herrn ist für die, welche ihn fürchten, und seinen Bund lässt er sie erkennen.» Uns aber hat es Gott geoffenbart: «Ich nenne euch nicht mehr Knechte, denn der Knecht weiss nicht, was sein Herr tut; euch aber habe ich Freunde genannt, weil ich euch alles verkündet habe, was ich von meinem Vater gehört habe» (Joh 15,15).

Daniel wurde aufgefordert, das Buch zu versiegeln: «Du aber, Daniel, verschliesse diese Worte und versiegle das Buch bis zur Zeit des Endes! Viele werden darin forschen, und die Erkenntnis wird zunehmen» (Dan 12,4). Dieser Text mit einer besonderen Verheissung fordert uns auf, vermehrt die biblische Prophetie zu studieren, insbesondere das Buch Daniel. Wir sollten aufhören, ein halbes Jahrtausend auf dem gleichen Fleck zu treten!

Im Buch der Offenbarung entdecken wir wichtige zusätzliche Details und Informationen über die 144 000 Versiegelten aus den zwölf Stämmen Israels, die bestimmt weltweit das «nahe gekommene Königreich» verkündigen werden. Wir lesen von den beiden aussergewöhnlichen Zeugen, die dreieinhalb Jahre Gottes Sprachrohr zu den Menschen sein werden und die geistliche Wiederherstellung Israels vorbereiten.

Dann wird uns gezeigt, dass der Antichrist im Doppelpack auftreten wird, denn Johannes sieht zwei Tiere: den Weltherrscher und den falschen Propheten, die zusammen mit dem lebenden Bild den grossen Abfall herbeiführen. Doch vorher wird Gott den gehorsamen Teil Israels wie eine Schafherde in die Wüstenoase führen, wo sie für dreieinhalb Jahre versorgt und beschützt werden.

Das Buch der Offenbarung ist teils die Fortsetzung und Vervollständigung des Propheten Daniel, was die Endzeit angeht. Beide Bücher stehen uns heute offen: «Und er sprach zu mir: Versiegle die Worte der Weissagung dieses Buches nicht; denn die Zeit ist nahe!» (Offb 22,10). Da im heilsgeschichtlichen Sinn die Endzeit mit dem Kommen Jesu und Seinem Tod am Kreuz begonnen hat, haben wir als Gemeinde nicht nur Zugang zu allem, was biblische Prophetie angeht, sondern wir können sie verstehen.

Zum Nachdenken

Am Schluss der Offenbarung wird darauf hingewiesen, dass das Buch der Offenbarung zuerst an die Gemeinde gerichtet wurde: «Ich, Jesus, habe meinen Engel gesandt, um euch diese Dinge für die Gemeinden zu bezeugen» (Offb 22,16). Da das Buch der Offenbarung nicht versiegelt wurde und, wie erwähnt, eng mit dem Propheten Daniel verbunden ist (den Jesus selbst zitiert hat – Mt 24,15), bedeutet das logischerweise, dass auch die Botschaft Daniels für uns nicht mehr versiegelt ist! Deshalb ist das Studium der Prophetie ein ganz wichtiges Anliegen: «Wer es liest, der achte darauf!» (Mt 24,15). Das ist eine Herausforderung unseres Herrn selbst.

Die behandelten Zeitangaben, die wir auch als «prophetischen Schlüssel» bezeichnen können, sind wichtige Informationen: Es sind Zahlen, die sich wiederholen, Zahlen, die sich einfügen, Zahlen, die alles erklären, und Zahlen, die orientieren oder irritieren!

DIE GEMEINDE OHNE ISRAEL

Die heilsgeschichtliche Auslöschung oder Imitation Israels und deren schädlichen Auswirkungen auf Lehre und Leben der heutigen Christen und Christenheit

In diesem letzten Kapitel geht es um eine kritische Auseinandersetzung nach 2000 Jahren Kirchengeschichte. Dabei beschäftigen wir uns unter anderem mit einem besonderen Aspekt der Ersatztheologie: dem Versuch der Pfingst- und Neopfingst- sowie der charismatischen und neocharismatischen Bewegung, die jüdische Urgemeinde und die einmaligen jüdischen Apostel imitieren zu wollen.

Dabei werden manche heisse Eisen angerührt, aber nicht, um persönliche Angriffe zu starten oder das Heil des Einzelnen infrage zu stellen, sondern damit die eingenommenen oder überlieferten Positionen biblisch hinterfragt werden, ganz im Sinn der Worte Jesu: «Ihr irrt, weil ihr weder die Schriften noch die Kraft Gottes kennt» (Mt 22,29). Oder: «Und warum übertretet ihr das Gebot Gottes um eurer Überlieferung willen?» (Mt 15,3).

Paulus unterstreicht: «Habt acht, dass euch niemand beraubt durch die Philosophie und leeren Betrug, gemäss der Überlieferung der Menschen, gemäss den Grundsätzen der Welt und nicht Christus gemäss. Denn in ihm wohnt die ganze Fülle der Gottheit leibhaftig ...» (Kol 2,8-9).

Seit der Geburt der Gemeinde Jesu tobt ein ununterbrochener Kampf um die klare und gesunde biblische Lehre und das Abwehren von verderblichen Einflüssen durch Irrlehren, das Verwässern durch weltliches Denken und Verhalten und den Rückfall ins Gesetzliche oder in reine Religiosität. Das Wort Gottes ist ein zweischneidiges Schwert (Hebr 4,12), was wir wie folgt auslegen können: Die eine Seite gilt dem Sünder, um ihn vor der Heiligkeit Gottes und Seinem Zorn zu warnen und die menschliche Verlorenheit klarzumachen. Die andere Seite gilt uns persönlich, und da haben wir den Rat: «Denn wenn wir uns selbst richteten, würden wir nicht gerichtet werden; wenn wir aber gerichtet werden, so werden wir vom Herrn gezüchtigt, damit wir nicht samt der Welt verurteilt werden» (1Kor 11,31-32).

Anstatt uns den eigenen Ast wegen der Ersatztheologie oder unangebrachter Imitationen abzusägen, sollten wir den Mut haben, die Axt an die eigene Wurzel zu legen, damit wir gute Frucht bringen (Mt 3,10). Der Heilige Geist will uns ja in die ganze Wahrheit leiten (Joh 16,13). Aber das ist nur dann möglich, wenn wir, wo nötig, denominationellen Ballast abwerfen und lieb gewonnene, aber oft falsche Meinungen korrigieren lassen. Paulus offenbart: «Denn wir alle müssen vor dem Richterstuhl des Christus offenbar werden, damit jeder das empfängt, was er durch den Leib gewirkt hat, es sei gut oder böse» (2Kor 5,10).

Dieses Wort richtet sich ausschliesslich an Nachfolger Christi und erwähnt neben Gutem auch Böses. Und da wird heute viel Schaden angerichtet, gerade was das Thema Israel und die Juden angeht, wo so manches oft in echt bösen Antisemitismus ausufert.

Erste Auswirkung: Blindheit betreffs biblischer Prophetie

Das heilsgeschichtliche Auslöschen Israels hat fatale Folgen auf dem Gebiet der biblischen Prophetie. In den zwölf vorangegangenen Kapiteln haben wir das mit den verschiedensten Bibeltexten klar aufgezeigt. Dazu kommt noch eine übersteigerte Erwählungstheologie und eine Prädestinationslehre, die sich ohne Zweifel auf einige dafür geeignete Bibelverse beruft, aber sehr viele andere nicht berücksichtigt und Gottes Liebe verzerrt und das Opfer Jesu eingrenzt. Der Grund dafür ist, dass man durch die Studien und Erkenntnisse einiger grosser Männer der Vergangenheit einen Filter aufgesetzt bekommt und das Wort Gottes dann nicht mehr so gelesen werden kann, wie der Text es vorgibt.

Und was ist wieder das Grundproblem? Dass man Gemeinde und Israel nicht klar auseinanderhält.

Thema Entrückung: Da scheiden sich die Geister gewaltig!

Warum sollen Gläubige überhaupt einige wenige Jahre vor dem glorreichen Wiederkommen Jesu auf dem Ölberg als König aller Könige von der Erde weggenommen werden? Und da unser Gott ein Gott der Ordnung ist (1Kor 14,33), werden auch alle in und mit Christus heimgegangenen Kinder Gottes auferstehen und ebenfalls an der Entrückung teilnehmen. Wenn wir bedenken, dass es in der gesamten Menschheitsgeschichte bis heute nur drei Entrückungen gab, von denen in der Bibel berichtet wird: Henoch, Elia und Jesus selbst! Und warum erkennen die Denominationen, die Israel heilsgeschichtlich ausgelöscht haben, keine Entrückung? Weil die Entrückung direkt mit Israel verbunden ist. Weil die Hinwegnahme der gesamten weltweiten Gemeinde erst ein anderes Heilszeitalter Gottes ermöglicht (das kommende Zeitalter des Tausendjährigen Reiches, in dem Israel wiederhergestellt wird).

Unser Gott ist zwar immer derselbe, aber Er handelte und handelt während der verschiedenen vergangenen Zeitalter, seit dem Paradies, auf verschiedene Weise mit den Menschen! Hier zwei Bibeltexte, die eigentlich sehr einfach zu verstehen sind: «Denn ich will nicht, meine Brüder, dass euch dieses Geheimnis unbekannt bleibt, damit ihr euch nicht selbst für klug haltet: Israel ist zum Teil Verstockung widerfahren, bis die Vollzahl der Heiden eingegangen ist ...» (Röm 11,25).

Hier spricht der Apostel Paulus von der Verstockung Israels. Als Volk wurde es beiseitegestellt, jedoch nicht für immer. Das «bis» ist nur dann verständlich, wenn es sich um eine Veränderung des ganzen Volkes handelt! Als es wegen der hereinströmenden geretteten Heiden zu heftigen Spannungen kam, lesen wir im selben Zusammenhang: «Nachdem sie aber zu reden aufgehört hatten, ergriff Jakobus das Wort und sagte: Ihr Männer und Brüder, hört mir zu! Simon hat erzählt, wie Gott zuerst sein Augenmerk darauf richtete, aus den Heiden ein Volk für seinen Namen anzunehmen. Und damit stimmen die Worte der Propheten überein, wie geschrieben steht: ‹Nach diesem will ich zurückkehren und die zerfallene Hütte Davids wieder aufbauen, und ihre Trümmer will ich wieder bauen und sie wieder aufrichten ...›» (Apg 15,13-16; vgl. Am 9,11).

Jakobus erkannte schon damals, dass es um das Heil bis ans Ende der Erde ging und sich Gott nun ein grosses Volk weltweit herausrufen und herausretten würde. Nach dem im Bibelvers erwähnten «zuerst» muss logischerweise ein «danach» kommen, so wie nach dem Ersten das Zweite folgt! Natürlich sind beim Herausrufen der multinationalen Gemeinde auch wiedergeborene Juden dabei. Aber nach «diesem Volk aus den Nationen» wendet sich Gott wieder Israel als Volk zu und wird es vollständig wiederherstellen.

Jedes Jahr an Weihnachten denken wir besonders an Bethlehem und die prophezeite Geburt Jesu: «Und du, Bethlehem-Ephrata, du bist zwar gering unter den Hauptorten von Juda; aber aus dir soll mir hervorkommen, der Herrscher über Israel werden soll, dessen Hervorgehen von Anfang, von den Tagen der Ewigkeit her gewesen ist» (Mi 5,1).

Es geht allerdings nicht nur um den angegebenen Ort, sondern auch um die Verheissung, dass der dort von einer Jungfrau Geborene Israels König sein wird. Er wird herrschen. Das hat Jesus aber bei Seinem ersten Kommen nicht getan. Er hat weder geistlich noch politisch geherrscht, denn alle Seine Ansprüche wurden abgelehnt und verworfen. Er wurde sogar wie ein Verbrecher und Gotteslästerer hingerichtet.

Dem Propheten Jesaja wurden drei besondere Aspekte offenbart, die der (göttliche) Knecht des Herrn realisieren wird: «... ja, er spricht: ‹Es ist zu gering, dass du mein Knecht bist, um die Stämme Jakobs aufzurichten und die Bewahrten aus Israel wiederzubringen; sondern ich habe dich auch zum Licht für die Heiden gesetzt, damit du mein Heil seist bis an das Ende der Erde!›» (Jes 49,6).

Erstens wird Er die 12 Stämme Israels wiederherstellen. Gott kennt die Geschichte und die Abstammung eines jeden Menschen jeder Generation, seit Adam! Spekulieren wir also nicht betreffs der Stämme Israels. Sie werden wiederhergestellt, denn bei Gott ist kein Ding unmöglich. Deshalb werden in Offenbarung 7 die 144 000 der zwölf Stämme Israels versiegelt, weil Gott sie in besonderer Weise inmitten der apokalyptischen Gerichte gebrauchen wird. Wenn im himmlischen Jerusalem die Namen der zwölf Stämme über den zwölf Perlentoren zu lesen sind (Offb 21,12), dann handelt es sich dabei nicht um ein Museum, sondern um die reale Gegenwart des wiederhergestellten Israels (Jes 65,17-18; 66,22).

Zweitens wird Er die Bewahrten (andere Bibelversionen sprechen von den Zerstreuten) Israels ins Land zurückbringen und alles nicht nur vollständig wiederherstellen, sondern zur Vollendung bringen: «... den der Himmel aufnehmen muss bis zu den Zeiten der Wiederherstellung alles dessen, wovon Gott durch den Mund aller seiner heiligen Propheten von alters her geredet hat» (Apg 3,21).

Gott hat durch den Mund Seiner heiligen Propheten zu Israel geredet. In diesem Zusammenhang bleiben keine Zweifel, dass es bei diesen Verheissungen auch um das versprochene Friedensreich, das Millennium, geht, wo der Friedefürst auf dem Thron in Jerusalem sitzt.

Und drittens geht es um das weltweite Heilsangebot. Das ist unsere gegenwärtige Zeit der missionarischen Anstrengungen – und kaum ein Christ wird den direkten Sinn dieser Prophetie anzweifeln!

Paulus erklärt deutlich: «Denn wenn ihre Verwerfung die Versöhnung der Welt zur Folge hatte, was wird ihre Annahme anderes zur Folge haben als Leben aus den Toten?» (Röm 11,15).

Mittlerweile ist uns klar, dass die Verstossung und die Verstockung Israels den Grossteil des Volkes betraf. Einzelne wurden gerettet und zur Gemeinde hinzugetan. Der Anfang in Jerusalem war jüdisch. Deshalb spricht Paulus hier immer vom Volk – im Hinblick auf Israel als Gottes Volk. Deshalb muss es sich bei dem Ausdruck «ihre Annahme» um ein noch ausstehendes und zukünftiges Ereignis nach dem Gemeindezeitalter handeln!

Alttestamentliches Priestertum im Gemeindezeitalter

Die Ersatztheologie bewirkte, dass sich die Kirche in eine priesterliche Hierarchie verwandelte. Das verdunkelte die biblische Lehre der Errettung allein aus Gnade und aus Glauben. Das ist auf dem persönlichen Niveau die schlimmste Auswirkung der Ersatztheologie. Eine priesterliche Kaste beanspruchte, mittels der Sakramente Gottes Gnade zu vermitteln – eine Art «geistliche Mautstelle». Diese neue Wirkungsweise christlichen Dienstes hat aber nichts mit dem Fundament des Neuen Testaments zu tun, sondern kommt aus den Anweisungen des levitischen Priesteramts im dritten Buch Mose.

Dadurch entstand auch das Sakrament der Taufe von Säuglingen, was grosse Probleme im Verständnis der Lehre der Apostel aufwarf, nämlich wie die persönliche Aneignung des Heils vor sich geht! Es ist ganz wichtig zu wissen, dass die biblische Errettung nur durch persönlichen (bewussten) Glauben an die Auferstehung Jesu und Sein vollbrachtes stellvertretendes Opfer wirksam wird (Joh 3,14-16; Apg 4,12; Röm 3,23-26; 4,25-26 und 10,9). Niemand kommt zum Vater ausser allein durch den Sohn (Joh 14,6; 1Tim 2,3-6). Das Priestertum Jesu wurde niemals an jemand anderen übertragen (Hebr 7,22-25) und neues geistliches Leben entsteht allein durch den Heiligen Geist (Joh 1,11-13; 3,3-8; Tit 3,4-7).

Unglücklicherweise bewirkt dieses kopierte Priestertum mit seinen Funktionen im Christentum und auf der Basis der Ersatztheologie, dass sich unzählige Menschen auf eine trügerische Sicherheit und Illusion einlassen, mit Gott im Reinen zu sein! In Wirklichkeit ist nur Jesus selbst in der Lage, «auch diejenigen vollkommen zu erretten, die durch ihn zu Gott kommen, weil er für immer lebt, um für sie einzutreten» (Hebr 7,25).

Die Verzerrung der Gemeinde in eine Organisation, die von einer priesterlichen Hierarchie beherrscht wurde, ebnete den Weg für eine gefährliche Anwendung von Augustins Lehre vom Königreich Gottes. Durch das Ansehen, das Leo der Grosse als Bischof von Rom beim Konzil von Chalzedon (451 n.Chr.) gewann, sowie durch die Festigung der politischen Macht der römisch-katholischen Kirche durch Gregor den Grossen (590–604) wurde der Weg der westlichen Kirche hin zur triumphierenden Kirche des Mittelalters bereitet. Die Konsequenzen von Augustins Verständnis des messianischen Königreiches, bekannt als «Amillenarismus», sind zur Genüge bekannt. Weit entfernt davon, die echten Werte von Gottes Herrschaft darzubieten, ging es den aufeinanderfolgenden Päpsten um rein menschliche Macht. Sie hatten auch keine Skrupel, durch eine gefälschte Urkunde, der sogenannten «Konstantinischen Schenkung», zu eigenem Territorium und mehr Herrschaft zu kommen.

Die «Konstantinische Schenkung» (lat. Constitutum Constantini oder Donatio Constantini ad Silvestrem I papam) ist eine um das Jahr 800 entstandene Urkunde und eine Fälschung. Angeblich soll Kaiser Konstantin der Grosse dem damaligen römischen Papst Silvester (um 315–317) und dem Papsttum bis ans Ende der Zeit die Oberherrschaft über Rom, Italien und die gesamte Westhälfte des Römischen Reiches als Geschenk übertragen haben. Im Mittelalter nutzten die Päpste diese Fälschung für ihre Machtansprüche in Westeuropa. Als im 15. Jahrhundert nachgewiesen wurde, dass die Urkunde nicht echt war, blieb dies bis zur Kritik der Reformation am Papsttum weitgehend unbekannt.

Der Gipfel des Missbrauchs, um im Namen Gottes aufzutreten und zu handeln, offenbart sich bei Urban II. (1088–1109), als er zum ersten Kreuzzug (1096–1099) aufrief und einen vollen Ablass für die Teilnahme gewährte, wodurch er die angerichteten Massaker an Juden und Moslems legitimierte.

Sehr empfehlenswert ist in diesem Zusammenhang das Buch: «When the Church Became the Kingdom: More Bad Effects of Replacement Theology» von Ronald E. Diprose. Der Autor zeigt auf, dass ein grosser Anteil der christlichen Lehre durch die Haltung zum Thema Israel beeinflusst und geformt wird.

Zur Kleinkindertaufe muss noch erwähnt werden, dass damit ein Ersatz für die jüdische Beschneidung erfunden wurde. Wie der kleine Israelit am achten Tag offiziell durch ein eindeutiges Zeichen ins auserwählte Volk Gottes integriert wird, so soll das Baby in die Gemeinde, in das neue Volk Gottes, integriert werden.

Während der Reformation war man bemüht, echtes geistliches Leben in der Kirche wiederzugewinnen, mit rein menschlichen Traditionen aufzuräumen und zum biblischen Fundament zurückzukehren. Bemerkenswert ist dabei, wie gerade Luther und Calvin zum richtigen Verständnis von Bibelstellen verhalfen, die von der Errettung handeln, und zwar der Errettung durch Gnade und Glauben und nicht durch Werke und (oft verkaufte) Ablässe. Aber leider arbeiteten sie mit zwei verschiedenen Normen: Alle Schrift sollte so (normal) verstanden werden, wie es dastand – ausser, wenn es sich um das Thema Israel handelte. Da sollte man an der allegorischen Auslegung festhalten! Das bedeutet, dass unsere berühmten Reformatoren auf ihrem Weg zurück zur Bibel beim Thema Israel bei Augustin, Konstantin, Eusebius und Origenes stecken geblieben sind.

Evangelischer Klerus als «katholisches Schattengewächs»

Die biblische, neutestamentliche Gemeindestruktur spricht ganz klar vom Ältesten (gr. *presbyteros*) als Leiter und Autorität. Ältester und Aufseher (gr. *episkopos*) sowie Pastor (gr. *poimen*) und Lehrer (gr. *didaskalos*) sind alles Bezeichnungen für das gleiche Amt (Eph 4,11; 1Petr 5,1-2).

Das bedeutet, dass die Ältesten verschiedene Gaben haben und sich untereinander ergänzen. Diese Pluralität ist Gottes Muster für die Gemeinde. Also nicht ein Ein-Mann-System oder, als anderes Extrem, so etwas wie eine geistliche Volksdemokratie. Gott gebraucht Männer, die sich durch ihr Verhalten und ihr Wesen auszeichnen, die erforderlichen Kriterien (1Tim 3,2-7; Tit 1,6-8) erfüllen und so dem Herrn und der Gemeinde dienen wollen und können. Wenn diese biblische Norm beachtet und realisiert wird, entsteht ein gesegnetes Fruchtbringen, und geistliche Gesundheit kann ausreifen.

«Und er hat die einen gegeben als Apostel und andere als Propheten und andere als Evangelisten und andere als Hirten und Lehrer, zur Vollendung der Heiligen, für das Werk des Dienstes, für die Auferbauung des Leibes Christi» (Eph 4,11-12).

Die Anweisungen für den Kranken zeigen uns den gleichen Aufbau der Gemeindeleitung: «Ist jemand krank unter euch? Er rufe die Ältesten der Versammlung zu sich, und sie mögen über ihn beten und ihn mit Öl salben im Namen des Herrn» (Jak 5,14).

Hier wird den Kranken die klare Anweisung gegeben, die Ältesten (*presbyteroi*) zu sich ins Haus zu rufen. Diese Ältesten werden immer in der Mehrzahl erwähnt und stellen die Gemeindeleitung dar. Das gleiche Muster erkennen wir auch, als Paulus die Ältesten von der Ephesergemeinde zum Abschiednehmen nach Milet rief (Apg 20,17). Gemeinsam standen sie der Gemeinde vor. Durch ihre Reife, Identifikation und Dienstbereitschaft hatten sie sich klar herauskristallisiert. – Unter ihnen gibt es dann Hirten, Evangelisten und Lehrer, die sich als Ganzes wunderbar ergänzen und mit der Gemeinde Gottes Absicht erreichen, «damit jetzt den Fürstentümern und Gewalten in den himmlischen Regionen durch die Gemeinde die mannigfaltige Weisheit Gottes bekanntgemacht werde ...» (Eph 3,10).

Timotheus bekam wichtige Ratschläge: «... damit du aber, falls sich mein Kommen verzögern sollte, weisst, wie man wandeln soll im Haus Gottes, welches die Gemeinde des lebendigen Gottes ist, der Pfeiler und die Grundfeste der Wahrheit» (1Tim 3,15).

«Haus Gottes» bedeutet aber nicht das Gebäude, auch da hat die Ersatztheologie für Verwirrung gesorgt. «Da ihr zu ihm gekommen seid, zu dem lebendigen Stein, der von den Menschen zwar verworfen, bei Gott aber auserwählt und kostbar ist, so lasst auch ihr euch nun als lebendige Steine aufbauen, als ein geistliches Haus, als ein heiliges Priestertum, um geistliche Opfer darzubringen, die Gott wohlgefällig sind durch Jesus Christus» (1Petr 2,4-5).

Die Gemeinde als Gemeinschaft erlöster Menschen stellt in sich ein Heiligtum, ein geistliches Haus dar. Das kann in einem schönen Gemeindehaus sein, in Büroräumen einer leerstehenden Fabrik, in einer alten Schule, im Geschäft eines Freundes oder in einer Scheune. «Wisst ihr nicht, dass ihr Gottes Tempel seid, und dass der Geist Gottes in euch wohnt?» (1Kor 3,16).

Kathedralen mit beeindruckender Höhe und wunderschönen, bunt gestalteten Fenstergalerien mit biblischen Darstellungen und oft sehr alten und wertvollen Orgeln, Schnitzereien und Steinmetzarbeiten wollen damit etwas vor der Welt darstellen, aber das hat Gott für die Gemeinde in Knechtsgestalt gar nicht so geplant. Leider haben sich diese Vorstellungen sehr eingeprägt, sodass es Länder gibt, wo die Gemeindehäuser als Tempel bezeichnet werden. Ein Megaprojekt wurde vor einigen Jahren in Brasilien in der Riesenmetropole São Paulo eingeweiht: die Nachbildung von Salomos Tempel in Originalgrösse. Zur pompösen Einweihung wurde auch eine Nachbildung der Bundeslade hereingetragen, und dieser neue Bau ist jetzt das grösste religiöse Gebäude Brasiliens!

Raubkopie der jüdischen Urgemeinde

> «So seid ihr nun nicht mehr Fremdlinge ohne Bürgerrecht und Gäste, sondern Mitbürger der Heiligen und Gottes Hausgenossen, auferbaut auf der Grundlage der Apostel und Propheten, während Jesus Christus selbst der Eckstein ist ...» (Eph 2,19-20).

Beispiel: Die übernatürlichen Sprachen
Die biblische Lehre ist eindeutig:

> «Im Gesetz steht geschrieben: ‹Ich will mit fremden Sprachen und mit fremden Lippen zu diesem Volk reden, aber auch so werden sie nicht auf mich hören, spricht der Herr›. Darum dienen die Sprachen als ein Zeichen, und zwar nicht für die Gläubigen, sondern für die Ungläubigen; die Weissagung aber ist nicht für die Ungläubigen, sondern für die Gläubigen. Wenn nun die ganze Gemeinde am selben Ort zusammenkäme, und alle würden in Sprachen reden, und es kämen Unkundige oder Ungläubige herein, würden sie nicht sagen, dass ihr von Sinnen seid?» (1Kor 14,21-23).

Andere Bibelübersetzungen drücken es so aus: «Ich will durch Menschen anderer Sprachen und durch die Lippen fremder Völker zu diesem Volk reden.» Die sogenannten Sprachen waren ein Zeichen für Israel! Sie waren so lange ein Zeichen, bis Israel national auf die Seite gesetzt wurde. Das geschah beim angekündigten Gottesgericht, als Jerusalem mit dem wunderbaren Tempel im Jahr 70 n.Chr. zerstört wurde, und endgültig nach dem Niederwerfen des Bar-Kochba-Aufstandes 132–135 n.Chr.

Die mystisch angehauchte Übersetzung «in Zungen reden» verführte viele zu einem leeren Gestammel, das gepaart mit einem kompletten inneren Abschalten zu einer gefährlichen Passivität und einem Einfallstor bis in Richtung christlicher Spiritismus führte. Gott erschuf Adam mit einer kompletten Sprache! Adam imitierte also nicht wie ein Kleinkind zuerst Laute und begann, (von Gott vorgesprochene) Wortfetzen zu stammeln. Beim Turmbau zu Babel kam es zu einem kollektiven Sprachen-Download, und dann speicherte unser genialer Programmierer neue Sprachen direkt in die dafür zuständigen Gehirnareale der Widerspenstigen. Kommunikation (in echten und komplexen Sprachen) ist ein unglaubliches Geschenk Gottes und zeichnet den Menschen als «im Bilde Gottes» geschaffenes Wesen aus.

Das Kommen des grossen Verführers wird so eingeläutet: «... ihn, dessen Kommen aufgrund der Wirkung des Satans erfolgt, unter Entfaltung aller betrügerischen Kräfte, Zeichen und Wunder ...» (2Thes 2,9). Da ist heute schon Vorsicht geboten, denn diese Entwicklungen werfen ihre Schatten voraus. Vorsicht, denn die sogenannte Wunder- und Hörsucht in vielen christlichen Kreisen, manipuliert durch viele Pseudo-Manifestationen, drängen unaufhaltsam in Richtung antichristliche Verführung!

Dazu kuriose Auswüchse aus Brasilien: Hühner reden in Zungen

Eine Meldung aus einer Gemeinde im Westen Brasiliens: «Der Bankangestellte Paulo wurde von Gott mit sieben verschiedenen Krebsarten gestraft, weil er sich nicht in den vollzeitigen Dienst als Seelengewinner rufen liess. Dann führte ihn Gott in den frühen Morgenstunden in einen Hühnerstall, wo ein Huhn in Zungen redete und die Botschaft vom Hahn ausgelegt wurde. Paulo wurde vom Krebs geheilt, zum Prediger berufen und als heilender Arzt unter die Kranken geschickt. Unter anderem implantierte er auf wunderbare Weise Goldzähne und brachte einen Kleinwüchsigen zum Weiterwachsen.»

Dazu muss ich sagen, dass ich schon in dieser Gemeinde in Cuiabá, im Staat Mato Grosso, gepredigt habe. Das war allerdings noch bevor sie einen Megabau mit 20 000 Plätzen errichteten.

Anderes Beispiel: Das magische Schweisstuch des Predigers (Imitation von Paulus, Apg 19,12)

Eine weitere Nachricht aus der brasilianischen Gemeinde-Landschaft: «Auf Drängen des Pastors nahm der verschuldete Brasilianer dessen Schweisstuch und rieb damit nachts am Türschloss der Bank. Und siehe da: Die Schulden von ca. 7000 Euro waren spurlos verschwunden!»

So einfach geht das also: Bankschulden einfach im Glauben wegrubbeln. – Lassen wir uns davor warnen!? In Wirklichkeit geht es hier um nichts anderes als um eine heidnische Raubkopie der jüdischen Urgemeinde – denn: Wer wurde damals auf ganz besondere Weise von Gott bestätigt und als authentisch und glaubwürdig ausgewiesen?

Die einmaligen jüdischen Apostel

Um Klarheit über dieses Thema zu bekommen, reicht schon folgende Stelle aus Gottes Wort: «wie wollen wir entfliehen, wenn wir eine so grosse Errettung missachten? Diese wurde ja (1.) zuerst durch den Herrn verkündigt und ist (3.) uns dann (2.) von denen, die ihn gehört haben, bestätigt worden, wobei Gott sein Zeugnis dazu gab mit Zeichen und Wundern und mancherlei Kraftwirkungen und Austeilungen des Heiligen Geistes nach seinem Willen» (Hebr 2,3-4).

Der Hebräerbriefschreiber erwähnt drei verschiedene Personen(gruppen): Jesus Christus selbst, die Apostel-Jünger, die das Wort direkt von Ihm gehört hatten und von Gott in besonderer Weise bestätigt worden waren, und die Gruppe, die das Evangelium dann von den Aposteln empfing.

Da sich der Hebräerbriefschreiber in Vers 3 in die letzte Gruppe mit einreiht («uns»), kann er kein von Gott auf besondere Weise bestätigter Apostel gewesen sein. Das ist ein starkes Argument, dass nicht Paulus den Hebräerbrief geschrieben hat! Gottes übernatürliche Bestätigung und die Mitzeugen waren echt! Wer das nicht annehmen will, unterstellt sich nicht der Autorität von Gottes Wort und Lehre! Heute sehen wir so viel Unechtes, dass man fast an einen grossen Abfall denken könnte.

Die Apostel, Augen- und Ohrenzeugen des öffentlichen Lebens Jesu, waren die Wegbereiter für die entstehende weltweite Gemeinde Jesu und das lehrmässige Fundament für diese neu eintretende Heilszeit.

Das bedeutet im Klartext, dass die Apostel ganz besondere Werkzeuge als Zeugen des Lebens und Wirkens Jesu waren. Als für den Verräter Judas in Apostelgeschichte 1 ein Ersatz gesucht wurde, werden folgende Kriterien erwähnt:

«So muss nun von den Männern, die mit uns gegangen sind die ganze Zeit über, in welcher der Herr Jesus unter uns ein-

> und ausging, von der Taufe des Johannes an bis zu dem Tag, da er von uns hinweg aufgenommen wurde – einer von diesen muss mit uns Zeuge seiner Auferstehung werden. Und sie stellten zwei dar: Joseph, genannt Barsabas, mit dem Beinamen Justus, und Matthias» (Apg 1,21-23).

Diese beiden infrage kommenden Jünger hatten das komplette öffentliche Auftreten Jesu miterlebt: von Seiner Taufe im Jordan durch Johannes den Täufer bis zur Himmelfahrt vom Ölberg aus. Der Apostel Johannes bezeugt:

> «Was von Anfang war, was wir gehört haben, was wir mit unseren Augen gesehen haben, was wir angeschaut und was unsere Hände betastet haben vom Wort des Lebens – und das Leben ist erschienen, und wir haben gesehen und bezeugen und verkündigen euch das ewige Leben, das bei dem Vater war und uns erschienen ist –, was wir gesehen und gehört haben, das verkündigen wir euch, damit auch ihr Gemeinschaft mit uns habt; und unsere Gemeinschaft ist mit dem Vater und mit seinem Sohn Jesus Christus» (1Joh 1,1-3).

Und der Apostel Petrus bekräftigt: «Denn wir sind nicht klug ersonnenen Legenden gefolgt, als wir euch die Macht und Wiederkunft unseres Herrn Jesus Christus wissen liessen, sondern wir sind Augenzeugen seiner herrlichen Majestät gewesen» (2Petr 1,16).

Auf sie gründet sich die Heilszeit der Gemeinde: «So seid ihr nun nicht mehr Fremdlinge ohne Bürgerrecht und Gäste, sondern Mitbürger der Heiligen und Gottes Hausgenossen, auferbaut auf der Grundlage der Apostel und Propheten, während Jesus Christus selbst der Eckstein ist» (Eph 2,19-20).

Dazu stehen ihre Namen auf den zwölf Fundamentsteinen des neuen Jerusalems: «Und die Mauer der Stadt hatte zwölf Grundsteine, und in ihnen waren die Namen der zwölf Apostel des Lammes» (Offb 21,14).

Die Apostel bekamen ganz besondere Bewahrungsverheissungen und waren während der Zeit der Erfüllung ihres Auftrags unsterblich: «Diese Zeichen aber werden die begleiten, die gläubig geworden sind: In meinem Namen werden sie Dämonen austreiben, sie werden in neuen Sprachen reden, Schlangen werden sie aufheben, und wenn sie etwas Tödliches trinken, wird es ihnen nichts schaden; Kranken werden sie die Hände auflegen, und sie werden sich wohl befinden» (Mk 16,17-18).

Gleich im Anschluss kommt die Bestätigung: «Sie aber (= die Apostel) gingen hinaus und verkündigten überall; und der Herr wirkte mit ihnen und bekräftigte das Wort durch die begleitenden Zeichen» (Mk 16,20).

Das Gleiche wird auch in der Apostelgeschichte herausgestellt: «Es kam aber Furcht über alle Seelen, und viele Wunder und Zeichen geschahen durch die Apostel» (Apg 2,43). Nicht durch die «normal» zum Glauben Gekommenen, sondern nur durch die Apostel.

Die Zeichen eines Apostels waren das Qualitätssiegel Gottes. Darauf gründete sich der Autoritätsanspruch vom eingereihten Paulus: «Die Zeichen eines Apostels sind unter euch gewirkt worden in aller Geduld, in Zeichen und Wundern und Kraftwirkungen» (2Kor 12,12). Bei Paulus heisst es sogar: «Ausserdem liess Gott ganz ungewöhnliche Wunder durch Paulus geschehen. Die Leute nahmen sogar Schweisstücher oder Schürzen, die er getragen hatte, und legten sie auf Kranke, worauf die Krankheiten verschwanden und böse Geister ausfuhren» (Apg 19,11-12 NeÜ).

Andere Bibeln übersetzen «aussergewöhnliche Wunder». Ein Wunder ist eigentlich schon etwas Besonderes, aber das wird bei Paulus noch gesteigert. Er war der Heidenapostel, der Lehrer der Nationen und ein ganz wichtiges Werkzeug in Gottes Hand, um das Evangelium als Pionier in die Welt zu tragen! «... für das ich eingesetzt wurde als Verkündiger und Apostel – ich sage die Wahrheit in Christus und lüge nicht –, als Lehrer der Heiden im Glauben und in der Wahrheit» (1Tim 2,7, vgl. 2Tim 1,11).

Wir entdecken nur zwei Ausnahmen bei Menschen, die von den Aposteln selbst als Diener in ihrem direkten Umfeld durch Handauflegung eingesetzt wurden und dadurch mitbestätigt wurden: Stephanus und Philippus: «Und Stephanus, voll Glauben und Kraft, tat Wunder und grosse Zeichen unter dem Volk» (Apg 6,8). Sowie: «Und die Volksmenge achtete einmütig auf das, was Philippus sagte, als sie zuhörten und die Zeichen sahen, die er tat. Denn aus vielen, die unreine Geister hatten, fuhren diese mit grossem Geschrei aus; es wurden aber auch viele Gelähmte geheilt und solche, die nicht gehen konnten» (Apg 8,6-7).

Der Schluss von Markus 16 erinnert uns an das Auftreten der besonderen zwei Zeugen, die Gott auch für einen bestimmten Zeitraum unsterblich machen wird: «Und ich will meinen zwei Zeugen geben, dass sie weissagen werden 1260 Tage lang, bekleidet mit Sacktuch. ... Und wenn jemand ihnen Schaden zufügen will, geht Feuer aus ihrem Mund hervor und verzehrt ihre Feinde; und wenn jemand ihnen Schaden zufügen will, muss er so getötet werden» (Offb 11,3.5).

Hier erkennen wir, dass niemand und nichts in der Welt diese beiden Propheten während der Zeit ihres Dienstes (1260 Tage entsprechen den ersten dreieinhalb Jahren der apokalyptischen Trübsalszeit!) beeinträchtigen kann. Ihre Feinde könnten sie (theoretisch) auf eine Atombombe setzen und sie würden die schreckliche Explosion unverletzt überleben!

Paulus selbst erlebte die Realität dieser Verheissung, als er auf seiner Reise nach einem Schiffbruch auf der Insel Melite von einer Giftschlange gebissen wurde und absolut keine Reaktion eintrat (Apg 28,1-6). Aber es gibt eine noch viel bessere Stelle, um die Unsterblichkeit der Apostel – bis zur Erfüllung ihres Auftrages – zu beweisen, nämlich die Steinigung von Paulus: «Es kamen aber aus Antiochia und Ikonium Juden herbei; die überredeten die Volksmenge und steinigten Paulus und schleiften ihn vor die Stadt hinaus in der Meinung, er sei gestorben. Doch als ihn die Jünger umringten, stand er auf und ging in die Stadt. Und am folgenden Tag zog er mit Barnabas fort nach Derbe» (Apg 14,19-20).

Das aufgebrachte Volk hat nicht vorsichtig einige Steinchen gesammelt, sondern Paulus auf brutalste Weise gelyncht. Aber wir lesen, wie Paulus direkt nach der Steinigung aufstand, in die Stadt ging und am nächsten Tag weiterreiste. Eine Steinigung bedeutet gebrochene Knochen, zermalmtes und zerrissenes Gewebe, Hämatome (Blutergüsse) und Embolien, wenn durch die schlimmen Verletzungen eingeschwemmtes Material die Blutbahnen verstopft. Selbst ein zufälliges und glückliches Überleben hätte einen lebenslangen Krüppel hinterlassen. Aber wir lesen, dass Paulus unbeschadet aufstand. Ohne Schaden, ohne Flecken, ohne irgendetwas!

Schlangenträger

Immer wieder vergreifen sich Menschen an diesen historischen Meilensteinen und wollen sie in unsere Zeit transportieren. – Immer mit dem Hauch von besonderer Bevollmächtigung, aber die Realität holt sie irgendwann doch ein. So liest man die Nachricht, dass der berühmte amerikanische Fernsehpastor Jamie Coots am Biss einer Klapperschlange gestorben ist.

Coots wurde durch eine Reportage von National Geographic bekannt. Mit dem Herumtragen von Giftschlangen (engl. «snake-handling») demonstrierten sie in ihren Pfingstgemeinden (davon gibt es ca. 125) ihren Glauben und ihre Vollmacht, obwohl Pastor Coots und andere schon durch überlebte Bisse genug vorgewarnt waren. Der eigene Vater, Gregory James Coots, war vor nicht allzu langer Zeit am Biss einer Klapperschlange gestorben. Und weil sie ihr angeblich «volles Evangelium» propagieren, lehnten und lehnen sie nach einem Biss stets jegliche ärztliche Hilfe ab!

Ausserdem wurden die Schlangenträger schon öfters beim verbotenen Transport von Giftschlangen erwischt und angezeigt. Trotzdem machen einige weiter und lassen sich nichts sagen. Von den jährlich rund 2,5 Millionen Menschen, die von Schlangen gebissen werden, sterben etwa 125 000. Das sind ganze 5 %! Die Chancen, einen Biss zu überleben, belaufen sich laut weltweiter Statistik also auf 95 %. Dabei kommt es immer darauf an, wo man gebissen wird, ob es sich nur um einen trockenen (giftlosen) Warnbiss handelt oder wie viel Gift in die Wunde geflossen ist. Paulus warnt Timotheus vor solchen Leuten: «Auf dieselbe Weise aber wie Jannes und Jambres (das waren übrigens auch «snake-handler») dem Mose widerstanden, so widerstehen auch diese Leute der Wahrheit; es sind Menschen mit völlig verdorbener Gesinnung, untüchtig zum Glauben. Aber sie werden es nicht mehr viel weiter bringen; denn ihre Torheit wird jedermann offenbar werden, wie es auch bei jenen der Fall war» (2Tim 3,8-9).

Bei den erwähnten Klapperschlangen sind zwanzig Prozent der Angriffe harmlos (trocken) und vergiften nicht. Die Schlangenträger, die solche Bisse überlebt und Antikörper gebildet haben, verwechseln nun diese Realität mit ihrem Glauben. Neben den Klapperschlangen kommen in ihren Gemeinden auch die sehr schön gezeichneten Kupferkopfvipern zum Einsatz. Deren Gift ist ein Hämotoxin mittlerer Stärke, zwar sehr schmerzhaft, aber in der Regel für einen Erwachsenen nicht tödlich. Die Symptome reichen von lokalen Schmerzen über Übelkeit bis zum Erbrechen.

In Wirklichkeit spielt man in diesen Gemeinden ein spektakuläres russisches Roulette im Namen Jesu! National Geographic berichtete im September 2013 über diese Schlangenrituale, und ein Satz ist erschreckend: «Sie glauben, dass sie, wenn sie das Schlangentragen nicht praktizieren, für die Hölle prädestiniert sind.» Die Tragik besteht darin, dass man mit dem Glauben an das allgenügsame Versöhnungsopfer Jesu nicht zufrieden ist, mehr will und wie bei diesem gefährlichen christlichen Schlangenexhibitionismus in Extreme verfällt.

Gerade auf der Suche nach Erweckung werden bei vielen die Weichen falsch gestellt. Echte Erweckung bedeutet: «Jesus im Zentrum» – und nicht in erster Linie irgendwelche Manifestationen und besonders schöne Gefühle. Im Zusammenhang mit dem ungläubigen Thomas orientiert Jesus generell: «Glückselig sind, die nicht sehen und doch glauben!» (Joh 20,29).

Und Petrus sagte der zweiten Nachfolgergeneration im Glauben: «Ihn liebt ihr, obgleich ihr ihn nicht gesehen habt; an ihn glaubt ihr, obgleich ihr ihn jetzt nicht seht ...» (1Petr 1,8).

Als Bileam nicht mit Gottes Willen zufrieden war und mehr wollte, hat ihn das schlussendlich in den Ruin getrieben! «Und nun, bleibt doch auch ihr noch hier über Nacht, damit ich erfahre, was der Herr weiter mit mir reden wird!» (4Mo 22,19).

Bibelversionen in anderen Sprachen übersetzen hier: «was der Herr sonst noch» oder «was der Herr noch mehr zu mir reden wird».

Die Bibel warnt uns, «nicht über das hinauszugehen, was geschrieben steht» (1Kor 4,6). Das Problem besteht darin, dass wir heute Generationen von Menschen haben, die sich in Kreisen befinden, wo der wundersüchtige Glaube wie das Blaue vom Himmel herabgepredigt wird, wo reiner Bibelglaube als schwach und ohne Vollmacht verachtet wird und Zungenreden und Geistestaufe nicht mehr hinterfragt werden dürfen. Kleine, aber bibeltreue Gemeinden werden als «ohne Gewicht, ohne Bedeutung» geringgeschätzt.

Die eigenen Buchverlage, Radiosender, Fernsehstationen, Seminare und Bibelschulen solcher Kreise machen es einem dort schwer, nicht betriebsblind zu werden. Aber was am Anfang schwer zu entdecken war und fast wie Parallelen zu bibeltreuen Gemeinden aussah, driftet mit den Jahrzehnten immer weiter auseinander. Es wird «immer schlimmer» (2Tim 3,13)! Der Heilige Geist Gottes leitet nur dann in die ganze Wahrheit, wenn wir es zulassen: Haben wir deshalb den Mut, das «zweischneidige Schwert» (Hebr 4,12) tief einwirken zu lassen und die Axt an die eigenen Wurzeln zu legen, um alles Falsche, Imitierende, Verführende und Gott nicht Wohlgefällige erbarmungslos abzuhacken. «Gott ist es, der in euch sowohl das Wollen als auch das Vollbringen wirkt nach seinem Wohlgefallen» (Phil 2,13).

Die Gaben für die Gemeinde haben nicht aufgehört. Aber alles «Besondere, Sichtbare und Hörbare» (vgl. Joh 20,29), diese aussergewöhnlichen, mirakulösen Manifestationen, haben ihren Dienst nach Hebräer 2,2-3 erfüllt. Israel wurde dadurch als Volk unentschuldbar vor die Entscheidung gestellt: den durch besondere Zeichen und Wunder ausgewiesenen Messias als Heiland und Erretter anzunehmen!

Durch die Apostel und einige wenige andere in ihrem Umfeld wurde das dann noch einmal unterstrichen. Aber Israel verwarf als Volk das Angebot Gottes und verlor alles. Es kamen die Tage der Vergeltung, die Zerstörung Jerusalems und des zweiten Tempels, ein grosser Teil der Bevölkerung wurde ausgerottet und andere wurden in die ganze Welt zerstreut (Lk 21,20-24).

Spätestens nach dem letzten grossen Aufstand gegen die Römer, unter Bar-Kochba, bei dem noch einmal 400 000 Israeliten (manche Historiker sprechen auch von 700 000) ihr Leben lassen mussten, war Israel in Blut, Staub und Schutt untergegangen, spätestens ab dem Jahr 135 n.Chr. Das ungelernte, aber perfekte Fremdsprachenreden war sowieso ein Zeichen für das ungläubige Israel (vgl. 1Kor 14,21-22). Welch ein erschreckender, schockierender Unterschied zwischen echtem übernatürlichem Fremdsprachenreden und dem heutigen Zungenreden, das man mehr mit einer christlich-transzendentalen Meditation vergleichen muss!

Diese ganzen heutigen Auswüchse sind nur möglich, weil ein Bedarf danach besteht. Die Schuld liegt nicht nur bei den Wölfen im Schafspelz, sondern zum Grossteil bei den Abnehmern, die bei den Spektakeln fanatisch mitmachen. Paulus warnte sehr deutlich: «Denn es wird eine Zeit kommen, da werden sie die gesunde Lehre nicht ertragen, sondern sich selbst nach ihren eigenen Lüsten Lehrer beschaffen, weil sie empfindliche Ohren haben; und sie werden ihre Ohren von der Wahrheit abwenden und sich den Legenden zuwenden» (2Tim 4,3-4).

Eine fabelhafte (!) christliche Scheinwelt mit leeren Worten und süssen Reden. Paulus sagt: «Wenn wir nur in diesem Leben auf Christus hoffen, so sind wir die elendesten unter allen Menschen!» (1Kor 15,19). Also nicht nur die elendesten unter den Christen, sondern die miserabelsten der ganzen Menschheit! Ohne Zweifel betrifft das die ganze Wohlstands-, Zeichen-und-Wunder- und Heilungsbewegung.

Das magische Motto lautet «Wer (nur genug) Glauben hat, erreicht alles, was er will!» Jakobus liefert uns dagegen den biblischen Beweis, dass schon zur Zeit der Apostel die Gemeinderealität recht einfach geworden war: «Ist jemand von euch krank? Er soll die Ältesten der Gemeinde zu sich rufen lassen; und sie sollen für ihn beten und ihn dabei mit Öl salben im Namen des Herrn» (Jak 5,14).

Wen soll der Kranke zu sich ins Haus rufen? Die Gemeindeverantwortlichen (übrigens immer im Plural)! Wenn das mit den spektakulären Machtmanifestationen stimmen würde, dann hätten sich die Leute nach einem vollmächtigen Heiler umschauen müssen. Nach einem, der die Gabe der Heilung hatte! Merken wir nicht, dass die normale Gemeindepraxis ganz anders aussah und aussieht?!

Falsche Apostel

«Denn solche sind falsche Apostel, betrügerische Arbeiter, die sich als Apostel des Christus verkleiden. Und das ist nicht

> verwunderlich, denn der Satan selbst verkleidet sich als ein Engel des Lichts. Es ist also nichts Besonderes, wenn auch seine Diener sich verkleiden als Diener der Gerechtigkeit; aber ihr Ende wird ihren Werken entsprechend sein» (2Kor 11,13-15).

Schockierend und wegweisend ist diese generelle Aussage des Apostels Paulus. Gab es denn neben den auserwählten Aposteln nicht doch einige andere aufrichtige und berufene Apostelkollegen? Paulus nennt alle anderen, die sich apostolische Autorität anmassen und mit mirakulösen Manifestationen prahlten und prahlen, falsche Apostel. Er verwirft sie nicht nur, er verdammt sie: «ihr Ende wird ihren Werken entsprechend sein»! Und das gilt bis heute und schliesst die moderne Apostelbewegung mit ein.

Paulus weist darauf hin, dass der Anführer dieser anmassenden und falschen Apostel der gefallene Engel des Lichts selbst ist! Dieses erwähnte Verstellen nennt sich Mimikry oder Nachahmung, wie der Wolf im Schafspelz! So wird uns das zweite Tier (Offb 13,11) zuerst wie ein Lamm beschrieben, aber das täuscht! «Und ich sah ein anderes Tier aus der Erde aufsteigen, und es hatte zwei Hörner gleich einem Lamm und redete wie ein Drache.»

Weil der Schein oft trügt, sind wir dazu aufgefordert: «Wachet!» Denn der magische Glaube kann sehr schnell in christlichen Spiritismus ausarten. Paulus warnte schon vor 2000 Jahren:

> «Ich fürchte aber, es könnte womöglich, so wie die Schlange Eva verführte mit ihrer List, auch eure Gesinnung verdorben und abgewandt werden von der Einfalt gegenüber Christus.

> Denn wenn der, welcher zu euch kommt, einen anderen Jesus verkündigt, den wir nicht verkündigt haben, oder wenn ihr einen anderen Geist empfangt, den ihr nicht empfangen habt, oder ein anderes Evangelium, das ihr nicht angenommen habt, so habt ihr das gut ertragen» (2Kor 11,3-4).

Und im Matthäusevangelium werden wir daran erinnert, dass die grosse Masse, die Menge, Gemeinden mit Tausenden von Mitgliedern nicht unbedingt die Wahrheit widerspiegeln müssen: «Nicht jeder, der zu mir sagt: Herr, Herr! wird in das Reich der Himmel eingehen, sondern wer den Willen meines Vaters im Himmel tut. Viele werden an jenem Tag zu mir sagen: Herr, Herr, haben wir nicht in deinem Namen geweissagt und in deinem Namen Dämonen ausgetrieben und in deinem Namen viele Wundertaten vollbracht? Und dann werde ich ihnen bezeugen: Ich habe euch nie gekannt; weicht von mir, ihr Gesetzlosen!» (Mt 7,21-23).

An wen denken wir da heute, wenn wir von den Vielen lesen, die mit Exorzismus, Wundern und Propheten auftrumpfen? Gott ist derselbe, aber Er wirkt nicht immer in der gleichen Weise! Die jüdische Urgemeinde ist nicht die heidnische Endzeitgemeinde! So müssen wir traurig feststellen, dass die klassische Pfingstbewegung die Tür zu diesem «Mehr» geöffnet hat. Da hilft auch die Bezeichnung «gemässigt» nicht viel! Denn das Beharren auf einer spürbaren Geistestaufe, getrennt von der eigentlichen Bekehrung, und einem unverständlichen Zungenreden hat den Weg bereitet, dass durch Emotionalismus, Passivität und Mystizismus der Glaube in unseren Tagen zu einem magischen Prozess mutierte. Endresultat ist das Zurückfliessen in reine Religiosität und christlichen Spiritismus. Deshalb warnt uns Gott eindringlich, Seinem Wort zu gehorchen und Ihm gläubig vertrauend nachzufolgen.

Ein ganz anderer Aspekt der Ersatztheologie: Imitation!

Das Schwärmertum ist der gescheiterte Versuch, die jüdischen Apostel und die jüdische Urgemeinde zu kopieren! Das ist wiederum ein anderer Aspekt der Ersatztheologie. Da geht es nicht um das heilsgeschichtliche Auslöschen von Israel, sondern um das Imitieren der Urgemeinde und der Apostel. Es geht um das «Mehr», und das beinhaltet auch sichtbare Dinge. Ein Aspekt der trendigen Judaisierung von Gemeinden sind die vielen jüdischen Utensilien wie Schofar, Leuchter, Fahnen, Kippa, Tallit, Bundeslade und Festdekoration. Leute werden davon angezogen, weil man sich durch die «Rückkehr zu den jüdischen Wurzeln» einen besonderen Segen erhofft. Aber schnell rutscht man ins Gesetz zurück und verlangt das Beachten der Feste, des Sabbats und gewisser Speisevorschriften.

Natürlich ist es etwas anderes, wenn man für Israel betet und zum Land Israel steht, Antisemitismus bekämpft, Freundschaften zu jüdischen Menschen pflegt und wohltätige Projekte in Israel realisiert. Das ist eine normale Reaktion und Dankbarkeit von geretteten Menschen, die gemerkt haben, dass die Bibel von Israel kam und dass sie eingepfropfte Zweige im Ölbaum sind:

> «Wenn aber etliche der Zweige ausgebrochen wurden und du als ein wilder Ölzweig unter sie eingepfropft bist und mit Anteil bekommen hast an der Wurzel und der Fettigkeit des Ölbaums, so überhebe dich nicht gegen die Zweige! Überhebst

> du dich aber, so bedenke: Nicht du trägst die Wurzel, sondern die Wurzel trägt dich!» (Röm 11,17-18).

Alle Israel-Gemeinde-Ersatztheoretiker und Exklusivisten sollten hier aufhorchen, denn es heisst nicht, dass die Gemeinde anstelle, sondern mitten unter sie eingepfropft wurde!

Süsse, schöne Reden (positiv, unterhaltsam, vielversprechend ...)

> «Ich ermahne euch aber, ihr Brüder: Gebt acht auf die, welche Trennungen und Ärgernisse bewirken im Widerspruch zu der Lehre, die ihr gelernt habt, und meidet sie! Denn solche dienen nicht unserem Herrn Jesus Christus, sondern ihrem eigenen Bauch, und durch wohlklingende Reden und schöne Worte verführen sie die Herzen der Arglosen» (Röm 16,17-18).

Aussagen wie «Jetzt setze ich den Wohlstandssegen frei, jetzt wird der Heilige Geist ausgegossen, jetzt wird der Teufel mit all seinen Dämonen gebunden, jetzt ist die Gelegenheit zur Heilung» entlarven die falschen Apostel. Man will eben nur das Positive, angenehme Gefühle, Unterhaltung, und das Negative will man ausblenden. Der Umgang mit dem Leiden ist ein Gradmesser und Stolperstein der Schwärmer. Die biblischen Aussagen dazu darf man nicht einfach mit triumphalem Gehabe unter den Tisch kehren:

> «Denn ich bin überzeugt, dass die Leiden der jetzigen Zeit nicht ins Gewicht fallen gegenüber der Herrlichkeit, die an uns geoffenbart werden soll. Denn die gespannte Erwartung der Schöpfung sehnt die Offenbarung der Söhne Gottes her-

> bei. Die Schöpfung ist nämlich der Vergänglichkeit unterworfen, nicht freiwillig, sondern durch den, der sie unterworfen hat, auf Hoffnung hin, dass auch die Schöpfung selbst befreit werden soll von der Knechtschaft der Sterblichkeit zur Freiheit der Herrlichkeit der Kinder Gottes. Denn wir wissen, dass die ganze Schöpfung mitseufzt und mit in Wehen liegt bis jetzt; und nicht nur sie, sondern auch wir selbst, die wir die Erstlingsgabe des Geistes haben, auch wir erwarten seufzend die Sohnesstellung, die Erlösung unseres Leibes» (Röm 8,18-23).

Und Paulus erklärt:

> «Darum lassen wir uns nicht entmutigen; sondern wenn auch unser äusserer Mensch zugrunde geht, so wird doch der innere Tag für Tag erneuert. Denn unsere Bedrängnis, die schnell vorübergehend und leicht ist, verschafft uns eine ewige und über alle Massen gewichtige Herrlichkeit, da wir nicht auf das Sichtbare sehen, sondern auf das Unsichtbare; denn was sichtbar ist, das ist zeitlich; was aber unsichtbar ist, das ist ewig. Denn wir wissen: Wenn unsere irdische Zeltwohnung abgebrochen wird, haben wir im Himmel einen Bau von Gott, ein Haus, nicht mit Händen gemacht, das ewig ist. Denn in diesem Zelt seufzen wir vor Sehnsucht danach, mit unserer Behausung, die vom Himmel ist, überkleidet zu werden – sofern wir bekleidet und nicht unbekleidet erfunden werden. Denn wir, die wir in dem Leibeszelt sind, seufzen und sind beschwert, weil wir lieber nicht entkleidet, sondern überkleidet werden möchten, sodass das Sterbliche verschlungen wird vom Leben. Der uns aber hierzu bereitet hat, ist Gott, der uns auch das Unterpfand des Geistes gegeben hat. Darum sind

wir allezeit getrost und wissen: Solange wir im Leib daheim sind, sind wir nicht daheim bei dem Herrn. Denn wir wandeln im Glauben und nicht im Schauen. Wir sind aber getrost und wünschen vielmehr, aus dem Leib auszuwandern und daheim zu sein bei dem Herrn» (2Kor 4,16-18; 5,1-8).

Wie man durch eine unausgewogene Ernährung und schlechte Essgewohnheiten krank werden kann, so geschieht Ähnliches auf der geistlichen Ebene: nur Positives, nur das Süsse, nur die schönsten Verheissungen, und plötzlich wird man zum «christlichen Diabetiker».

Die Herren der Herde

«... und aus eurer eigenen Mitte werden Männer aufstehen, die verkehrte Dinge reden, um die Jünger abzuziehen* in ihre Gefolgschaft» (Apg 20,30, * hinter sich her wegzuschleppen, hinter sich zu locken). Untrügliches Kennzeichen dieser Verführer, dieser falschen Apostel ist, dass sie die Menschen nicht mehr in erster Linie zu Jesus bringen, sondern in die «eigene» Herde integrieren. Sie sind «die Herren der Herde»: «Da gibt es kein Fliehen mehr für die Hirten und kein Entrinnen für die Herren der Herde. Horch, wie die Hirten schreien, wie die Herren der Herde wehklagen!» (Jer 25,34 ZB).

Denken wir an Gründer von «eigenen» Denominationen und/oder Glaubensbewegungen! Begabte Redner, die die Menschen anlocken, zum Beispiel mit besonderen Manifestationen, einer besonderen Gabe der Kommunikation und der Verkündigung eines magischen Glaubens, der Tür und Tor zur Verwirklichung unserer Wünsche und Träume öffnet. Also nicht mehr ein Glaube an Jesus und Sein Wort, der sich dem Herrn gehorsam unterstellt, sondern ein magischer Glaube. Das ist der tragische Rückfluss in Richtung Religion, Aberglaube und «witchcraft» – Zauberkraft (Gal 5,20). So wird Zauberei in der Bibel als ein Werk des Fleisches erwähnt (Gal 5,20).

Die Religiosität war früher (und ist zum Teil noch) von der katholischen Kirche monopolisiert, dann kam noch der Spiritismus mit all seiner Magie dazu. Heute driftet ein Grossteil der sogenannten «Evangelischen» in dieses religiöse Fahrwasser. Der magische Glaube, fast überall gepaart mit sehr lauter und sehr rhythmisch-monotoner Musik mit vielen Textwiederholungen, schon fast wie Musikmantras, verachtet den einfachen, nüchternen Bibelglauben als langweilig, nichtssagend, nichts bringend und vollmachtslos! Man kümmert sich nicht mehr um gesunde biblische Lehre, sondern um das, was etwas bewegt, bewirkt, einschlägt und das Volk unters Dach bringt – das zählt. So nach dem Jesuitenmotto: «Der Zweck heiligt die Mittel!»

Busse, Bekehrung, Gottes Gericht, Hölle und Teufel, Verlorenheit, das Blut Jesu, Irrlehren – das alles ist «Schnee von gestern»! Petrus spricht von denen, «die sich weigern zu glauben» (1Petr 2,7). Erich von Däniken, Bestsellerautor zum Thema Ausserirdische, hatte und hat nur deshalb einen derartigen weltweiten Erfolg, weil viele einfach an Aliens glauben wollen, wie auch viele an eine katholische Maria glauben, obwohl es dafür keine biblische Grundlage gibt. So wollen heute viele an Zeichen und Wunder und andere Manifestationen glauben. Obwohl sich manches direkt als falsch herausstellt, geht man einfach darüber hinweg, denn man will daran glauben. Manchmal ist da eine richtig krankhafte Wundersucht!

«Ihr aber, Geliebte, da ihr dies im Voraus wisst, so hütet euch, dass ihr nicht durch die Verführung der Frevler mit fortgerissen werdet und euren eigenen festen Stand verliert!» (2Petr 3,17). Frevler sind Leute, die keine Korrektur annehmen, sich nichts sagen lassen und fanatisch ihren Standpunkt verteidigen. Das bedeutet, dass sie sich der gesunden Lehre und den Ältesten nicht unterstellen wollen.

Paulus warnt uns eindringlich: «Lasst nicht zu, dass euch irgendjemand um den Kampfpreis bringt, indem er sich in Demut und Verehrung von Engeln gefällt und sich in Sachen einlässt, die er nicht gesehen hat, wobei er ohne Grund aufgeblasen ist von seiner fleischlichen Gesinnung ...» (Kol 2,18).

Das sind wichtige Entscheidungen: den eigenen Willen, eigene Vorlieben, eigene Wunschvorstellungen durchdrücken, rechtfertigen, manipulieren oder sich demütig und zerbrochen unter den Willen Gottes stellen?

Der Zehnte: Gesetz in neutestamentlicher Zeit?

Wo der Zehnte als «Muss» in der Gemeinde verlangt wird, bekommt man den Vers aus dem Propheten Maleachi zu hören: «Bringt den Zehnten ganz in das Vorratshaus, damit Speise in meinem Haus sei, und prüft mich doch dadurch, spricht der Herr der Heerscharen, ob ich euch nicht die Fenster des Himmels öffnen und euch Segen in überreicher Fülle herabschütten werde!» (Mal 3,10).

Der Zehnte war eine Abgabe, ähnlich wie eine Steuer, um den Tempeldienst der Priester in Jerusalem zu ermöglichen. In manchen Ländern werden Gemeindehäuser und Versammlungsräume oft als «Tempel» bezeichnet. Das stellt eine grobe Verzerrung der Gemeindezeitalter-Realität dar, denn: «Da ihr zu ihm gekommen seid, zu dem lebendigen Stein, der von den Menschen zwar verworfen, bei Gott aber auserwählt und kostbar ist, so lasst auch ihr euch nun als lebendige Steine aufbauen, als ein geistliches Haus, als ein heiliges Priestertum, um geistliche Opfer darzubringen, die Gott wohlgefällig sind durch Jesus Christus» (1Petr 2,4-5).

Die herausgeretteten Gläubigen stellen heute das alttestamentliche Heiligtum geistlich dar. Das betrifft auch den Zehnten. Paulus mahnte zum Geben: «Das aber bedenkt: Wer kärglich sät, der wird auch kärglich ernten; und wer im Segen sät, der wird auch im Segen ernten. Jeder, wie er es sich im Herzen vornimmt; nicht widerwillig oder gezwungen, denn einen fröhlichen Geber hat Gott lieb!» (2Kor 9,6-7).

Ganz klar erkennen wir hier die persönliche Freiheit, aber auch die Verantwortung eines jeden Einzelnen. Paulus gibt Ratschläge, aber ohne Zwang: «Was aber die Sammlung für die Heiligen anbelangt, so sollt auch ihr so handeln, wie ich es für die Gemeinden in Galatien angeordnet habe. An jedem ersten Wochentag lege jeder unter euch etwas beiseite und sammle, je nachdem er Gedeihen hat, damit nicht erst dann die Sammlungen durchgeführt werden müssen, wenn ich komme» (1Kor 16,1-2).

Leider ist es in der Praxis so, dass der Mensch nur unter Druck reagiert und es deshalb sogar Gemeinden gibt, in denen die Abgaben der einzelnen Mitglieder am schwarzen Brett ausgehängt werden. Traurig, aber wahr! Die Liebe zu unserem Herrn sollte uns dazu bringen, unsere eigenen Ansprüche diszipliniert herunterzuschrauben und ins Reich Gottes zu investieren, um unvergängliche «Schätze im Himmel» anzulegen.

Das Einhalten des Sabbats ...

... inklusive der christlichen Version davon: die Sonntagsheiligung. Bei diesem Thema ist es gut, wenn wir im Neuen Testament forschen. Vor allem nach Pfingsten! Und da findet sich praktisch gar nichts mehr. Paulus erwähnt die Schatten des Zukünftigen: «So lasst euch von niemand richten wegen Speise oder Trank, oder wegen bestimmter Feiertage oder Neumondfeste oder Sabbate, die doch nur ein Schatten der Dinge sind, die kommen sollen, wovon aber der Christus das Wesen hat» (Kol 2,16-17). Oder dass der eine einen Tag hält und der andere nicht: «Dieser hält einen Tag höher als den anderen, jener hält alle Tage gleich; jeder sei seiner Meinung gewiss!» (Röm 14,5).

Das sind klare Richtlinien. Wenn ein wiedergeborener Jude den Sabbat weiterhin einhält, so ist das seine persönliche Entscheidung, die aber an seinem durch Jesus gewonnenen Heil keinen Unterschied bewirkt. Auch keine «Trank- oder Speisevorschriften». Das mag, je nach Land, wegen der Gebräuche sehr unterschiedlich sein, und da ist es angebracht, als Christ keinen Anstoss zu verursachen – aber es betrifft nicht unser persönliches Heil in Jesus!

Gerade bei extremen Gruppierungen springt es einem förmlich ins Auge, wie ihre Gründer Israel «auslöschten»:

Mormonen: Joseph Smith

Auf der Webseite *mormonenaustritt.de* heisst es unter «Vernünftige Zweifel an mormonischen Behauptungen» unter anderem:

> «Mormonen schwanken in Bezug auf die letzte Autorität für die Lehre zwischen der Bibel, den mormonischen Schriften, Aussagen früherer Mormonenpropheten, Aussagen lebender

Mormonenpropheten und persönlicher ‹Offenbarung› hin und her, je nach dem, was ihnen für das, was sie glauben möchten, Autorität gibt. Alle diese Quellen widersprechen sich oft gegenseitig. [...]

Joseph Smith behauptete, dass er seiner Familie von seiner ‹Ersten Vision› im Jahre 1820 erzählte, in der Gott und Christus ihm sagten, dass er sich keiner der damaligen Kirchen anschliessen sollte, weil sie alle falsch wären. [...]

Mormonen erhalten oft einen ‹Patriarchalischen Segen›, wenn sie um die 20 Jahre alt sind. Dies ist ein feierlicher Segen, der durch einen ordinierten ‹Patriarchen› verkündet wird, der der Person sagt, was das Leben für ihn bereithält, wenn er ein gehorsamer Mormone ist. Er sagt der Person auch, von welchem Stamm Israels die betreffende Person abstammt (normaler Weise Ephraim oder Manasse). Der Segen wird aufgezeichnet und für zukünftige Bezugnahmen niedergeschrieben. Dies ist einfach eine Form der Wahrsagerei. Viele Segen sind verschwommen und im Wortlaut sehr bedingt. Diejenigen, die genauer und bestimmter sind, werden durch die Ereignisse oft nicht bestätigt.»

Adventisten: Ellen G. White

Von Adventisten viel zitiert ist die Aussage eines katholischen Priesters im «*Sentinel*», «Pastor's page», der Saint Catherine Catholic Church in Algonac, Michigan, am 21. Mai 1995:

«Vielleicht die verwegenste Sache, die revolutionärste Änderung, die die Kirche jemals durchgeführt hatte, geschah im ersten Jahrhundert. Der heilige Tag, der Sabbat, wurde vom Samstag in den Sonntag verändert. ‹Der Tag des Herrn› (Dies

Dominica) wurde ausgewählt, nicht aufgrund einer Anweisung in der Schrift, sondern durch die kirchliche Ausübung ihrer eigenen Macht. Der Tag der Auferstehung und der Pfingsttag 50 Tage später fielen auf den ersten Tag der Woche. Er wurde zum neuen Sabbat. Jeder, der denkt, dass die Schrift die alleinige Autorität sein sollte, sollte logischerweise Siebenten-Tags-Adventist werden und den Samstag heiligen [...] Also nicht nur die Bibel, sondern auch die Kirche selbst bezeugen, dass der Sonntag das Zeichen der Autorität Roms ist. Das Malzeichen des Tieres ist der Sonntag!»

Dies schrieb der Priester, um die Autorität der römisch-katholischen Kirche zu betonen, aber er drückte mit diesem «Schachzug» auch die Überzeugung der Adventisten aus, die mit ihren Lehren zur exklusiven Sekte wurden und damit alle anderen Christen verdammten (ohne dass wir jetzt hier über die gesetzliche Sonntagsheiligung debattieren).

Ellen G. White schreibt in «Testimonies for the Church, vol. 8»:

«Gottes Zeichen, oder Siegel, offenbart sich in der Heiligung des Siebenten-Tags-Sabbats, dem vom Herrn gesetzten Denkmal für die Schöpfung ... Das Malzeichen des Tieres ist das Gegenteil davon: die Heiligung des ersten Wochentages. Dieses Zeichen unterscheidet jene, die die Oberhoheit der päpstlichen Autorität anerkennen, von jenen, die Gottes Autorität anerkennen.»

Und:

«Die Weigerung, Gottes Gebote zu befolgen, und der Entschluss, die Verkündiger dieser Gebote zu hassen, führt zu

> dem verbissensten Angriffskrieg, den der Drache je geführt haben wird. Er wird seine ganze Energie gegen das gebotehaltende Gottesvolk einsetzen. ‹Und es bewirkt, dass allen, den Kleinen und den Grossen ... ein Malzeichen gegeben wird auf ihre rechte Hand oder auf ihre Stirn.›»

Und in ihrem «Special Testimony to Battle Creek Church» meint sie:

> «Es wird nicht nur von ihnen verlangt werden, am Sonntag keine manuelle Arbeit zu tun, sondern den Sonntag auch intellektuell als Sabbat anzuerkennen. ‹Und dass niemand kaufen oder verkaufen kann, als nur der, welcher das Malzeichen hat oder den Namen des Tieres oder die Zahl seines Namens.› (Offenbarung 13,16.17).»

Erschreckend, wie hier Offenbarung 13 ausgelegt wird. Allegorisiert und ins Denkschema gepresst, wird das Zeichen des Tieres zum Sonntag uminterpretiert. Auch hier wurde Israel «ausgelöscht» und das Sabbatgebot als Markenzeichen übernommen. Bei den Adventisten gibt es natürlich auch keine Entrückung und auch kein messianisches Friedensreich mit Sitz in Jerusalem.

Zeugen Jehovas: Joseph Franklin Rutherford

Miriam Woelke erklärt auf dem Blog «Leben in Jerusalem» unter dem Titel «Die Zeugen Jehovas und die Juden» unter anderem:

> «Im Jahr 1931 entschied der damalige Präsident der Zeugen Jehovas, Joseph Franklin Rutherford, dass die Juden ihre his-

torische Rolle ausgespielt haben und dass nun seine Sekte das Ruder übernehme, denn schliesslich hätten die biblischen Propheten nur seine Zeugen (Jehovas) in ihren Prophezeiungen gemeint und nicht das jüdische Volk. In einer offiziellen Publikation heisst es, dass nur sie ‹das wahre Israel› seien. Bis heute erhalten die Zeugen Jehovas diese Doktrin aufrecht. [...]

Auch lehnen die Zeugen die Existenz des Staates Israel ab. Der Staat sei gegen den eigentlichen Willen Gottes entstanden und ein Instrument des Satans.»

Anglo-Israelismus: Herbert W. Armstrong

Auf Wikipedia heisst es zu «Anglo-Israelismus»:

«Der Anglo-Israelismus (auch British-Israelism) ist eine vorwiegend in den USA verbreitete theologische Sonderlehre, nach der die Briten und andere nordeuropäische Völker von den zehn verlorenen Stämmen Israels abstammen. [...]

Eine Variante des Anglo-Israelismus stellt die Britisch-Israel-Theorie von Herbert W. Armstrong dar, auf der er 1934 seine Sondergemeinschaft ‹Weltweite Kirche Gottes› aufbaute, die sich nach seinem Tod von seinem Erbe löste und heute eine evangelische Freikirche ist. Die Anhänger der alten Lehre gründeten im Frühjahr 1995 die Vereinte Kirche Gottes. Im Nordirlandkonflikt gründete William McGrath, ein Anhänger des Anglo-Israelismus, Tara, eine loyalistisch-protestantische paramilitärische Organisation.»

Die Britisch-Israel-Theorie war die Kernlehre der fundamentalistischen Glaubensgemeinschaft «Weltweite Kirche Gottes», der Armstrong bis zu seinem Tod 1986 als Pastor-General vorstand.

Nach dem Tod Armstrongs legte sein Nachfolger Howard Rand «das Alte Testament so aus, dass die Juden nicht nur vom alten Israel abgetrennt worden waren, sondern sogar die ‹wahren› Stämme verlassen hätten und daher nicht mehr Gottes erwähltes Volk wären. Das weisse ‹angelsächsische Volk› vorwiegend europäischer Abstammung sei das wahre erwählte Volk Israel. Diese Form der Erwählung trug aber noch keine streng rassistischen Züge, sondern einte ihre Anhänger lediglich in dem Glauben, Gottes Zusagen für sich in Anspruch nehmen zu dürfen.» (Wikipedia)

> «Aus der Identifikation mit dem alten Israel schloss Armstrong – anders als der Mainstream des Anglo-Israelismus – konsequent, dass auch der grösste Teil der alttestamentlichen Gesetze aus dem Pentateuch (fünf Bücher Mose) für die Gläubigen gilt. So schaffte er Weihnachten und Ostern ab und setzte eine Reihe der jüdischen Feste wieder ein, die nach der Bibel von Gott selbst eingesetzt worden waren: Passah, Pfingsten, den Versöhnungstag und das mehrtägige Laubhüttenfest im Herbst. Ausserdem lehrte er die biblischen Speisevorschriften, nach denen unter anderem der Genuss von Schweinefleisch, Kaninchen und Meeresfrüchten (ausser Fisch) untersagt war, und verbot seinen Anhängern ‹Mischehen› mit Partnern nicht-nordischer Herkunft. [...]
>
> Armstrongs Schriften wurden Anfang 1993 endgültig aus dem Verkehr gezogen, und am 13. Juli 1995 verwarf die ‹Weltweite Kirche Gottes› seine ‹Britisch-Israel-Theorie› öffentlich, auch weil sie Rassismus und Antisemitismus Vorschub leistete. In den Vereinigten Staaten war der Anglo-Israelismus von

extremistischen Gruppen wie dem Ku-Klux-Klan aufgenommen worden und mündete in die Christian-Identity-Bewegung.»
Walter C. Kaiser hält in seinem Artikel «An Assessment of Replacement Theology» (Mishkan 21:16; 1994) fest: «Zu behaupten, Gott hätte Israel durch die Gemeinde ersetzt, bedeutet, einen enormen Bestand an biblischen Beweisen zu ignorieren.»

Anhand dieses letzten Kapitels wird deutlich, welch verheerende Auswirkungen das heilsgeschichtliche Auslöschen und/ oder die Imitation Israels über die Gemeinde Jesu gebracht haben bzw. hat. Alle sind davon irgendwie betroffen. Deshalb ist eine biblische Bestandsaufnahme mehr als dringend notwendig, damit wir in dieser schwierigen Zeit klaren Kurs halten können. Paulus zeigt uns die eigene Verantwortung:

> «Gemäss der Gnade Gottes, die mir gegeben ist, habe ich als ein weiser Baumeister den Grund gelegt; ein anderer aber baut darauf. Jeder aber gebe acht, wie er darauf aufbaut. Denn einen anderen Grund kann niemand legen ausser dem, der gelegt ist, welcher ist Jesus Christus. Wenn aber jemand auf diesen Grund Gold, Silber, kostbare Steine, Holz, Heu, Stroh baut, so wird das Werk eines jeden offenbar werden; der Tag wird es zeigen, weil es durchs Feuer geoffenbart wird. Und welcher Art das Werk eines jeden ist, wird das Feuer erproben. Wenn jemandes Werk, das er darauf gebaut hat, bleibt, so wird er Lohn empfangen; wird aber jemandes Werk verbrennen, so wird er Schaden erleiden; er selbst aber wird gerettet werden, doch so wie durchs Feuer hindurch» (1Kor 3,10-15).

Durch Gottes Wort und den Heiligen Geist haben wir die Möglichkeit, Fehler einzusehen, zur ganzen Wahrheit vorzudringen und die gesunde biblische Lehre auszuleben.

> «Denn das Wort Gottes ist lebendig und wirksam und schärfer als jedes zweischneidige Schwert, und es dringt durch, bis es scheidet sowohl Seele als auch Geist, sowohl Mark als auch Bein, und es ist ein Richter der Gedanken und Gesinnungen des Herzens. Und kein Geschöpf ist vor ihm verborgen, sondern alles ist enthüllt und aufgedeckt vor den Augen dessen, dem wir Rechenschaft zu geben haben» (Hebr 4,12-13).

> «Die unheiligen, nichtigen Schwätzereien aber meide; denn sie fördern nur noch mehr die Gottlosigkeit, und ihr Wort frisst um sich wie ein Krebsgeschwür. Zu ihnen gehören Hymenäus und Philetus, die von der Wahrheit abgeirrt sind, indem sie behaupten, die Auferstehung sei schon geschehen, und so den Glauben etlicher Leute umstürzen. Aber der feste Grund Gottes bleibt bestehen und trägt dieses Siegel: Der Herr kennt die Seinen! und: Jeder, der den Namen des Christus nennt, wende sich ab von der Ungerechtigkeit! In einem grossen Haus gibt es aber nicht nur goldene und silberne Gefässe, sondern auch hölzerne und irdene, und zwar die einen zur Ehre, die anderen aber zur Unehre. Wenn nun jemand sich von solchen reinigt, wird er ein Gefäss zur Ehre sein, geheiligt und dem Hausherrn nützlich, zu jedem guten Werk zubereitet. So fliehe nun die jugendlichen Lüste, jage aber der Gerechtigkeit, dem Glauben, der Liebe, dem Frieden nach zusammen mit denen, die den Herrn aus reinem Herzen anrufen!» (2Tim 2,16-22).